U0449774

广西教育科学"十四五"规划2023年度专项课题"应用型高校毕业生职场晋升路径研究"（编号：2023ZJY1568）

北部湾大学引进高层次人才科研启动项目"大学生初期就业稳定性的影响因素研究"（编号：2019KYQD32）

职场晋升塔

周化明 著

中国商业出版社

图书在版编目（CIP）数据

职场晋升塔 / 周化明著. -- 北京：中国商业出版社，2025.1. -- ISBN 978-7-5208-3055-3

Ⅰ．C913.2-49

中国国家版本馆 CIP 数据核字第 2024KR5462 号

责任编辑：王　彦

中国商业出版社出版发行

（www.zgsycb.com　100053　北京广安门内报国寺1号）

总编室：010-63180647　编辑室：010-63033100

发行部：010-83120835 / 8286

新华书店经销

北京虎彩文化传播有限公司印刷

*

710毫米×1000毫米　16开　14.5印张　291千字

2025年1月第1版　2025年1月第1次印刷

定价：68.00元

****

（如有印装质量问题可更换）

序 言

　　周化明博士十二年前在湖南长沙市中小企业服务中心的专家委员会任主任时，作为企业运营管理首席专家，他除了有丰富的企业管理经验，还有关注中国农民工职业发展的情怀。作为企业运营管理的资深人力资源专家，也特别关注进城工们的职业发展。十二年过去，经他持续研究，又有了这本专著，贡献出毕业生小白晋职到常务副总的七层模型。

　　进城打工，只有获得晋职加薪才能在都市里有稳定而长期的生活。晋职需要层级突破，但谈何容易！竞争激烈，往往胜出者意志坚定。有志者事竟成，立志高远才能开启无限光明的未来。从如何成为顶级人才里得到启发，你思考问题的方式决定你的人才层级。懂得梯职路上七层级模型，要想再一次实现层级突破，可以按照对应层级的模型主动学习训练。刻意精深练习，深度思考，运用职场高效模式，两倍努力争未来，积累了层级突破的素质能力，竞争中才比较容易抓住机会。

　　作者注意到无论有没有得到大学教育，许多进城工都不容易做稳第一份工作。周先生在发表研究论文，创建了初期就业六角稳固模型基础上，列举了现实工商业中的正反案例，对毕业生和企业人力资源管理者都有很好的借鉴作用。首次晋职成功为现场管理者，可以替代购房这个刚需。作者研究确定的首次晋职成功六角稳固模型，大受欢迎，比初期就业稳固模型的实践效果更加明显。这第一、二层模型的优秀运用者，可能实现开头两步赢半生。

　　企业里的中层主管、经理、总监，说了数十年，却没有给定中层管理者的胜任与稳固模型，许多研究也只是列举了十几二十几个要素，作者介绍了创建的中层模型和首次区分界定的中层三级。晋升规模企业的中层，可以有中产生活。规模企业的中层主管、经理、总监收入，可能大致对应中产三层级生活水平。

作者二十多年作为企业运营管理专家，主要是做总经理内部助理——影子常务副总的工作。董事长与总经理常常内外"两头急"，忙不赢，缺乏得力的常务副总。合格的常务副总，应能够解放企业董事长与总经理，扩大企业边界。作者创建了常务副总的胜任力与稳固模型，强调忠诚获得信任、达成公司战略绩效需要"三双"，这是周博士专为常务副总们贡献的针对性知识框架。

不愿升、升了后悔、堵得上司心里难受的几类人，现代职场与传统文化，四篇短文分享的职场经验，非常难得。

作者创建梯职路六角七层级模型，为数亿打工人提供了知识福利，有助于进城工三重资本增长，更有信心攀登职场晋升塔，值得赞扬和推广。

湖南省政府参事
政协湖南省委员会经济与科学技术委员会原主任
中南大学教授、博士导师吴金明

前　言

　　1991年9月第一次到深圳龙岗，待中午时看望打工的小弟。路边看到招聘生产线长月薪500元。长沙国企副科级91元月薪的我，立即去应聘，可香港面试官陈生要求我做总管。以为总管是管后勤的吃喝拉撒，不如管生产技术有发展前途，不干。一个月后陈生到我打工的东莞主山厂，说总管即生产厂长，月薪1800元——那时这是我做梦都不敢想象的高薪。没有参考框架，不知如何思考，丢掉了人生大好机会，两年半后月薪才到达1800元。

　　1999年秋天，在东莞长安跨国公司打工的我，被指派到万人B分厂，半年后又加上A分厂。培训新聘人员的不断重复，想着应该编写文员、班组长、主管、工程师等层级的针对性职业教育培训资料。那时开始的思考，有了后来的《我在这里干什么》。

　　2002年，一位四川文员1080元月薪，希望做到助理。自己花500元还可寄给爸妈近千元，真是孝顺。我告诉她申请主管。周末她生气的小手掌拍办公桌叭叭响，说叫她申请3000元月薪主管是讽刺嘲笑她。原来她真不懂给她安排的素质技能训练，已经达到中小企业主管水平，职场值3000元月薪。三个月后深圳做主管月薪3000元。

　　在惠州企业做顾问，晚饭后在草地上休息，大家问我来公司干吗？我说教大家管理提升啊！工友说：老板花钱请你的，去教老板做呀。原来他们认为自己做得很好。僵住5秒后，我问：大家工资都足够花了吗？这句话激发了大家讨论晋职加薪的激情。

　　进城打工，技工、店员、文员或技术员熟练后，如何晋职到班组长、店长或领班，讨论热烈。大学毕业生如何从基层冲上中层主管、经理、总监，中层再上到高层副总、常务副总。这些话题，在打工的人群中只要一开启，总是难以止住。奔涌而出的是，下级不满意待遇和权利，上层对下级不满意贡献。明显的相互不满意，来自对每一层级的要求、待遇，理解差别巨大。似乎都明白职场金字塔，但没见到参考框架。作为企业运营管理专家，要辅导制定适用三五年的职位等级薪酬框架。我二十多年辅导52个细分行业，已练成资深企业人力资源管理和品质保证的专家。

职场每攀登更高一层，可看到不同风景，会有更高品质生活。数亿打工人晋职加薪，感觉非常难，缺乏通用的打工层级进步模型框架。巴比伦人在两河流域的美索不达米亚、武则天在洛阳，都造过通天塔，每层都有说法。可是，确定职场晋升塔各层级参考框架的要素特征与对应素质能力及实用技能，困难真的很大。

晋职加薪极难，得有较强意愿，立志是天大的事。梦想绝不可丢，第一篇是绝不可失少年梦。不懂就不敢表达出攀登更高层级的意愿，因此分享如何成为顶级人才、职场成功节奏。第一篇主要说明职场晋升金字塔各层级模型的核心词，以及UBA（Useful Business Administration，实用工商管理）的训练方法。

懂了，坚定志向，告诉新入工商职场毕业生，开头两步赢半生，第二篇重点是入职如何"做"稳，并初次晋职成功。先扎实地把第一份工作坐稳了，转正一段时间后，就准备如何首次成功晋职为现场管理者，可以按照胜任与稳固模型预备和训练。第一步晋职不成功，再往上的中层、高管，这辈子就没你什么事儿了。

基层的生产、技术或服务现场管理者，必然想要全家拥有中产生活，那就进入第三篇。三级中产阶层，对应的是规模企业的中层主管、中层工程师、中层经理和总监，三层模型可以参照学习训练。

许多大学生梦想成总监。到达总监后，又想梦圆高管！本书第四篇内容就是高管梦圆。常务副总是能够培育你的最高职位，要凭忠诚与金字塔顶企业领袖的信任获得该位置。总结归纳出来"三双"能力，是为常务副总"做稳"而构建的，费了无数人的脑力，许多年才创建出知识模型。有模型参照学习训练，毋需三头六臂，常务副总可以管辖十个甚至三十几个职能部门。繁杂的日常运营管理实务，归大权在握的您，也把企业领袖解放出来了。

北大胡军教授研究《柏拉图对话集》的美诺篇与泰阿泰德篇后，给出的知识定义是"得到了论证的真的信念"。5篇研究论文创造的六角七层模型，是知识。七个六角模型，展现了数亿打工人梦寐以求的职业发展各层级要素特征。真的按对应层级稳固模型预备，实践证明绝大部分人会得到晋职，并能够胜任即坐稳。

2000年以前见到的是素质、能力这二维模型，只说了内生壁垒；2006年增加技术成为三维模型，进一步研究增加外生壁垒到四维模型；经过近年来大规模调研和各类专业人士讨论交流、学术研究，最终发现各层级的胜任力稳固模型原来都是六角形。层级突破壁垒也加入了，六角最稳固，覆盖最全面。

东盟留学生不大懂领班、主管、经理、总监等头衔，我用中英文写下，他们两眼瞪圆问这张纸可不可以送给他们？当然可以。各类企业，各种职能与头衔名称变化，花样繁多，有各自历史渊源形成的亚文化，本书是中等规模企业的职级参考框架。小微企业可能少有中层。若企业规模巨大，班组长分两三级，中层主管经理总监各分三四级，还见过一巨型企业总监有五级的。集团公司更复杂的架构，本书也不讨论。

仁者见仁，智者见智，谨以此参考框架抛砖引玉。毕竟有了参考框架，可以此为基础引发思考，讨论研究每层的各项内涵，研究各层之间的各项特征关系，共同促进"打工人"的幸福生活。

我们是"两头人"

清明时节，老家风俗，不管多远，每家都会有人赶回乡村扫墓。休息时，人们聚在溪水码头边聊天，虽然都是村里人，但十几个比我小十几岁的，相互不认识，为了不闹出辈分差错的伦理关系笑话，只好叫帅哥美女——听起来就是和陌生人打招呼。

乡村青少年，大多数人在乡村上完小学，在乡镇或县城上完初中，然后进

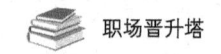

城打工或者去读大专。一些继续在县里读完高中到某个城市上大学或者中专技校，之后就业，极少数人当兵或考上公务员，绝大多数是进到城市里打工，成为进城工。

第一、二代进城工，几个春节来回往返，就有了像我这样"城市的乡村人，乡村的城市人"双重感觉：在城市里工作和生活时，市民看我是"乡村人"，我也以一个"乡村人"的习惯，来看城市人的现代生活。年节回到老家乡村，村民看我是"城市人"，我也以一个"城市人"的眼光，来看现代化冲击下的老家乡村生活。一头在乡村，另一头在城市，我是"两头人"。

有研究农民工的学者，说这是候鸟式迁移，学术上叫作"两栖人"，户口在乡村，工作在城市，我们是在乡村和城市来回跑的路上人，并自诩为走在成功路上的人。我们是职场打工的勤奋人，一直在努力奔向成功的路上。我们不只是希望克服显性户籍墙——得到城市户籍，更主要的是要克服隐性户籍墙，即拥有足够的经济能力，可以保证全家人在城市里长期而稳定地生活。

2008年4月美国《华尔街日报》，将中国进城工归类为世界上最勤奋的人群。有人说，这也是无可奈何的现实选择。丰富的面试跳槽经验值得借鉴，是煎熬蹀躅中总结出的谋生技巧，经得起勤奋族群的推敲。见到不少富二代，他们的物质生活远远好过我们，然而，他们学习训练更勤奋。要是问他们，什么都有了还这么拼搏干吗？他们只是说，家人习惯勤奋了。这勤奋习惯，是不是他们家能够早早致富的玄妙秘诀？

乡村七大问题

白靖平把乡村生活归纳为人口问题、土地问题、产业问题、婚姻问题、养老问题、大病问题和传统习俗的崩解七大问题。现实中，往往这七大问题纠缠在一起。

相对于乡土社会的静态稳定，现代城市社会的最大特点是流动性：流动资本与物资，流动信息与人口，情感也流动……与流动性相关的就是，进城工第一代在城市生活的"陌生人"处境：出门谁也不认识谁，两眼一抹黑，严重缺乏人脉。湖南、重庆与湖北三省搭界镇上的一位毕业生，在夜生活丰富多彩的广州工作九个月了，从来没有下班后晚上外出过，说没什么需要在晚上外出交谈的，实际问题是不认识人。

第一代进城工，养老必须靠自己和儿女。养老不只是穿衣吃饭，还要防大病。一场大病动辄花几万、十几万元，甚至上百万元，医疗费用这个沉重负担，让原本奋斗十几二十年才达成的小康家庭彻底返贫，还可能债台高筑，许多乡村人不得不放弃治疗，慢慢地等待着死亡的临近。进城工要靠职业发展，才有实力来改变这个状况。

还有一个更大问题，就是孩子上学难，如果某村孩子都去城镇上学，就不说了。否则，留守儿童和留守老人，就会有连绵不绝的话题。

职场成功赚到钱，春节与节日回村三两天，各处邀约多，倍儿有面，家乡和职场，两头都很忙；职场不成功，回村缩在家里尽量不露面，露面会比较尴尬，家乡和职场，两头都迷茫。

以前乡村相邻互帮互助，现在大部分都待在各自工作的城市、工业园区，流动性大、距离遥远，大有老死不相往来的架势，联络明显减少。老了，退休了，哪怕只是工作跳槽了，过不了几年，多数人已经难以相见，也就相忘于江湖。哪怕是家乡有事，如清明节回家，溪水码头边见了面，聊天也不熟悉。

老家乡村存在脑海里，你想或者不想，它都在那里；年节时，你回或者不回，老家乡村早已长在你的骨肉和血脉里，尤其是内心的小农意识，已经深深融入血脉，成了自我意识。你是回避还是面对，白靖平说到的乡村七个问题都是存在的。

清明节或七月十四、春节，大家回乡村碰头聚集了，村前人声鼎沸，这是乡村每年最热闹的两三次。其他时间，乡村很清静，村里基本没有青壮年。有限的青春，有限的时间精力，衣锦还乡忙活三五天，就要返回城里埋头赚钱。

解决乡村七个问题靠城里收入

上述七个问题，在乡村可能解决不了，许多人还是要靠从城里挣钱来解决。解决这些问题，就是考验在城里挣钱的能力。城里挣钱的能力，是在现实职场上判断是否成功的尖锐问题。在城里挣钱的能力与思维理念，与所受的教育程度、与职场学习训练成长息息相关。进城打工，不懂晋职加薪规律的，一辈子都难以如意晋职，也几乎没有加薪，除非通货膨胀，跟随行业水平名义工资涨了，购买能力即实际工资并没有增加多少。大多数人不懂城市工商业晋职加薪规律，所以晋职加薪极其缓慢，干了二十年，只是由青年成长到了壮年，虽然没老，却已被小青年工友尊称为老师傅了。

在乡村，年轻人尤其是大学毕业生没有太大希望，希望在光明的城市里。我们在城市霓虹灯里奔走，不愿再在乡村漆黑夜里疾行。乡村里只适合休闲，城市里才能赚到钱，除非乡村振兴。

我们要进城，必须走出去，大胆走出去，勇敢地走出去，拼命往城里跑！为什么？因为城里的灯红酒绿生活好，机会也很多。但是，能够长期稳定地生活吗？不要搞得城里人不像城里人，乡村人不像乡村人，不要搞得两头都不像。这就要问自己，既然走出来了，这辈子"立志要干成什么"，怎样才能干成功？

进城第一代40岁前大头在乡村，小头在城市。进城工的下一代或城市出生的第二代，留守乡村时间只几年的话，主要是在城市成长，还是有乡村渊源，"小小头在乡村，大大头在城里"。无论哪头大哪头小，进城第一、二代都是"两头人"。如果第二代不能完全在城市站稳脚跟，第三代甚至第四代可能还是"两头人"。

出生在城里的职场人，他们可能是第二、三代甚至第N代进城工的后代。职业发展好或者不够好，是不是正在供房供车，生活质量是不是很好，都要顾及"两头"——要维护家庭家族成员关系和职场工作关系。职业发展还是需要自己的努力拼搏，处理不好两头的关系，同样阻碍职业发展。

婚后另一家也要在春节时奔走，与亲密爱人一起成为三处奔走的"两头人"是幸福的，多一个经常要去看望亲人的旅游地嘛。这就是两边家庭来回跑的"两头婚"，悄然增多，接受！

若没有学会职场晋职加薪规律，难以晋职也几乎没有加薪，这种来回跑就要小心计算手头紧不紧。所以，作为家庭家族未来希望的我们，需要不断努力学习训练层级突破的素质能力。逐级往上晋职加薪，生活的经济压力就越来越轻。

工友说：问题是，哪里有这种训练呢？有针对我这个层级的训练吗？

请看后文"UBA 学园"。

立志——天大的事

网络段子往往浓缩了某些现实现象。比如说在建筑工地有人曾问三个砌砖工人："你们在干什么？"第一个和第二个工人的回答分别是"砌砖"和"赚工钱"，而第三个工人的回答是"建造世界上最富特色的房子"。数年后，第三个工人成了有名的建造师，为设计师提供许多工艺方案，受同事敬重、领导看重，自己的生活质量越来越高，积累多年，建造了不少有特色的房子，偶尔还会有惊人的杰作。

我从东莞主山跳槽去到深圳沙井的跨国公司。一上班就有两名 19 岁的小伙子工友杨与蒋。蒋来自湖北神农架旁，高中成绩还不错，虽然也没有考上大学。来自四川资中沱江边的杨是体育生，高考分数低。他俩在一起做初级技术员工作，看起来没啥区别。

记得第二年 3 月 7 日是周六，深圳春天的周末，天气非常宜人。三人在树下聊天说起家乡的寒冷、深圳的暖和，惬意环境中说到立志，蒋说：没什么志，能够混得越来越好就行，谁知道以后会怎样。杨玩笑着说：那不行，要梦想讨个漂亮老婆，要过上好生活。我问：什么是好生活？杨说：有知识有能力受人尊敬，花钱不凑。

不是花钱不愁，杨说的是花钱不凑——至少花钱不要七拼八凑，那时他俩是食宿免费后月薪 350 元、380 元（现在工资应该涨了十多倍，物价涨了 20 倍），家里要干啥事情都得七拼八凑钱才够。七拼八凑是乡村里艰难的过程，可能遭白眼，可能损自尊、受委屈，最后可能还是凑不齐。当年不到 20 岁的杨，在深圳立志，解决老家乡村整个家族上百人百年来都没有解决的问题。

后来，两人工作中的学习姿态，差别就逐步明显起来。二十多年过去，蒋在老家陪伴父母，带着孩子在镇上小企业干活，近 5000 元月薪还种地，年收入

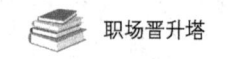

6万多元也生活不愁。老婆离了，他讪笑着说为高离婚率作了贡献。杨成了湖南、江西老板挖来抢去的人才——厂长、常务副总，年薪约80万元。他俩收入差别13倍多！父母儿女的生活相差可不止13倍。很明显，往后的10年收入总额，四川杨先生超过湖北蒋先生的100年，差距越来越大。

看看，天大的差别，立志不立志，真是个天大的事！

在广东东莞长安镇，我认识了一对来自重庆的表兄妹。大一岁的表哥是天文学研究生，耐不住看星星的寂寞研究工作，1995年到广东打工，一进厂就做了生产主管，收入是看星星工作的3倍，管理着300多名生产女工。小一岁的表妹家贫，初中毕业，勤奋努力，在深圳石岩湖的大型电子厂做装配工一年半升了组长，扎实工作、努力学习，再一年半后升了班长，又两年半升了助理主管。结婚后，到长安镇的中型电子厂做了生产主管。

我认识他俩时，刚好两位都是生产主管。但是，8年后研究生表哥一直是主管，说是所谓的佛系，实际是不求上进，遇到困难就放弃，没出息。他表妹，在打工过程中不断学习训练层级突破的素质能力，逐步提升了职场信心，水平提高、职位提升。有一次周末在长安公园玩，她说：" 要是我的命好，也能升到总监就好啰！"那个时候，她认为总监是她这辈子高不可攀的存在，只能仰望。

"可以的，只要你不断地学习进步。"

"会学习、知道什么时候该学什么。"

"与一群人去学习，就有那个好命"。公园聊天嘛，大家七嘴八舌，说到了应该怎么去预备、怎么一直保持学习进步的方式方法，初中学历只是学校学习的历史——华人杰出富豪李嘉诚不也是初中学历吗，关键是你现在进步意愿是不是很强烈，是不是有高人指引你。她说："那我也立志做到总监！"后来她不断参加职业教育训练，晋升高级主管、经理，生了两个小孩，升高级经理时月度会议的报告讲演英语流利，后来口语也流利。晋升总监，还继续进步，被人介绍去东莞塘厦2.5亿年产值工厂做厂长——运营副总。她表哥凭着研究生文凭，跑去西南一所大学当教师了。郎咸平曾在电视节目中调侃说："职场混得不好的，到大学当教师了。"不全是这样，职场混得很好的人，也愿去大学传道解惑。

汉中的蔡先生，1993年到深圳沙井，从助理工程师开始，800元月薪起步。

2021年元旦我去他家住了两天，松山湖风景区的千万豪宅，湖边高层风景好，准备就在那里养老。那一年做到品质保证高级工程师，在饭桌上大家说到跨国公司的CEO时，他玩笑着拿起酒杯说："来，喝了，说不定哪天咱也做个跨国公司CEO。"玩笑也有三分真，那时这个志向就开始萌芽了，后来的一番谈笑，可能让他更坚定了这个志向，并一直伴随他的职场层级突破学习训练，不断学习提升，不断进步与晋职，他十年前已经是跨国公司CEO。把弟弟也带来了深圳做到高级经理，在老家汉中市里给父母买个大房子，让妹妹一家住在一起照顾父母。他说"两头"都成功，靠的是在广东赚钱。

其中，克服了非常多的艰辛与困难，怎么挺过来还不断进步？他靠的是心中志向的宏大目标带来的毅力。

伟大毅力来自伟大目标

伟大目标，不一定非得拯救地球，或者为中华之崛起承担多么巨大的责任，咱进城打工要达成的目标，是家庭生活质量更高，带动家族更兴旺，过上中产阶层的高品质生活。当然，绝大多数的家庭家族兴旺发达了，中华民族也就兴旺发达。

春晚出现了很多湘籍演员。有蛮多大家喜爱的艺人，湖南怀化小伙子易烊千玺，长沙伢子"全能帅哥"张艺兴。李谷一80岁了，春晚唱了20年《难忘今宵》，还保持那么优美的声音。台上一分钟台下十年功，哪一位不是立志高远、拼搏进取？否则，哪来"全能帅哥"、80岁宝刀不老。

湖南人霸得蛮、耐得烦、吃得苦，从魏源、王夫子到创建湘军的曾国藩、左宗棠等领袖群雄们，这些人的成功，无论是艺人还是领袖，在成功达成各个阶段的目标过程中，都会有无数的艰难困苦需要克服。他们克服艰难困苦的坚强毅力，来自伟大的目标，是因为有宏大志向、伟大目标，才出现敢为天下先的湖南群雄。当然，其他省份也一样，像湖北的九头鸟，坚韧不拔。四川人、重庆人麻辣劲头足，奋斗足迹遍布珠三角、长三角、全国，甚至全球。许多省份各具特色，就不一一列举了。

任何有大成就者，一定是逐步确立了清晰目标、志向坚定，并坚韧不拔长

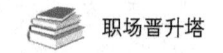

期持续努力,克服千万烦恼,才达成层级突破目标,逐级突破成功,最后走向辉煌。没有谁随随便便就能成功,台上闪亮的一分钟,是台下十年的坚持不懈练功。

有志者事竟成

耿弇(yǎn),是协助东汉光武帝刘秀夺取和巩固政权的重要将领。他本是读书人,常见郡官威武操练兵马,对军事产生了兴趣。后来投效刘秀,替刘秀打了许多胜仗。公元28年,刘秀派耿弇领兵攻打张步。张步仗着兵多将广,不把读书人耿弇放在眼里。没料到,几天竟被耿弇接连攻破好几座城池,张步虽然吃了败仗,但见耿弇兵少且疲劳,又纠集二十万人马,进攻耿弇。耿弇的部下见敌我兵力悬殊,建议耿弇待援兵来到以后再决战。耿弇说:"主上快要到了,我们应当杀牛备酒来隆重接待。怎么能把没有歼灭的敌人留给主上?"于是,择机巧智出兵,大败张步。几天后,刘秀来到山东临淄劳军。当着许多文官武将的面,把耿弇大大夸奖了一番,还用赞美的口吻说:"这真是,有志者事竟成啊!"

卧薪尝胆,没有远大志向、坚强毅力,根本不可能做到。越王勾践被吴国打败,忍受奇耻大辱,给吴王夫差当奴仆三年。勾践被释放回国后,立志雪耻。他晚上睡在柴草堆上(卧薪)。在屋里吊着一只苦胆,每天睡觉前、起床后、吃饭时,都要尝一下苦胆的滋味(尝胆),提醒自己莫忘亡国之耻。越王勾践卧薪尝胆式发愤图强,后终于使越国繁荣昌盛、兵精粮足。公元前473年,越王勾践率军一举打败吴国,夫差自杀身亡,勾践成为春秋末期的霸主。有志者,事竟成,破釜沉舟,百二秦关终属楚;苦心人,天不负,卧薪尝胆,三千越甲可吞吴。清代蒲松龄描述2200多年前豪迈气概的这副自勉联,相信你一定读过。

发明大王爱迪生,有电灯等一千多项发明专利,被称为美国公众英雄。上课总爱问为什么的爱迪生,只在学校读几个月书便被退学了。靠的从小立志:"长大了,要在世界上做一番事业。"于是,爱迪生喜欢在家里不停地捣鼓一些奇怪小实验,时不时闹笑话、出小乱子,甚至有些危险。父亲就不许他再搞,爱迪生急得直哭,说:"我要不做实验,怎么能研究学问?怎么能做出一番事业呢?"爸妈听了,感动得只好收回"禁令"。

5.18 立志节

上初中一年级时，读到那些建立千秋功业的铭传，留意到那初心是"有志者"，然后才是"事竟成"。原句是"苦心人，天不负"，问过老爸后改成"有心人"。开心立志开心奋进吧，对于立志万丈雄心者，一路奋勇拼搏向前，哪怕披荆斩棘、历经坎坷也不觉多苦，那是成长的心路历程。每一次披荆斩棘后的成功，都是成长中的快乐。

每年都应该温习一下自己少时的飞天梦志向。有一些志趣相同的人修习阳明心学，在北京组建了"致良知四合院"，他们倡导5·18立志节。就在这一天温习吧，也把阳明先生关于"立志、责志、辨志"的精彩语录分享，厘清本义。

一些成语后续误读了，比如三十而立，在很多人的印象里是自己成家立业，其实这个立的真实含义，指的是立志。立志就是为了超越平庸的人生，如果没有志向，困难时就只能顺流往下行，很难在逆流时坚持向上走。立志就是为了采取主动，保持职场人生战略节奏，让职场人生成功掌握在自己手里。所以，对于职场成功，立志——天大的事！

高山仰止的心学大师王阳明说："志不立，天下无可成之事。"12岁的王阳明就立志成圣，一生不断追求，37岁龙场悟道、文人带兵平叛建功立业、辞官回乡讲学论道，开启"阳明心学"一派，有了被后世敬仰的巨大成就。

英雄理应受到尊敬与爱戴，不管是战斗英雄还是发明英雄。求乎其上得乎其中，求乎其中得乎其下。震撼出自内心，潜力尽情发挥，职场英雄同样气势非凡，依靠胆识豪气走天下。广博知识、能力卓越，可以有舍我其谁的霸气，睥睨天下、不可匹敌之势，但要礼貌待人，能够帮助有需要的工友。职场成功需在岗位上努力贡献，主要目的是家庭高质量生活、家族兴旺发达，十里八乡受尊重、受尊敬。保持一往无前的姿态，不可被懒惰懈怠拖延战胜。感觉懈怠拖延，立即潇洒转身，昂首阔步坚定前进。窝窝囊囊、行尸走肉，不只是平庸，空耗青春与生命，更对不住自己的少时飞天梦。保持飞天梦，一路快乐拼搏奋斗，此生无憾。

二舅三叔等许多人年轻时一样的聪明勤奋，中年也表现得还不错，几样事情似乎干得也还行，但四十多岁还是没啥成就，50岁就只能叹息一声：没办法啦只能抱孙子啦，这就是"后世大患"。后半辈子叹息自己是"无用之人"，是

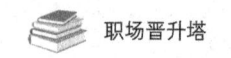

因为年轻时"无志",未能持续在同一志向努力。后半辈子高质量生活只能靠晚辈,如果遇到大病就会有大麻烦,只能叹息。

立志不坚定的人,常常立志。见到什么好就去干一下,马上能够得到小收益,在小收益引诱与鼓励下,继续"刷"出小聪明,哪里有小收益就钻哪个门路,成为各种小收益的俘虏,得到一个小收益的小聪明们不会满足,会继续"立志"得到更多小收益,这边不够那边凑,这里不行那里走,就成了常常立志。长期观察,他们的计划会变成笑话,纯粹是自己忽悠自己。

立志高远,开启无限光明的未来

陪伴你成长感受你成长的,一定是你的内心。王阳明老先生曾经告诫我们:"破山中贼易,破心中贼难。"这句话的意思就是说:想要打败山里的贼寇容易,但是想要击败自己内心深处的各种贪欲、恶念、懒惰、懈怠,非常困难。是啊,一个人,要想解决一些有形的困难比较容易;而一个人,要想消灭自己心灵深处的"心贼",真的很困难。

有一首电影插曲《只要平凡》是这样唱的:"没有神的光环,你我生而平凡。握紧手中的平凡,此心此生无憾。"然而,平凡并非平庸,平庸没有出路。一个人想要平庸地度过一生,那么一生都别想过得轻松。"人心惟危",心有小我,便如"盲人骑瞎马,夜半临深池",一次决策失误,可能掉入深渊!"立志,是人生命运的转折点。企业最喜欢的是年薪50万元以上的"高薪免费"人才。你立志成为什么样的职场人,如何学习训练逐层突破,到什么层级作出什么样的贡献,就将获取什么样的报酬,也就拥有什么样的生活品质。所以,立志可能决定我们一辈子的生活品质。立志高远,成为顶级人才,可能开启无限光明的未来。

同样,平凡并非平顺。一个人即便十分勤奋,即便身怀绝技,如果生命中没有立定正确的方向,仍然可能如无舵之舟,飘逸动荡,终无所成。许多人,都是这样艰难而并非平顺地活着,直到死去!因此,500年前王阳明先生曰:"今以立志为说。中间字字句句,莫非立志。盖终身问学之功,只是立得志而已。"阳明心学一个关键词是"立志"。王阳明先生自己在12岁立志成圣,37岁龙场悟道,此后建功立业、讲学论道,都是立志圣贤的硕果。后来,在给亲人以及弟子的书信中,王阳明先生也反反复复地谈及立志的话题,可谓诲人不倦。

培育青年,重要的可能是在读高中一年级的年龄时"立志"。进入职场,竞争激烈,不用惧怕,应该立志。那么,到底怎样才算真正的立志?

开发心中宝藏

人生重大的秘密是心中拥有无尽宝藏。本质上,立志就是开发心中宝藏,激发潜力,这样的立志,才叫真正的立志。王阳明先生曰"立志而圣则圣矣",什么是圣人?心中宝藏被开发出来的人就是圣人,内心存乎天理就是圣人,人工智能(Artificial Intelligence,AI)不可能替代你。所以,每个人立志不断地开发自己的心中宝藏,每个人立志纯粹圣洁内心,才是真正的立志。职场立志,努力学习训练开发自己的潜能,更快速地层级突破,成长为职场精英,为社会财富创造作出更大贡献,会得到更高报酬,会让自己的家庭有更高质量的生活。

有人说拾级而上,人生和事业都会顺理成章地展开壮丽画卷。随着我们不断地得到层级突破的素质能力训练,增强更高层级的职业技能,不断地提升认知高度,生命就可以在更高层面上不断舒展,这就是在不断开发心中宝藏!想个目标喊些口号,然后就想成功是不可能的。职场人生大致有七阶层,每一阶层是什么,每一阶层要学习训练什么,得瞄准其特征,有针对性才有效率,才能够确保层级突破成功。拾级而上,说得轻巧,如何"拾"呢?需懂得职场位阶的梯职路。毕业出社会选择进入一个行业,先把岗位工作做稳,立稳第一位阶,此处"拾"即得食——让自己生活稳定,至少生活有了着落。普工、技工努力将工作技能练熟悉,技工一级级水平提高,使收入稳中有升,生活就会芝麻开花节节高。

拾级而"上"的第一阶层该是现场管理者,再"上"就是中层主管、中级工程师了,中层还有经理、总监两个更高技术管理位阶,"上"到高层的副总与常务副总,是多少人的职场梦啊!可要梦想成真,这七层都可以学习训练突破,即可以被培育成功的。

《朴素神奇马头堡》第一卷后记里说了,1999年秋内心开启此想法,这是我立志的基础。2003年开始在广州、长沙搜寻打工成功的研究成果,未果。

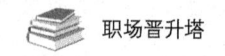

2005年开始读博士,研究打工成功的发展经济学规律,博士学位论文专著出版后,又去长三角上海、杭州,江苏邳州、山东兰陵,珠三角学习交流,在与致良知等志趣相投人士的学习交流中,我已立志要构建出梯职路各位阶的适配理论框架,立志传播服务于3000万名进城工。经八年之功,构建了六角七层职场晋升塔的层级突破框架模型,感谢所有同道的支持。为防止随意篡改,登记了著作权,并逐步发表论文,随即开启传播准备。

图0-1为梯职路商标,代表了阶梯式晋升的职场发展道路。梯职路商标的整体是一个圆形,圆形中是由书本和齿轮搭建而成的职业发展阶梯,阶梯拐弯处大致对应着工作岗位的不同职位等级。书本代表知识——知识就是基础力量,这是你踏上成功阶梯的基石。书本封面的两个符号,@代表互联网知识,原子符号代表科技知识——互联网科技能让你获取各种新的知识和信息。齿轮代表技能——有了知识后,还要将其训练成自身技能,才能转换为财富创造能力。在工作中,有基础理论知识的支撑,才能有"技"可施;掌握了专业知识并将其训练成技能,才能有更广阔的发展空间。两人的侧脸代表职场中的众多青年男女都意欲奋勇向前,表现了竞争的激烈程度,也表现了千千万万的男女在关注着你的成功。双圆环底部,是商标名称梯职路和英文Career Stairway。

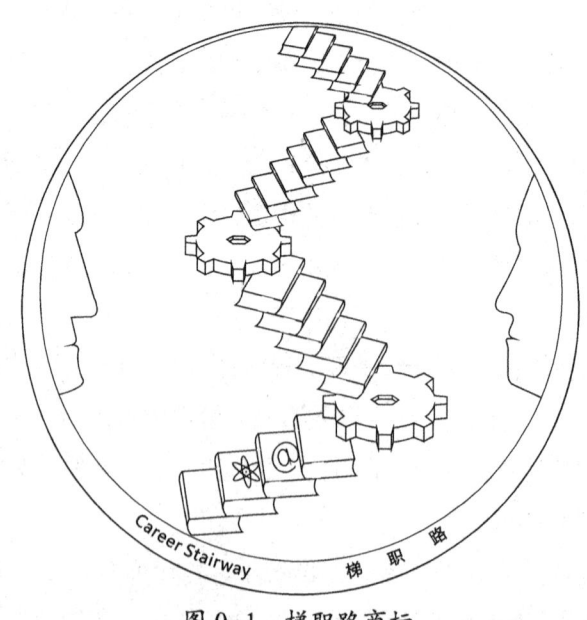

图0-1 梯职路商标

目 录

第一篇
绝不可失
少年梦

- **第一章 攀登职场晋升塔 / 007**

  第一节 职场晋升塔 / 010
  第二节 职场成功节奏 / 026
  第三节 UBA 学园 / 032

- **第二章 踏上青云路 / 038**

  第一节 我如何成为顶级人才 / 039
  第二节 晋职加薪捷径 / 045
  第三节 两倍努力争未来 / 054

第二篇
开头两步
赢半生

- **第三章 第一职业稳固法 / 069**

  第一节 初次就业不稳的恶果 / 070
  第二节 新入职场稳固法 / 076

- **第四章 首次晋职成功法 / 081**

  第一节 首次晋职成刚需 / 082

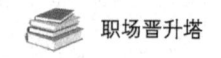

第二节　如何冲上并做稳 / 087

第三节　如何预备上中层 / 097

第三篇 三级中产阶层

第五章　冲上中层主管 / 114

第一节　主管素质能力案例 / 117

第二节　中层主管——循规蹈矩完成任务 / 122

第六章　成为中层经理 / 130

第一节　经理素质能力案例 / 131

第二节　中层经理——去除异常达成目标 / 138

第七章　次高管总监 / 145

第一节　总监素质能力案例 / 146

第二节　中层总监——导演团队竞争优势 / 152

第四篇 高管梦圆

第八章　高管高效胜任力 / 171

第一节　副总里外两头急 / 172

第二节　副总胜任与稳固模型 / 176

目录

- 第九章　常务副总素质要全面 / 183

    第一节　解放两顶层 / 185
    第二节　常务副总——"三双"凭信任 / 192

参考文献 / 201

附　录　人生顶层设计表 / 203

后　记 / 205

第一篇

绝不可失少年梦

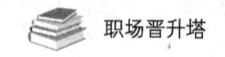

农家村落放牛郎，也曾畅想室生香；

偶尔楼顶吟高调，登天梦里雁飞翔；

江河湖海皆踏遍，日月星辰伴暮朝。

儿时童趣真，个个记忆深，追鸟村庄外，摸鱼在水坑。黄毛小子村间穿，溪畔爬树想登天。曾做登天彩虹梦，梦做职场万种人。无论你多大年龄，多长工龄，都可以再寻童年青涩记忆。

6岁前，常坐在父亲肩头去外婆家，那是今生坐过最贵的车，那是儿时登天的梯。那年春节前满了6岁，父亲肩头换成了弟弟，父母说让我跟着，自己走路去外婆家拜年。我家在湘南的南岳西南端，古老的马头堡被群山怀抱着，岁岁年年走的是山路。南岳天下秀，马头堡当然山清水秀，但是没有公路的年代自然也没有机动车，单车都没有，这些山对于学龄前儿童来说都是高不可攀的巨障！当然，不会像广西巴马西边的凤山，那花岗岩山峰高耸入云，望不见顶，站在山腰探头看不见底。2008年六一曾去到那里，韦山哥说了他童年各类向往山外的登天梦，曾梦见去县城的大山崩塌后成了一马平川。日有所思，夜有所梦，内心里有强烈改变残酷自然环境的渴望，便有了日后努力奋斗冲出大山的志向。

去外婆家路上，要爬上一个百步陡。所谓百步陡，就是有100级陡直阶梯，幼小的我仰头望阶梯，感觉很长很长、很高很高，似登天的阶梯，一级级一段段。依山而建的石阶，累疼了我的一双小脚。这拾级而上、多次攀登的故乡登天梯，给了我一生不灭的记忆……父母亲告诉6岁的我，开始快点慢点关系不大，要有勇气爬完全部100级阶梯，预备好心情和体力，就行动。

从此，我不管遇到多么陡直的人生阶梯，都能鼓足勇气，不怕艰辛，预备好了心情和体力，就开始向天梯攀登。

儿时与同伴放风筝，一路追跑到山顶，四周望去好惊奇："山外山还有谁？

蓝天之上还有啥？我可以随着风筝在天上飞吗？"看着飞向天空的风筝，这些疑问在脑海中不断闪现，让我对未知的山外与天外，充满了好奇。跑回山下溪水码头，聊天才知道，儿时的登天梦，每个乡村青年人都有，各人的梦想方式不同而已。书上读到敦煌壁画的飞天，原来中国文化自古以来就有飞天梦，有腾飞在太空的畅想。

宁录带领大家建造巴别塔，传说叫作巴比伦金字塔，七层螺旋形设计，螺旋阶梯可以直达塔顶，古老文明的人们就梦想登天，还采取实际行动——他们在今天伊拉克的幼发拉底与底格里斯两河流域，即美索不达米亚建设通天塔。史无前例的一代女皇武则天，在统治期间，有着惊世骇俗的三大世界级全木结构地标建筑，就是在河南洛阳紫微城建设的明堂、天堂和天枢。91米高的明堂就来自古诗中的"归来见天子，天子坐明堂"。公元689年，明堂北面建设礼佛天堂，高度至少150米，是当时世界上最大最高的木质结构建筑。天堂又叫作通天浮屠、通天塔。武则天时期的通天塔看起来是五层，内部两层地基，所以实际上是七层——七层浮屠，加上两个顶层对外宣称九层。九是极阳数，代表敬重。

当年技术建150米高的木结构通天塔，是宏大工程，必须靠执着坚守的职业精神，才能架起如此高的登天云梯。工匠们百折不挠，创造了世界瞩目的伟大成就。21世纪，通天塔被赋予了新的时代内涵。新时代职场青年，受登天塔精神鼓舞，不管从事什么职业，继续登天青春梦想，以梦为马，不负韶华，职场上青春潇洒，切实担当起新时代的家庭及至家族生活质量提升的使命——也是国家民族强大之使命，在职场上乘风破浪、逐梦前行！

大家小时候都很喜欢看烟花吧？

你见过以天空为幕布的白日焰火、踏过整个城市的巨型脚印吗？2001年上海APEC、2008年北京奥运会、2014年北京APEC等开场艺术烟花，全出自福建男人蔡国强之手。

纪录片《天梯：蔡国强的艺术》阐释了他是目前世界顶尖的烟花艺术大师。他不断在世界舞台上创造惊世之作，而这一切源于古老中国的火药。蔡国强与火药之缘要从他儿时说起，1957年他出生于福建泉州的小渔村，奶奶一直坚信孙子国强能成为伟大的艺术家，这份信任给了蔡国强追求艺术的动力。事实证明奶奶是对的，火药这种自由大胆的表达，彻底释放了蔡国强的艺术天赋。他成了全世界最会玩儿火药的男人，而火药也成就了他的艺术，可他心中却一直有个心愿，要用火药搭一部天梯。

对"天梯"的执着，源自他少年时代的梦想。靠海吃饭的泉州人，多多少少都有对老天爷的信仰，蔡国强儿时有个登天梦，长大后，一直研究属于自己的登天之法。1994年，偶然机会蔡国强造访英国小城巴斯，在那里看到了圣经里连接人间与天堂的"天梯"，一个念头渐渐在脑海中升起，用火药打造一座连接大地与宇宙的天梯，实现一次登天梦。

然而，1994年巴斯、2001年上海APEC、2012年洛杉矶的三次"天梯"艰难尝试都以失败告终，他重新思考天梯项目的意义。他回想起20年前，自己开启天梯项目的初心，那种单纯想要登天的"朴实冲动"，其实来自儿时的愿望。回想起多年来，一直鼓励自己走向艺术之路的奶奶，她已年近百岁，却从未亲眼见过孙子享誉全球的艺术烟火。所以这次开启"天梯"计划，他不再需要巴斯、上海、洛杉矶这样的世界舞台关注，他只想让100岁的奶奶亲眼看到自己的烟火，只想实现自己最初的梦想。

在梦开始的地方——他的故乡泉州，2015年初夏，蔡国强带着团队，找遍整个泉州，最终选定安静、有着他记忆中属于小渔村灵气的惠屿岛。半个多月不惜花费上百万美元，在海上搭起40米长的平台，造了一个直径25米的巨型热气球，只为把这个长500米、重500吨即百万斤的天梯升空。2015年6月15日黎明时分，一条火红的"天梯"缓缓爬升，最终在天际燃烧，蔡国强终于成功让天梯升空了。看着徐徐燃烧的天梯，蔡国强在奶奶面前笑得像个孩子，他兴奋地问奶奶："国强是不是很厉害。"这一刻他的笑容灿烂，甚至超越了他在纽约、巴黎、北京演出成功的喜悦。

看到这里你明白了他的执着吧，这个百万斤烟花天梯的高艺术造诣，代表了蔡国强儿时的登天梦想成功，代表了这片孕育他的土地和家人的支持，这是他的艺术之根。宇宙妙无穷，飞天梦就，这短短80秒的烟花里凝聚着对奶奶的爱，对故乡的情。从来天下拿云手，源自孩提逐梦心。立志坚定，数十年不忘儿时的登天梦，年少气豪向远方，绝不可失登天梦，才有蔡先生名满天下的大成就。您看出来了，他也是满世界跑的"两头人"，两头都运用创新和科技，成功演绎出绝顶艺术烟花。

　　让创新筑就梦想，让科技改变未来，科技创新偶像、世界新首富马斯克的登天梦，是踏上遥远渺茫的火星，并建立适合人类的生态系统，以科技的力量，实现地球人心中的登天梦想。科技的力量无穷无尽，不负韶华的青年们，毋负家庭家族寄托在你们身上的现代化希望，在岗位在工作中努力创新，学习训练层级突破的素质能力，筑就职业梦想，坚定地奔向自己的美好未来吧！

　　广西的龙脊梯田，是观光者眼中的神奇美景，也是当地山村乡民身体的劳作艰辛的写照。看到一座座山头那螺塔似的神奇山脊梯田，叠叠阶梯，层层向上，圈圈升腾，感受到"山是龙的脊，田是登天的梯"的壮美。千百年来乡民的扎实劳作成就了"登天田梯"，田里禾壮收了稻谷，田间观光收了门票，家庭家族生活越来越高质量。不要虚诵乘云驾鹤之语，梦从道士登天，装模作样地学长生不老之术，想怡然自乐而不屑于世务，那是懒汉功夫，终日贪杯神思飞升，难道梦想可以不劳而获吗？

　　安枫在《登天》文后的题外话说得好，优秀的东西永远在那儿，你把它当作指引，就会越来越接近它们，甚至很快与它们一样；你拿来当作标准，用来鄙视他人和自己的不足，就会永远活在差距的阴影里。职场老师傅们看似权威地说"那很难，你做不到"，只是在讲述他们自己的无力感，并用同样的心态怀疑你。已经毕业的你，不用理会这个"做不到"，除了敬天爱人，年轻的你可以无所畏惧进行试验。

　　职场成功不是概念化的直通车，一步步来就能走到你梦中的顶点，每一步都有不同的要求。要全部明白对应层级的模型结构与要求，学习训练层级突破的素质能力，把自己的技能优势发挥出来，得到认可才能抓住机会。

　　不可狂妄无礼，不要小看自己，要相信自己。要有一颗上进心，懂得如何成为顶级人才，主动承诺，学习职场三段论定理——打工进步最快速自我训练方法论，懂得高效进步模式，成功四定律厚积薄发，破解职场晋升迷思，掌控职场成功节奏，懂得塑造职场个人品牌，就有更多可能登上职场晋升塔顶。

　　知道这些强心壮志的基本知识与理念，知道职场发展路径，还能够读懂逐步向上的各层级模型内容，大致知道怎么去预备。有加入UBA学园学习训练的机会，首先就能温暖自己的心灵，逐步训练成长，信心也会逐步增强。您将勇

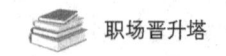

敢地奔向职场精英目标——逐步成功，逐步自我设立更高目标，实现儿时的登天梦想。

少年梦想登天的楼顶高调，可能成为现实，从此不再是小小山雀，加入UBA学园高高飞翔的雁队，将有能力周游世界，踏遍江河湖海；朝朝暮暮，真的可能遇到儿时仰望的日月星辰般的人物，相伴交流。你就可以回答：为什么同村、同校、同城、同工作，几个阶段你发展都那么好！未来，与他们人生结局将大不同。

某些人一点就通，他们有所经历和积累，或深度思考正在努力突破中。某些人闻所未闻，一点就炸，惊诧不已！认为绝无可能，吹牛没边了吗？他们盲人摸象，具象清晰整体无法想象，不理解不接受；无法忍受者当面发飙，背后怪话闲话连篇，不奇怪。

有快退休的职场老人说，升职是伪命题，升职是鸡汤，要教育年轻人扎根基层，一辈子干好本职工作。我问："你们怎么升到部门负责人？拿到今天这么丰厚的待遇？"他们就顾左右而言他。一位老人说他儿子在美国大公司一干就是七八年，做工程师，不谈升职，现在8000美元也很好呀。旁边老友问："您儿子这么快8000美元啦？五年前听您说是还差一点点到4000美元。"原来这四年多，他儿子努力拼搏，晋职三次才到8000美元月薪的。有初级/助理、中级、高级、专家工程师、资深工程师，各级要求的水平能力，以及对应的收入差别大着呢。有些"大厂"如阿里、腾讯等，技术工程师十几级，是层级突破的升职，各等级话语权大不同。晋升到哪个位置，就要扎扎实实干好那个位置的本职工作。

不少企业家或高管发现了商机，却没有梯队人才执行，而无奈放弃。因此，企业希望各层级梯队人才不断成长，达到层级突破者，升职是正常的。在此，鼓励年轻工友们努力攀登职场晋升塔。

第一章

攀登职场晋升塔

多数人都是以打工人的身份，在职场过完一生，每个人都希望有不一样的精彩。作为有一定基础有梦想的职场人，你一生都在攀登职场晋升塔。因为禀赋、资源、机会、期望与毅力不同，个人职场的"天"高低不同，个人能够晋升到达的最高层级也不同。我刚工作时，最高目标是晋升到工程师，然后，想晋升到高级工程师。后来觉得，我也可以做到技术经理呀。之后，我也可以做总监吧，再后来，经常做常务副总的工作，而且是以企业管理专家的身份。创业、大学教书，都试过几回，都干了几年。职场人生的目标，随着自己的快速成长，也是会快速向上调高的。

当然，连升三级是戏文，掌握职业发展的节奏感和达成平衡，并非易事。不忘儿时登天梦，梦上职场金字塔。有志者事竟成，有意愿还要有对应的知识方法。本章简单说明职场晋升金字塔，作为职场晋升参考框架，让你职场成功的信心更坚定。

到底如何才能登顶职场晋升塔？职场晋升塔有几层？每层是什么？每层各个维度特征是什么？到哪里去学习训练层级突破的素质能力？许多职场人是有这类疑问的。

明白职场成功的节奏和平衡，再了解 UBA 学园——是为你攀登职场晋升塔训练素质技能而创建的，当然，必须先理解职场晋升塔参考框架——六角七层模型。这套六角七层模型，是我 35 年职业生涯积累，其中有 6 年博士研究训练，还包含二十多年企业管理专家、52 个细分行业企业各层级技术管理者的辅导、碰撞，深度思考并与北上广深管理咨询专家深入交流。来到广西南部偏僻的北部湾大学经济管理学院，安心静思 6 年多，课题研究与论文写作，才逐步总结归纳出来。您看到的六角七层模型是独一无二的，已申请了著作权登记。

不管是普通中学、职高或中专，还是大专、本科，许多人毕业后，几十年如一日在家附近方圆几十千米的地方来回转圈。说得浪漫温馨一点叫作择一人选一城，过完一生；说得直白一点就是画地为牢！困在出生地附近了。工商业天地虽广，职场舞台虽大，但对于绝大多数不懂职场晋升塔的人，可能与他们没有什么关系。

所谓职场内卷，不就是大家都趋利避害地淤积在同一个地方，以同样的职场生存技能，进行着同质化竞争，所导致的恶果。无论是从个体、群体，还是行业、社会的角度来观察，职场打工人的基本属性所驱动的职场行为，总是在不同的职场竞争维度上，呈现出类似特征，也导向同样结果！尤其是同层级的竞争者。于是，论文研究，找到同层级的竞争要素特征，才能构建出胜任力模型。

微领袖素质能力等，是每次晋职时需要率先突破的内生壁垒。突破内生壁垒，再突破外生壁垒如在企业"干中学"积累的技术、技能等，还需要突破层级壁垒，才能达成晋职加薪。任何一次三重壁垒突破都是不容易的，各人各层级有不一样的困惑。

行业或职能岗位的隐性门槛和天花板，无处不在，那是你现有职业素质技能三重资本下的生存结构边界。要跨越门槛和突破天花板，实现职场层级突破，人力资本、社会资本与心理资本三重资本需要不断提升。

当无法突破层级边界的时候，内生的矛盾，就必然导向类似古罗马斗兽场那样的职场生存竞争，残酷到你死我活。在职场中，你会发现某些人虽然换过许多行业或企业，在不同的岗位上来回切换，但这些岗位均处于同一层级：不少低文化程度的进城工兄弟姐妹，在工地的小工、饭店的后厨或店堂、剧场的群演、店里的销售员、流水生产线上的工人打转。而一些大学毕业生进城工，则是这家公司文员、那家公司的专员或技术员有时叫初级工程师，再一家公司的领班级主管或经理的助理——虽然是不同的行业，但层级没变！一年到头盼过年，过年时带不回多少钱。

多数人从985、211院校体面毕业之后，跨踌满志地进入一、二线城市的头部企业或者金融机构，不管是在互联网行业，还是在金融机构的实习生，可能以为自己是职场明日之星！然而，几年就会如梦初醒，即便在行业内外频繁跳槽，转一圈下来，发现这些职业经历毫无价值。困于无形的职场天花板之下，没有形成任何有效的职业积累，只不过是在职场同层的不同岗位上来回腾挪。隐性壁垒你能感觉到，却无法触碰到实质内涵，更无法实现层级突破。

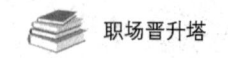

许多进城工,每一次跳槽两三个月做熟悉了,就感觉良好,实际上蹉跎岁月混口饭吃而已。多年职场努力搭建起来的职场光鲜生活,经不起行业波动的狂风暴雨,抑或企业变化调整的一丁点波折,瞬间就会把你打回进城时最初原形!

多数人都在同一层级转圈。难以坐稳,晋职加薪总是有缘无分,不管怎么努力折腾,就是升不上去,感到郁闷。自己职场节奏混乱,徘徊不前,枉费了时间精力和金钱,怎么也找不到恰当的机构,来学习训练想要突破层级的素质能力,无法帮助自己成长。

第一节　职场晋升塔

本节简介职场晋升塔,让读者诸君有个总体印象。由毕业生小白晋职到常务副总,七个层级框架模型,构成职场晋升七层塔。在后续各篇章中,再展开较详细说明。模型实践运用效果非常明显,因为是从实践中总结出来,又经过学术论证,许多来自成功经验,更多的则是来自难以得到的失败教训。

我做企业管理专家工作超过 20 年,在顾问过程中,企业里常有基层、中层甚至高管,不满意公司待遇和职权或头衔。记在心上挂在嘴上的,是近年自己的几点得意表现,对自己未达目标则有诸多辩护理由。而企业老板对高管、高管对中层、中层对基层总不大满意,认为下属表现匹配不上现有头衔或待遇。多年来人力资源管理迎合虚荣冠上高头衔,高头衔久了就当真希望高贡献,可是,许多职场人,个人资本不足以匹配虚高头衔。个人不满意待遇、职权或头衔、晋升速度,企业不满意贡献与能力;企业各层级头衔偏高,甚至有企业高头衔人满为患,总经理却说常感觉没有得力人才可用。上下相互不满意,是很明显的问题。

通常的解决方案,一是在企业内部找解决工作差错的方法,二是团队拓展训练改进心态,三是鼓励学历提升,四是由企业搞读书会让大家学习知识讨论训练出技能,不行就调岗,这是第五种办法。还不行,只能用第六种,即外部招聘。但是，这种种办法，都没有真正解决相互不满意的问题。那么，在规模企业里，到底如何判别各层级技术管理人才是否匹配？如何培养、匹配人才？怎么解决规模企业里，各层级技术与管理者的能力表现与待遇适配的问题，是大多数企业的困惑。虽然企业管理的书籍视频，繁杂丰富到炫目，而解决这个问题，则缺乏简明的适配框架模型。

我二十多年的企业管理顾问工作，经常面临的实际问题是，必须解决多种复杂因素的待遇头衔与贡献适配。长期的现实压力下深度思考，与各类企业的各层级人员、企业咨询顾问专家以及博士教授学者们，反复交流与归纳总结，再通过5篇论文的规范学术论证，逐步创建出解决这些问题的六维框架模型。参照的中等企业规模为400人至2000人或8000万元至10亿元年收入。

本书主要讨论，如何运用六角框架模型，来解决规模企业各层级匹配或晋升的一些问题。至于为什么是六角稳固模型？为什么将诸多因素归结为六角模型？由学术论文完成六角模型的构建。为什么每层是不同或类似的胜任力特征？如何确定六角模型1个至6个胜任力特征的排列顺序？这些都由学术论文完成，研究、分析、推论而确定六角模型及特征的学术论文，比较枯燥乏味，有兴趣的可以关注微信公众号"梯职路"阅读论文。当然，为便于理解的连贯性，本书有简单说明。

各层级岗位工作要做稳，影响因素多，为什么归纳成6个特征，二十多年顾问辅导经历，观察与思考，主要内容确实有这么丰富。理论分析推导与十几个省调查结果实证分析，诸多内容都包含于6个特征中。各地区、各行业、各阶段五年八年会变化，用词或重点会不同，但是显著特征未超出这六个方面。后续第三章开始，较详细介绍各六角模型。各章也只是列举观察到的重点内容，尚有许许多多不可写入，否则洋洋洒洒百万言也言之不尽。

尽量写得不着情绪，但是一些工友在看初稿时，还是惊心汗颜，因为每个特征包含内容深度与广度，皆可深挖和扩展，都有极其丰富的内涵与外延。现实中更有纷繁复杂的案例，或令人激赏不已，或令人捶胸顿足。中年工友经历多次晋职竞争，会有丰沛感受。某些特征，有些工友轻松随意应对——恰是长处，旁边工友可能正是短处，面对压力，紧张慌乱、恐惧、手心冒汗、头脑发晕、肚子疼到似乎要抽搐，这些都见过多次。有些看初稿的工友说，几次竞争

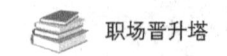

得累了，打开看看模型，就能让自己的心平静下来；另一些工友说，看完第一遍，就不敢轻易再打开，打开看着模型又不愿轻易合上，合上了心里又时时想着模型，回想每一次晋职的竞争，未见过模型，对一些特征半懂不懂，戚戚然，隐隐不能释怀；也有过往走得好的妙棋，原来是符合模型特征内容。

将纷繁复杂的职场里眼花缭乱的各种头衔等级，简化成七个层级，将多种影响因素归纳为六个特征，形成六角七层框架模型，便于理解与记忆后的运用。学习训练每一层级突破的素质能力，有些人可能需要一年，另一些人可能需要两三年。这是参考知识框架，不是灵丹妙药，不能点石成金，必须持续努力训练，还要有些悟性。没有空中楼阁，更没有海市蜃楼，进城工多数由基层开始，扎实工作努力向上奋斗。逐层往上，岗位迅速减少，层级越高，挑战越大，需要的素质能力越强，当然，待遇也越好。

表 1-1　人力资源层级、模型层级与名称对照表

人力资源层级	模型层级	模型名称	备注
基层	第一层	毕业生初期职业稳固模型	转正
	第二层	毕业生初次晋职现场管理者模型	准岳母刚需
中层	第三层	中层主管胜任与稳固模型	中产阶层 I
	第四层	中层经理胜任与稳固模型	中产阶层 II
	第五层	中层总监胜任与稳固模型	中产阶层 III
高层	第六层	副总胜任与稳固模型	—
	第七层	常务副总胜任与稳固模型	—

表 1-1 中所列第一层是毕业生初期职业稳固模型，第二层是毕业生初次晋职现场管理者模型，第一、二层为基层；第三、四、五层分别是中层主管、经理与总监胜任与稳固模型；第六、七层是副总、常务副总胜任与稳固模型。

下面逐一简介。

第一、二层：基层胜任与稳固模型

毕业生踏入职场的第一步：初期职业六角稳固模型，也被人叫作第一职业稳固模型。

在毕业当年实习或毕业后初次就业时，找准自己毕业后要从事的细分行业或职业。可以按照职业生涯规划课程中的职业性格与职业兴趣知识，借助测评软件完成 MBTI 性格测试与霍兰德职业兴趣倾向测试，测试结果结合亲友中当前职场最成功者的细分行业或职业，选定自己毕业后 10 年内所从事的细分行业或职业。跳槽到细分行业或职业外，建议职位在高级经理后再考虑。MBTI 全称是 Myers-Briggs Type Indicator，即迈尔斯-布里格斯类型指标，美国这对心理学家母女，20 世纪 40 年代，将心理类型组合成个性的四维八极：与世界交互方式的外倾/内倾、获取信息方式的感觉/直觉、决策方式的思考/情感、生活偏好方式的判断/知觉。四维八极的交叉组合，有 16 种性格类型描述。

通过对 12 个省调查发现，稳固首份工作不容易。进入工商业职场的第一份工作，是承载了全家或个人职业梦想的，多数毕业生却是多次跳槽才能稳定，然而，已经迷失了初心。与最初的职业梦想相去甚远，甚至毫无关系，只是求得生存而已。

毕业生进入工商业的第一份工作，实质是入行。

入职后，直接面临的第一个差距，是企业内部环境如食堂、宿舍以及办公或作业设备等，既来之则安之，须主动适应与学校状况迥异的企业内部环境，主动融入工友良好文化氛围。学习敬业精神与品质意识，还需要懂得，在企业遇到困难也须努力做出敬业表现，质量呈现全部合格；迅速学会岗位工作技术流程，静下心来，掌握全部操作方法，每天按时完成所有工作任务；懂得五常法 5S 知识和方法，并落实到自己工作和生活现场，至少维持工作现场别让工友不满意；迅速适应企业氛围，懂得企业内外沟通差别，小组沟通核心词即可意会，部门内有完整句子就可以完成沟通，部门外沟通要交代清楚背景资料知识。五常法是指何广明教授创立的常组织、常整顿、常清洁、常规范、常自律。

入职后要懂得岗位稳定的这 6 个特征，针对性学习训练每一个特征的知识与方法，尽量做到熟练。扎扎实实 100% 地完成岗位工作任务，努力让各特征

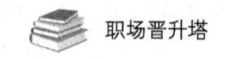

有良好表现、融会贯通。紧跟上司或师傅，勤学好问，注意礼貌待人。

第一层毕业生初期职业稳固模型，如图1-1所示，用心参照6特征内容训练，即可迅速稳固初期工作获得转正，是职场第一份成功。多数企业，以转正作为入职初期坐稳的标识。除了毕业生初次入职，工作中调岗或者跳槽，也可按照此模型学习训练，迅速稳固。

初次就业案例，入新职稳固方法较详细内容，请参看第三章。

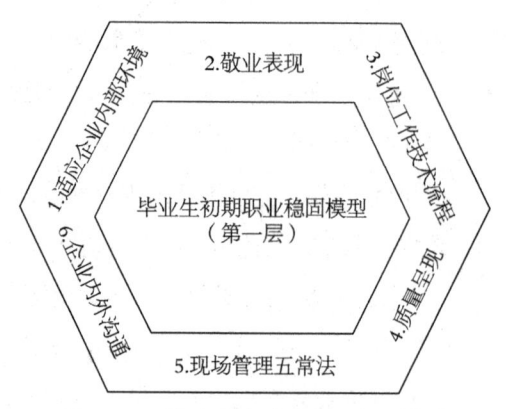

```
            2.敬业表现    3.岗位工作技术流程
    1.适应企业内部环境
                毕业生初期职业稳固模型
                    （第一层）
    6.重视企业内外安全
            5.现场管理五常法    4.质量呈现
```

图1-1　毕业生初期职业稳固模型

毕业生初期岗位转正后，须扎实工作一段时间，最快三个月通常半年以上，就可以学习训练突破到第二层级的素质能力，预备晋职为现场管理者，一般叫作班组长或店堂领班、小店铺店长、助理工程师或初级工程师，也有企业叫作基层主管或者现场主管等。

首先要明白微领袖五项素质，职业道德与职业伦理、品德、责任心与工匠精神等，每一项素质的知识与基本要求弄明白后，参照案例学习训练；并长期坚持不放过任何一个现场异常机会的跟进，以此训练自己的现场处置能力；不管专业是否对口，都可以按照五级10步法，勤学多问，一步步自我训练，迅速掌握现场全部工作技术流程；同时，参加训练现场管理技能十项，一般每月掌握一项，学习基础知识交流经验与感受，回到工作岗位要应用于实际工作中自我训练；不能孤傲清高，也不能常做独行侠，努力与工友和谐相处，乐于帮助同事。保持工作表现优良，给上司的上司留下有礼貌、积极上进、有发展潜力的好印象。

按照图1-2所示，第二层毕业生初次晋职现场管理者模型，用心准备，初次突破内生壁垒与外生壁垒，再层级突破。必须扎扎实实、认认真真，工作表现每月有亮点，向上司和工友持续展示出发展潜力，一有机会就可以保证竞争取胜，首次成功晋职。

图中六边形各顶点标注：
1. 微领袖素质
2. 上司好印象
3. 现场办事能力
4. 现场工作技术流程（五级10步法）
5. 工友和谐
6. 现场管理技能十项

中心：毕业生初次晋职现场管理者模型（第二层）

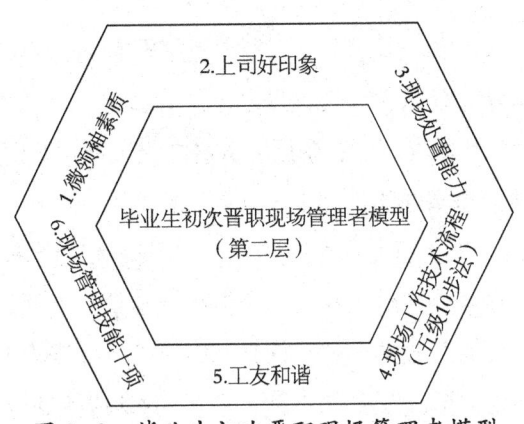

图1-2　毕业生初次晋职现场管理者模型

对于绝大多数职场人来说，初次晋职是职场人生的关键一步。一些工友，在预备期尤其是机会出现的时候，而上司的评价不总是正面，还发现有竞争对手时，会感到压力巨大，心情和神经就一直处于紧张和敏感状态。

不能实现初次层级突破，没有成功晋职到第二层——现场管理者，就只能在最基层徘徊，更高职位的中层高层，一辈子都只能仰望，无论什么大学毕业。少数研究生毕业也只是做个高级文员——专员，工作不能让人满意，自然也没法晋职到第二层——现场管理者、技术员组长或初级工程师。

成功晋职到第二层——现场管理者，或者在预备晋职时，可以开始塑造职场个人品牌，积累职场三重资本：人力资本、社会资本和心理资本。再要晋职任何一个层级，都要积累更高一层级的职场三重资本和提升职场个人品牌。

职业发展晋职加薪，是进城工自己与家庭现代化的刚需，要掌握微领袖五项素质、五级10步法、现场管理技能十项等知识、学习训练案例，避免成为上司不愿晋升的七类人。较详细内容，请参看第四章。

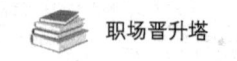

竞争是相对优势，6个特征维度中3个优势的特征，努力做到突出表现，另外几个注意只要不出错，通常就可能胜出，多数晋职加薪者都是如此，并非六维度全优势碾压。后续更高层级的胜任与稳固模型，亦是如此。

第三、四、五层：中层三级胜任与稳固模型

现场管理者、技术员组长或初级工程师的工作熟练之后，要扎扎实实稳定一段时间，如大半年，绩效考评在良好以上。一边继续保持优良工作表现，一边开始学习训练预备晋职第三层：中层主管或中级工程师级别。

在微领袖五项素质增强的基础上，努力发挥自己的长处，熟悉部门工作全部管理程序，并训练执行管理程序的能力。学习确保完全执行公司管理制度、主动宣传企业文化；努力熟练工作技术全流程，会熟练运用四五项质量管理技术，训练主管级四项管理技能；处理好家庭四大关系并懂得与上级沟通、理解上级工作压力。循规蹈矩，保证完成工作任务，并达成管理目标。

完全理解和执行公司全部制度与管理流程，学习训练需要时间和精力，也要方法。每一个特征的知识和方法，都不简单，除了技巧和经验，还有许多挑战，需要勇气克服。

参照企业管理中层三级图1-4的外圈（见34页），第三层中层主管胜任与稳固模型，准备一年或以上时间，可能会晋职中层主管或中级工程师等，并能坐稳。

有些工友某些方面基础弱，遇到相应问题就难以持续表现良好，不能让上司的上司确认有发展潜力，可能需要准备三五年甚至更久，需要补充训练。每个层级谋求晋职者，都有这种情况。

主管级四项管理技能、家庭四大关系等知识与方法，如何冲上中层主管，不要成为上司后悔升职的七类人，这些较详细内容，请参看第五章。

成功晋职中层第一级，工作多年后，进城工一般可以使得全家生活进入中产阶层第一级。相应地，晋职第二、三级的经理（部长）、总监，全家生活进入中产阶层第二、三级。

- 靠模仿生存的小微企业总监副总，可能是挂高管头衔的资深主管级水平的"伪高管"。一些企业把实习技术员、技术员、高级技术员叫作工程师、中级工程师、高级工程师，把工程师、高级工程师叫作技术主管、技术经理。
- 2006—2010年4年多时间，通过数十位人力资源部门的朋友帮助，我对超过10万企业员工的职位数据分析发现，女性工友，如果孕育前未能升职到中层主管或中级工程师级别，可能绝大多数就再无缘晋职中层了。这就不难理解，为什么公司的高层多数是男性，虽然女性高层增加的趋势明显。所以，女性工友需要在毕业前夕，预备好职业发展五年规划，尽力在孕育前晋职中层再孕育，之后晋职中高层都不会受到太大影响。
- 在《梯职路72福运》中有说明，来自发展经济学专著《中国农民工职业发展问题研究》第173—174页。图1-3为孕育与女性职工职业发展，参照系是假定男性职工均匀梯级晋升。

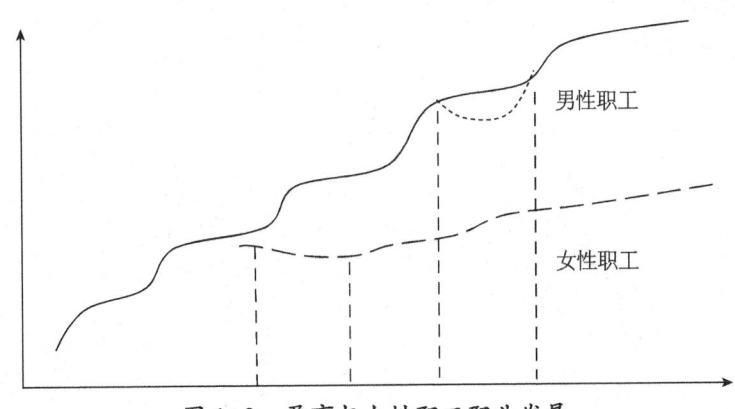

图 1-3　孕育与女性职工职业发展

在中层主管或工程师等初级中层岗位上工作一段时间后，一直有良好业绩，绩效考评优良，有发展潜力者，创新能力较强，可以预备晋职第四层中层经理或高级工程师、职能首席工艺师、总检验师等。这个"一段时间"，有些基础扎实、学习训练勤奋、悟性好的工友，可能只需要一年。这一年业绩稳定在优良状况，花时间精力用于学习训练。而有些主管，各种基础弱点勉强应付工作，可能需要5—8年时间，才能业绩稳定优良。

中层主管完全执行公司制度与管理程序到位，对异常情况还不能顺利处置

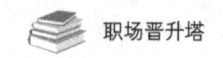

的时候，中层经理要迅速处理异常状况，使之恢复正常。在深刻理解制度背后的情理与原理、管理程序要体现的管理规律，不违背公司价值观，用微创新方法，处理制度流程规范之外的工作异常。这是中层经理必须具备的能力。

中层经理级需要有能力营造氛围，按照制度设立的原则与规律，用合适方式坚决维护公司制度，按照企业使命、愿景、价值观贯彻企业文化；必须有管理程序编写与维护能力，并督导落实。懂得IE（Industrial Engineering，工业工程），能使工艺技术较大改进，以持续提高效率，或者确保负责区域工作、产品或服务的质量稳定可靠；学习训练中层经理管理四项技能；懂得隐性知识显性化规则与方法，制订计划并执行；家庭之外能够处理好家族关系，使之不影响工作；与上级、下级沟通协调的方法与技能都比较强。以上各项都得到训练，保证业绩稳定。

参照企业管理中层三级图1-4的中圈，第四层中层经理胜任与稳固模型准备，能够晋职中层经理或高级工程师等，并能坐稳。

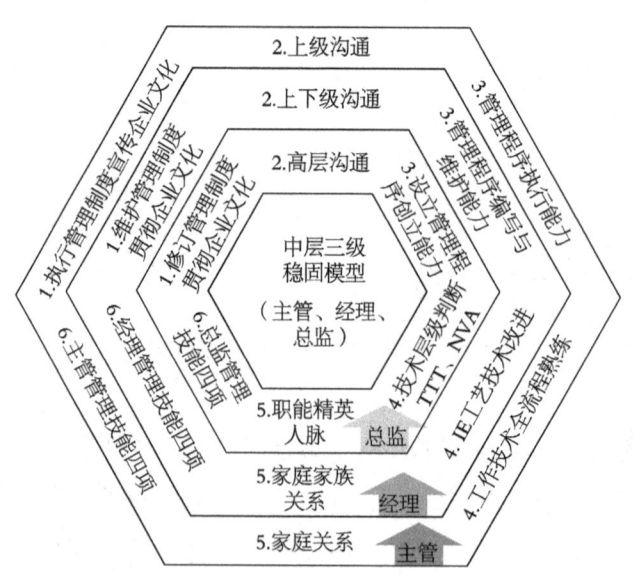

图1-4　企业管理中层三级胜任与稳固模型

规模企业的中层经理，是要处理中层主管们循规蹈矩将制度与流程都执行到位还不能解决的难题，通常能力较强，相应的权力较大，待遇也较高。某些能力不够、权力欲望却非常强烈的人，在竞争激烈时，就可能会用某种非正当甚至歹毒的手段，伤害能力够不注意防范的排名靠前者，因此留意防歹。当年没想到要防范，吃过这种亏，大半年后才明白。许多人也是一两年后，才明白。因此要竞争规模企业的中层经理，害人之心不可有，防歹之心不可无。

作为高管助手的一些总经办主任、企划部经理，写材料时，需要紧跟企业领袖思路，确保企业文化贯彻到位。

中层经理管理四项技能知识点、不成为堵在上司心里的三类经理等，较详细内容，请参看第六章。

在企业能够稳定中层经理或首席工程师等工作，一年以上持续保持良好表现，所辖范围的一切异常都有创新能力摆平。还有发展潜力者，可考虑预备第五层总监级或首席专家等。

做了成功的中层经理数年，可能家庭家族的世俗生活使你目不暇接，行业职场的各种信息让你眼花缭乱。想进一步做技术管理总监，不能迷恋而迷乱在尘世里沉浮，要进一步增强微领袖五项素质。结交职能精英人脉，能够广泛收集前沿资讯、正确判断行业变化趋势，有应对行业环境变化的恰当方法。适时展现职场个人魅力，让职场个人品牌有知名度。

需要时，具备推动修订企业部分管理制度、创造性贯彻企业文化，促进企业使命、愿景、价值观深入人心的能力；新领域的工作比较成熟时，能创立管理程序使之成为规条（rule），迅速增强团队执行力；多渠道广泛收集信息，对行业技术趋势、企业技术层级能够作出判断；学习训练总监管理四项技能；能做 TTT（Training the Trainer to Train，培训内部培训师）、去除 NVA（Non Value Added，非增值工序），业绩突出；培育战略思维实现与高层沟通顺畅；积累知识、方法和经验，且能将迷茫的一众兄弟姐妹，带成一支任何情况都能打胜仗的队伍，表现出带领团队成长、培育出行业竞争优势的潜能。

参照企业管理中层三级图 1-4 的内圈，第五层中层总监胜任与稳固模型准备充足者，可能晋职总监或首席专家等，扎扎实实努力，保持团队的竞争优势，可以坐稳。

总监四项管理技能、分类案例与导演出竞争优势的模型，还有"现代职场与传统文化"等，较详细内容，请参看第七章。

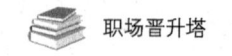

有些企业将总监级定为次高管，中小型企业可能叫作副总。

- 第三、四、五层主管、经理、总监，是决定企业执行力的中层，每层各四项共十二项中层管理技能，是高绩效管理执行力训练项目。高技术企业，工艺师职级可能低于工程师，一般技术企业通常是同等职级。
- 小微企业尤其是初创企业的高头衔消费突出，只带个文员的部门长也叫总监，实为现场管理者，最多是个主管。内部组织架构可以用 S 经理 S 总监、M 首席财务官 M 首席品牌官对接社会高头衔消费。S=supervisor 主管级，M=manager 经理级。口头称呼不加 S，M。

第六、七层：高层两级胜任与稳固模型

中层总监或首席专家工作，稳定优良表现两年以上，有风险管理思维者，可以学习训练中层突破到高层的素质能力，并持续学习企业经营管理，预备进入第六层高层副总或 CTO 首席技术官、总工程师等高级管理者。

持续增强微领袖五项素质到高管层级。主动结交本行业的职能精英开拓人脉，随时了解企业外部政治、经济、文化、技术与商业模式等，根据环境变化信息准确把握行业趋势；紧跟企业领袖思路，确保企业文化贯彻到位；懂得战略绩效管理，运用非财务职能的财务管理能力（"非财"），将企业经营年度目的，转化分解成多个职能工作的具体目标指标；运用适合于企业的职能机制管理改革；除了熟练非人力资源职能的人力资源管理（"非人"）；自我训练，能够对复杂的技术路线决策，新领域管理机制进行判断；有战略全局的高管认知，能够带领多职能团队成长，稳定业绩，遵照第六层胜任力模型持续努力，有机会时可能晋职高层副总，或 CTO 首席技术官、总工程师等，还可以被授权单个科目的条件付款签字权。

持续学习，与时俱进，保持所管理的各职能业绩优良，那么地位就可能长期稳固，如图 1-5 所示。

案例故事与学习训练的较详细内容，请参看第八章。

图中文字（图1-5 副总胜任与稳固模型，六边形"高层副总稳固模型（第六层）"）：
1. 行业精英人脉
2. 战略绩效
3. 非财务职能的财务管理
4. 产品技术路线决策
5. 非人力资源职能的人力资源管理
6. 职能机辅管理改革

图1-5　副总胜任与稳固模型

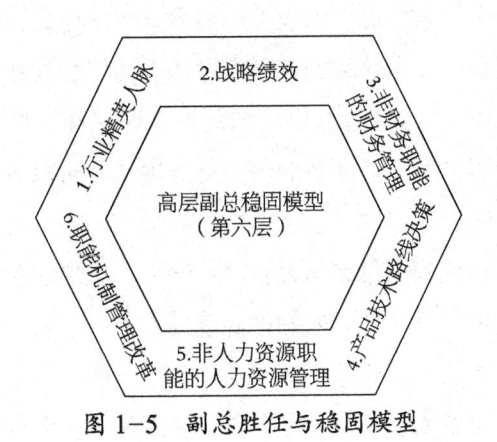

在第六层副总（或 CTO 首席技术官、总工程师等）职位上平稳地工作，常在企业领袖身边，如果一贯忠诚且获得领袖信任，那么拥有全面运营管理能力，可以考虑争取第七层常务副总（一些高科技企业或 IT 企业可能叫首席架构师、首席科学家）等职位，如图1-6所示。资深副总，不是本书所说的常务副总。

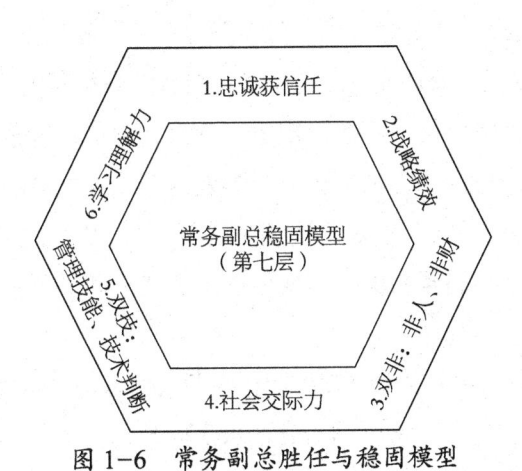

图中文字（图1-6 常务副总胜任与稳固模型，六边形"常务副总稳固模型（第七层）"）：
1. 忠诚获信任
2. 战略绩效
3. 双非：非人、非财
4. 社会交际力
5. 双技：管理技能、技术判断
6. 学习理解力

图1-6　常务副总胜任与稳固模型

本书所说的常务副总经理或副总裁，主要是负责企业内部运营管理。通常除财务和营销业务两部门外，其他全部职能部门可能都在运营管理范围之内。常务副总决策指挥所有职能部门，协调配合财务与业务，确保企业业绩达成年度目标、实现战略规划。

业务复杂的企业，常务副总涉及的职能可能十多个，甚至三十多个职能部门。在"双技、双非"运用熟练的基础上，还需要广泛的社会交际力和多职能学习理解力（"双力"），才能将管辖下的所有职能工作，前沿性、先进性判断准确，决策指挥恰当。对战略绩效的落实与推进，各阶段各事项，可能某些职能出现运营艰难时刻，就需要展示创造性开拓新局面的能力。贯彻企业文化价值观坚定不移，对企业领袖思路与意志领略透彻，质量经营出卓越绩效；因为忠诚获得信任，被授予日常计划内的付款审批签字权，成为对企业运营管理责任重大，也大权在握的常务副总经理或副总裁。一些小微企业的总经理，实质是类似规模企业的常务副总经理，重要事情决策权与现金付款签字权都在老板手里。

"双技"指的是工艺质量技术与管理技能，"双非"指的是"非人、非财"，非人力资源职能的人力资源管理、非财务职能的财务管理，加上"双力"，常务副总需要运用"三双"。持续展露才华，兢兢业业，扎实奉献，不断开拓，假以时日，在行业中甚至工商界将享有名望。

在矩阵式管理的大型企业，通常设有多个分公司总经理，实质上，每一个分公司总经理都相当于公司的业务区域常务副总。因为制度和政策、财务、人力资源管理等，这些公司总部都有规范。分公司总经理实质上相当于该区域的执行常务副总，他们的绝大部分工作内容，与常务副总并无二致。所以，有些公司叫区域常务副总裁。当然，因为各区域差别，可以在自己的区域内微调，但任何大的调整，都需要总部备案或批准。有些集团公司的子公司也是如此管理。

运营管理恰当的常务副总经理，能让企业董事长与总经理两个顶层人物从日常琐事中解放出来，较详细内容，请参看第九章。

- 第六、七层为高层。
- 再往上的企业领袖总经理、董事长，主要靠自己的强烈企图心成长。

为何职业发展大不同

有个问题每年都被问起许多次,那就是同村、同校、同城、同工作,为什么少数人职业发展那么好?结局却大不相同?

因为这些成功的少数人一直保有职场人生梦想,并持续为实现梦想而努力。内心有藏着的梦想,还有符合实际的战略节奏规划,有自驱力,动能足够,总之,他们快乐、努力攀登职场晋升塔,也有人叫职场通天塔、职业发展金字塔。越往上,塔越尖,意味着越往上职位越少,攀登越艰难,挑战越大,当然,收入也越高。

禀赋、受教育程度和期望与努力的差别,使得个人职场的"天"高低不同,一些人奋斗一生,可能只到高级技工、现场管理者,或者中级工程师中层主管。一些人毕业四五年就冲到了总监,之后还会再升到高管。常务副总不一定就是他们的最高峰,企图心更加强的高级人才,会冲到金字塔的塔尖——总经理、总裁等。

初入职场,若家人、亲友只有基层打工人,没有中层,更没有职场高管人士,初期期望一般不高。随着经验积累、能力增强、人脉拓展,特别是懂得七层模型,找到学习训练层级突破机构,期望会逐步提高,这就是一种自我不断超越。就像邓丽君《漫步人生路》唱的"越过高峰,另一峰却又见""路虽远,未疲倦"。

综合各行业各地区的情况,据估算,现场管理者大约为作业人员的1/20,主管约12%,工商业社会里经理层级可能近8%的样子,达到总监级别待遇者已经小于2%了。2000年前,经理层级岗位应该不到1/200,总监应该不到1/500,跨国公司的总监基本上是外籍人员。笔者1998年4月晋职经理,1996年买的第一套商品房,完全靠跨国公司品质工程师工资。

经理、总监比例大增,经理约8%、总监比 ≤ 2%,这是第三次工业革命——互联网信息时代带来的机会。许多科技型中小微企业,例如,较常见的应用IT类技术的贸易公司或制造厂家,小部门长的技术管理工作,达到规模企业经理层级的复杂程度,当然待遇也几乎同样达到。当然,副总级 ≤ 0.5%,如图1-7所示。

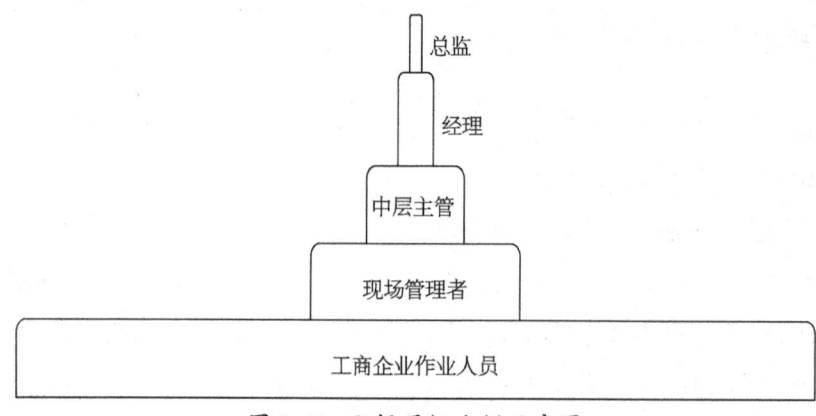

```
        总监
        经理
     中层主管
    现场管理者
   工商企业作业人员
```

图 1-7　职场层级比例示意图

2023 年，名副其实的营销总监，特别是规模企业的营销总监，百万元年薪是比较正常的。月入 10 万元，对于多数人是高不可攀、遥不可及的，而在财富创造贡献大的职场高级精英群体里，可能性是比较大的。

在规模企业里，高科技研发总监，甚至首席架构师、数据结构师，月薪 10 万元不会太奇怪。有时见到这些职场精英，甚至是不足 30 岁的年轻人，当然，他们也都是从大学毕业生的几千元开始干起来的。进入职场，都是一步步走向成功，一层层攀登职场晋升金字塔。

非高技术行业，月薪 10 万元要会哪些内容？怎样才能达到呢？

经我多年实践、观察，与企业家、高管以及企业管理专家们反复交流后，归纳总结出中大型企业总监级双技模型，也被人称为"10 万月薪模型"。这里的双技，还是管理技能与技术，不过具体到中层主管、经理、总监的梯级管理技能与十八项工艺质量管理技术。在微领袖素质不断提升的基础上，需要完成中层主管、经理与总监的十二项梯级管理技能：督导管理、中层角色认知、内部沟通谈判、中层时间管理、目标管理、绩效管理与非财务经理的财务管理、非人力资源经理的人力资源管理、中层激励技巧、领导艺术、企业智力资产积累、教练与授权、团队；十八项质量管理技术应该全知晓，按照实际需要，学习训练到熟练运用十项以上。双技要接通，需要工艺技术管理方法论。从主管级开始，就应该主动塑造职场个人品牌。十八项质量管理技术与实践大致是五常法5S、QC七手法、多种质量管理体系，如ISO9000/SA8000/GAP/HACCP等，新 QC 七手法、CAR 整改报告、关键质量指标 KQI、质量成本管理、PDCA、5Why、Poka-Yoke、SPC、8D、FMEA、DOE、CQI/QCC、6Sigma、Risk management、Lean 精益管理等。

可以按照这些内容学习训练层级突破的素质能力。梯级管理技能，是指中层主管、经理与总监的对应部分，已经有一些中层管理经验者，最快也需要一年半时间学完知识要点，然后，在日常工作中尤其是在会议、讨论辩论中训练，需要持续三五年才能到达高水平；十八项工艺质量管理技术，可能需要五六年才能学会全部，要反复操练到熟练运用。

我在工商企业从业 35 年，特别是企业管理顾问二十多年里，不得不研究创新办法，来解决不断遇到的各种各样层级不匹配的问题。也不断请教北上广深、中部西部同行、高管老板们与博士教授们，不断向职场精英们问询，以及优秀的中层后起之秀，包括许多努力聪明能干的基层进城工们，都向他们学习交流。超过万次的学习交流，不断地归纳总结研究，不断地吸纳职场不同层级朋友的意见，不断地打磨雕琢再确认，最后才于 2021 年年底确定六角七层的职场层级突破模型。5 篇学术论文确认，我想这个职场不同职位的六角七层适配框架模型，会对您有很好的参考价值。

独特的职业发展六角七层金字塔模型，是本书对打工人和工商企业管理的重要贡献（见图 1-8）。

图 1-8　梯职路六角七层模型作品登记证书

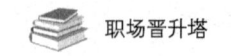

这些模型运用的基本条件，是在一个较大规模的公司里。小微企业也可以选某些部分运用，例如第一、二、三、七层，往往做得最差的是第一层。王小波的老师许倬云说，在中国文化里，人是处在宇宙秩序当中的，是在无数的大圈、小圈构成的复杂网络之中的。我们在这个网络中提升自己的心智能力，也接受着网络给予我们的待遇和回报，所以，中国人讲的是与集体的协调，而不是对立。在职场中，我们可以将这个集体理解为企业、部门或者工作小组的团队。企业都希望对应层级的技术管理人员，具备相应的团队技术管理胜任力。

懂得每个层级的主要内容，提前扎扎实实预备好，一有机会就迅速抢先抓住。七层梯职路晋升塔，如何进入您的大脑中，层级特征内容在需要时脱口而出，对您或者您周围的人会有所帮助。

这七层，加上顶层的总经理、董事长，总共九层，您看，是不是也是极阳数呢？

第二节　职场成功节奏

著名的哈佛商学院克莱顿·克里斯坦森（Clayton M.Christensen）教授，在《你要如何衡量你的人生》一书中，请你回答三个简单问题，即你如何确定：一是我将获得事业的成功和幸福吗？二是我与家人、亲友的关系是我永久幸福的源泉吗？三是我过正直生活，能远离犯罪吗？

预示着职场人生的成功节奏与平衡的克莱顿三问题，是理论透镜。反复思考，回答职场这些朴素问题，能提高职场敏锐度。

引发思考

怎样逐步实现职业人生成功？是月薪10万元吗，月薪目标6000元、8000元、10000元、20000元呢？每次达成目标就是成功。如何塑造职场个人品牌呢？我的贡献可能到达月薪10万元吗？何时能够达成呢？

这本书没有现成的答案，也没有结论，但贡献出了各层级的核心要素特征参考框架。不是告诉你直接思考什么，而是告诉你思考的基本方法——职场梯职路的参考框架。就是古人说的授之以渔，不是授之以鱼。告诉你打鱼的方法，去打你自己喜欢吃的鱼。直接给你鱼，不一定是你喜欢吃的。而且给你的鱼吃完以后，你可能还是不知道如何打鱼。

克莱顿的三个问题，第一、二个是目的——我的成功将与家人亲友共享幸福，第三个是平衡——正直实诚不犯罪，即通过正当手段不违法获得成功。三个问题越看越觉得有意思：首先，坚定信念，自己必须在职场获得成功！其次，找职场成功的路径——职场晋升塔，攀登每一层塔的方法——各个层级突破的素质能力。哪里学习训练？每攀登一层全家生活质量会提升到怎样？

不懂得这些，很难把握得了职场发展的成功节奏，一辈子都可能感到困惑、压抑，经济拮据，有时可能导致混乱而生活尴尬。

那怎么把握成功节奏呢？都说开个好头就成功一半，职场开头两步赢半生！然后，努力冲上规模企业中层，会过上中产生活，持续努力也可能梦圆高管吧。把握职场成功节奏，一路开挂，应该有比较圆满的人生，全家高质量幸福生活，下一代有更好基础。

这是我的思考，供你参考。

相隔几年晋职一次，即职场晋职加薪节奏。恋爱时用职场的什么标志，证明自己是有能力陪伴对方过上越来越好的生活？结婚时准岳母的刚需咋办？——家里不一定能够筹集大都市里昂贵的首付房款。婚后，用什么礼物迎接小宝宝的到来——两手空空保障不了未来好生活吧。怎么平衡家庭和职场的时间与精力？

你在30岁想给自己什么成功的礼物？30岁的基础怎么让35岁没有职场危机？36岁呢？

湖南长沙部分女性36岁生日大张旗鼓，之后就不公开过生日。

双方父母50岁、60岁、70岁大寿的最开心礼物，不是多少钱多少礼品，最好礼物是你的职场晋升，父母最开心的是你职场前途美好。

一些工友说，我真想有职场晋职加薪呀，但不知道如何达成？！哪里可以学习？这个很难，哪里有人一起共同讨论学习成长？

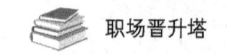

跟你的朋友去 UBA 学园再交更多朋友，共同学习训练层级突破，还拓展职场人脉，绝大多数能较快达成！你思考的出发点一定是你的梦想。你懂得思考方法后，你洞察到的职场机会与奥妙，会比许多书上直接告诉你的多得多，那么，在 UBA 学园里交流、思想碰撞，你会自己找到问题的答案。

破圈思考

你肯定不只是在你家庭、亲友原有圈子环境里去思考，因为已经思考了多年，还是迷茫。要去 UBA 学园，交新朋友拓展职场人脉，共同学习训练层级突破的素质能力，必须先突破舒适区。克莱顿教授有一个破坏性创新理论。小钢铁厂如何用低价钢筋来削弱优势钢铁行业，在低端市场攻击大型钢铁集团公司，他们的逐步推进确实成功了。英特尔公司通过这个案例，决定低价让赛扬处理器进入低端市场策略，保住了全球电脑芯片老大的地位。美国国防部长参考这个案例，把低价钢筋比作本地治安行动和恐怖主义行动，建立了先进的防止全球恐怖主义扩散方案。低价螺纹钢筋、老芯片竞争、防止全球恐怖主义扩散，都是运用破坏性创新理论。该理论规律具有普遍适用性，是很好的参考框架。

你可能在当前职业岗位没优势，甚至处于弱势，有时觉得自己不被欣赏，满怀梦想却满是沮丧，甚至有时丧失尊严，或者学不到新东西成长慢。那么利用这个破坏性创新理论（不是去搞破坏），扎扎实实做好目前层级要求的每一点每一步。保持必将破圈而出的远大理想、保持自己未来的高期望，而行动上放低姿态脚踏实地，善意认同身边所有人的长处并请教。不嫉妒他人优势，你在奋斗的路上，每一次进步都是在积累人力资本、社会资本与心理资本。

2004 年春，我从广东中山回广州。大巴车上播放的电视节目，是台湾艺人成都酒吧的脱口秀：人啦，1 岁出来亮相，10 岁天天向上，20 岁远大理想，30 岁奋发图强，40 岁基本定向，50 岁处处吃香，60 岁老当益壮，70 岁打打麻将，80 岁晒晒太阳，90 岁躺在床上，100 岁挂在墙上。最后一句：留下职业成功光辉形象和殷实家底，庇荫后人。

如何确定将获得事业的成功？苹果公司的乔布斯说，唯一让人有工作满足感的方法，就是认为从事的工作伟大！而爱上伟大工作的唯一方法，就是爱上你所从事的岗位工作。

做你喜爱的工作，你会觉得这一生没有一天是在工作，而是在做自己的喜好。热爱自己工作的人，会认为自己做的事情是非常有意义的。会把大部精力投入工作中，所以也做得出色，受人尊重，积累到某种程度终将破圈而出，受人敬重。

还记得儿时的登天梦、20岁的理想吧？今天的行业工作也是因为这些理想一路走来而选定的，不是突发奇想，莫名其妙就能坚持工作这么久的。入职了一个行业，首先要保证自己知识、技能入行。入行时第一份工作的职位，对职业发展并没有太大差别。小刘从西安毕业到广州找实习工作，入行第一份工作是做前台姐姐的快递搬运工，逐步层级突破，6年多成为该公司总经理。湖南衡阳小秦同时进入这个企业实习，就成为总监的助理做接待，6年后小秦转做刘总经理的一个无足轻重的接待助理。小刘、小秦两人起点相同。入行后的职场层级突破，晋升才是差距的根源。

职场战略管理

别把时间花在喊口号最响的人身上，也别把才能用在最快见效的投机取巧上。把时间精力浪费在势利琐碎事情上，可能迷失方向，职场走偏路，那肯定会破坏你的成功战略节奏。

醒着的时间大都花在工作上，超过生活中任何事情所花时间。那一定要做自己的职场战略管理，规划自己的大致职场节奏。有人会说，你最好有一个长远的职场战略，然后每五年做一个职场规划适应性调整。当然，还有人会说，我就是车到山前必有路，有路就有我的活路。您觉得有职场战略，并有五年职场规划的人，他的职场人生更精彩，还是车到山前必有路的混得更精彩？有规划的四川小杨，与没规划的湖北小蒋已经显现出13倍年收入的差距。

入行就在某个职场能较长期地干下去，积累经验与人脉。逐步积累职场三重资本，为实现职场人生战略节奏，打下越来越高的层级基础。职业发展影响因素多，你可以说职场云谲波诡——你抓不住重点超出你的控制之外时；也可以说是职场丰富多彩——有理论模型供你参考，让你牢牢把握住了成功节奏时。

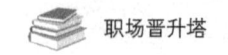

企业在市场识别用户和客户，你在企业工作中识别层级突破、晋职加薪的机会。企业会跟从产品市场成长，你会跟着企业的管理提升而成长。企业客户可能在受众市场、大众市场、分众市场或杂合市场，你在企业里工作会选定职能、选定岗位，精准定位，让你的基础能力优势找到机会表现。年轻的你，工作保持高效率、质量总是稳定的时候，与你接触的大多数人都会认可你的发展潜力。高效产出、质量稳定，让上司和上司的上司都对你刮目相看。那你就把握了职场成功的战略节奏。

自我驱动

学会了做职场战略规划的人，通常是自我驱动型，通俗地说就是自动自觉，朝着梦想目标，制订扎实可行的计划，逐步坚定地朝前走。例如，我认识的湖南祁阳老乡申先生，初中文化跑珠三角打了几份工以后，进入长沙企业，沉下心来。从生产部门的焊工、铆工、钣金工学习训练，用心努力，进入品质部负责铆焊车间质量管理与材料检验，4年里提出反馈意见近千条，转入铆焊车间任车间主管，一步步积累，四十多项实用新型专利还有7项发明专利，成为大师级工匠！进入智能制造研究院，做新产品工艺试验高级工艺师，每年训练两批各十几位大学毕业生。又如，湘潭大学师弟邵阳武冈的曹先生，物理专业毕业，分配去了老家化工厂，积累几年工艺技术管理经验后，到东莞跨国公司做生产主管，逐步把生产、工艺技术与品质保证熟悉后，成为制造团队管理负责人，读MBA，去找副总工作，辅助他回家乡干常务副总，转技术营销的副总。到沿海又找到总经理的工作，老板不希望他合同期满离职，转让给他部分股份成为副董事长兼总经理。这两个进城工的职场战略节奏，把握得不错吧！

公司工作岗位有对应的地位、薪资、安全保障，基本工作条件不必费心了，这是马斯洛需求层次的第一层。基础因素保障爱情、家庭生活稳定。接下来要考虑动力因素，干挑战性目标，获得更高程度的认可。责任感使个人成长更快速，这是自我驱动型员工成功的秘诀。可以进入UBA学园定期互相挑战促进，同时尽量坦诚回答"死党"之间的提问——包括克莱顿教授的三个问题。

高质量生活确实需要更多钱。怎么挣到更多钱？你必须作出更多贡献。所以你缺的不是钱，缺的是赚钱的能力即作出更大贡献的能力，主要是工作中帮助工友和上司的能力。

克莱顿教授的话让我们铭记在心：当超过一定的临界点，金钱只能减小你的职业挫折感。财富的诱惑之歌，已经使一些社会精英感到迷茫和困惑，甚至个别的进入牢房，那是在毁灭自己和家庭。

每次晋职加薪是对你贡献的肯定，你需要进一步发挥潜力。动因理论建议你问自己不同类型的问题。挣钱，目的是改善生活。而工作过程的满足感、让你成长更快，可能更重要。如果你想帮助他人，就要做技术管理者，如果干得好，企业里技术管理者是崇高职业之一。管理职位越高，需要越高的素质技能和社交学习能力，如何把握重点更快成长，请参考六角七层模型吧。

周密战略

克莱顿教授提出制定"周密战略"。确实需要至少五年的职场规划目标，然后拆分成一年两年的层级突破目标，以及制订具体学习训练成长与人脉拓展的季度月度计划，来达成你的目标。

应急计划，解决偶然机遇或者有意外问题带来的机会。运用"发现—驱动计划"来帮助你自己：发现哪些假设条件需要得到验证，才能说明应急计划有效？如果这个假设成立，最重要的条件是什么？怎样跟进落实呢？如果我们问对了问题，通常都会很容易找到答案。绝大多数人的问题，是把最终糟糕的结果当作问题，而不知道自己的根本问题是什么。例如，没钱、没有晋职加薪，是糟糕结果，根本问题是没有做职场战略管理，没有自我设立层级突破的晋职目标，更没有参照对应层级模型去学习训练突破。

通过周密战略，结合应急计划迅速调整，你可能会比较顺利地步入令自己满意的人生轨迹。现在可以问一下自己，这辈子我究竟想做些什么呢？在我参加《督导管理》课程的时候，导师 Dun 先生问出这个问题，很多人不知道。然后，Dun 老师说那改成另一个问题：你想在你的墓碑上刻上一句什么话？哈哈，大概是你最终梦想成就什么。

战略制定中，资源配置是最关键的环节。最好是个人努力的方向、节奏，

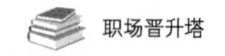

与公司的目标节奏基本一致，那么，公司的资源与运用也在促进你的成功。实现层级突破，需要用心学习构建资源、配置资源，UBA 学园可以链接同学、导师的职场资源。要把资源放在职场成功最重要的事情上。家庭家族资源似乎是天生归你所用的，一些人却被"亲人刀"伤害不浅。主管们要处理好家庭关系，当你成为经理时对整个家族资源可能都要协调，家族中可能许多人来找你这个优秀人才帮忙，会经历酸甜苦辣。

无论是企业战略，还是个人职场战略，都是从数百次日常决定中产生的，要做好时间安排、精力分布、金钱等资源的分配决定。职场的成功，你的血汗和泪水换来的收入，是你家庭高质量生活所渴望的。资源与梦想、方法与工具运用都结合在一起了，你比较满意的职场人生，基本上就会在你的规划之中逐步实现。

第三节　UBA 学园

许多企业有培训学院，有些还能叫作大学，如麦当劳大学。富士康 IE 管理学院，有教育部认可的毕业文凭。

MBA 与 UBA

MBA（Master of Business Administration 的缩写，工商管理硕士）。大家知道是培养高级工商管理人才的，简称培养高管，尤其是 EMBA（Executive Master of Business Administration，高级管理人员工商管理硕士）有些人直接就叫作总裁班。MBA 大多数是学习训练领导力。

高管假以时日，真的训练出领导力，经营管理判断作出了正确决策，发出了正确号令，接下来就是执行力的问题了。恰恰许多工商企业的执行力堪忧，而大学一般不开设总监、经理或以下级别的学习训练班，也没办法开。基层、中层执行不到位，老板、高管两眼含泪，怀疑自己的决策能力，数次修改调整折腾，心情几乎崩溃。

UBA 就是实效工商管理（Useful Business Administration）。为企业各层级训练执行力，为打工人的层级突破训练素质能力实现晋职加薪。为各层级打工人提供针对性素质、技能和经验技巧交流训练，快速增长其阅历和功力，链接人脉资源。UBA 学园，是为攀登职场晋升塔而专门创建的，为你增加晋职效能。

在长沙 WX 公司的总裁办公室，有人问我什么是执行力？我答：企业领袖挥出的手要落实到作业人员的手指头。就是说，企业领袖高管们发出了号召，中间层传达号令信息不失真，而更有技能方法做到针对性落实，一直要落实到每个操作者，变成手指头的行动。企业领袖指示，能够完全落实到各职能终端执行人的手指头，这就是中基层管理者的执行力功夫。中层的价值，在于执行力。

MBA 是中国工商业需要的经营管理训练。大学有 MBA，某些还有 DBA（Doctor of Business Administration，工商管理博士），虽然高大上，但不一定针对你工作的实际问题进行解答。至于传言马云说笑，高管读了 MBA 回来，终于把企业搞垮了。这是对唱高调，未能实用有效的一种调侃。有人调侃，培训高层易收费，能够收大钱。办得好的 MBA 收费高些，正常，无可厚非。

高管不是天生的，是一级级干上来的。苦恼问题是，怎么干才能一级级干上来？而企业，又难以得到能干的各层级执行力强的人才。我经过三十多年的工商企业技术管理实践，和企业管理专家顾问工作二十多年的痛苦摸索与理性思考，以及十余省与几个国家的访谈与问卷调查研究，与北上广深、湖南湖北、重庆四川等管理咨询专家们反复研讨，归纳总结，研究出基层、中层、高层六角七层模型构成的职场晋升塔。如果对构建模型的逻辑理论枯燥乏味的推导感兴趣，请参考公众号"梯职路"的胜任力模型论文。

"大学后"

毕业生小白进入职场后，有个不大好的现象，就是许多大学毕业生开始工作的一两年，甚至四五年，都无法把在大学花三四年时间学习的通用或专业知识，转化成自己工作岗位需要的知识技能。许多毕业生为此懊恼，为三四年时

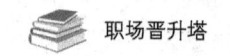

间浪费而心痛。大学所学与工作所需没法联通，这就真的需要 UBA 里的"大学后"，来帮助毕业生们迅速走出这个尴尬境地。发挥大学得到的能力训练，联通所学专业知识，快速成长为企业需要的岗位优秀人才。学习训练层级突破，抢占晋职加薪的机会，成为职场局部新星。

每一年的大学毕业生，只有不到 2% 的人有可能进入高管行列。这不到 2% 的人，成功的突出之处是坚持不懈。许多人是迅速稳固初次就业，并在就业初期抢占了机会。初次晋职，未抢占到机会，短时内不会再有机会，就得离职再找新工作。在新工作岗位上把工作做稳固，做好准备，寻找到新的晋职加薪机会。发起冲击，晋职成功才能加薪。否则，被他人抢占先机，竞争失败就又得再找新工作。再做稳固，再做准备，再找新的晋职加薪机会。发起再冲击，若还不成功，又得重新来过。为什么许许多多大学毕业生，工作二三年甚至五六年，每次晋职都不成功？实现不了层级突破，是因为没有弄明白现场管理者的胜任力模型。几次晋职现场管理者不成功，又没有发现新的机会，这个时候该结婚生子了，更不用谈还能冲上中层了。尤其是女生，可能再也上不了中层，一辈子就成为她们自嘲的"带崽婆"。

UBA"大学后"能帮助毕业生走出尴尬、抢占先机，辅助他们积累职场竞争需要的三种资本：人力资本、社会资本、心理资本。UBA"大学后"运用管理程序的执行力训练，迅速接通职场，扎牢根基，是让大学毕业生们快速成长为职场精英的助力器。

UBA 学园

六角七层模型是一个参照框架，可破解大部分职场晋升迷思。

你面对的职场"天常变"。云谲波诡的职场，梯职路七层的六个特征不大会变，但是各特征的重点内容，在不同时期、不同产业、不同企业，可能会变化。

有人说，活在职场，一命二运三风水，四积阴德五读书。所谓的命运风水积阴德不管也罢，让我们能够做出最大改善的只有"五读书"——学习训练。在职主要是学习职业技术、训练职业技能，加入 UBA 实效工商管理，学习训练各层级突破的素质能力。

毕业生可能用五六年或十年时间，逐项学习训练 18 项质量管理技术。在经历过现场管理者之后，逐步学习训练中层管理技能 12 项，完成各项双技训练得到培训证书，多次适时展示才华，个人职场品牌也几乎有知名度了。完成工艺技术管理方法论的具体载体，可以证明是具备月薪 10 万元的职场精英人士。

UBA 学园，有工友开心地说是"学习乐园"，不是小学黑板报的学习园地哦。名称启示于 2400 年前的柏拉图学园，那是欧洲历史上第一所固定的、综合性学校，也是研究机构，提供咨询。质疑与平等讨论交流的师生共同体规则，重视思辨论证过程，使其持续 900 年，因战乱才关闭。UBA 学园教育理念、模式与方法，来自美国 Appolo 教育模式与国际劳工组织的 MES 课程模式的贯通、参考中国香港浸会大学 MBA 学员客服式管理、新加坡南阳理工学院以及德国职业教育训练和先进跨国公司与民企职业培训的经验，结合国内在职教育现状而构建。设立与时俱进机制，确保领先。

UBA 学园的主要内容是，梯职路金字塔模型的层级突破素质能力训练，以及衍生出的解决工商群体需要的针对性训练。

UBA 学园，针对性训练七层级每一层级的六特征内容。参照七层级的每一个层级的六个特征内容的本质概念知识与规律，训练如何用好表现出这六个特征的方法，让学员比较完整地具备该层级的执行胜任力。不断学习训练更高一层级的六个特征内容等素质能力，一有机会，学员就可能抢先抓住。从辅导毕业生小白把入行第一份工作做稳，第一次晋职现场管理者成功，再到中层的主管、经理、总监，然后有潜力者符合更高层模型的，再训练晋职为副总、常务副总。合适的常务副总经理或副总裁在社会上严重缺乏，多数企业因为没有合适的人选，企业领袖董事长、总经理们，许许多多应该在外整合资源的时间精力，都不得不花在常务副总这个内部岗位工作上了。这样企业的纵向横向边界都可能受限，有可能延缓企业做强做大，甚至丢失机会。

UBA 学园是职场高效的催化剂，在把握职场进步的方向后，可以依靠这个六角七层晋升塔——全职业生命周期金字塔。因为禀赋与青少年时的资源不同，职场的"天"个人高低不同，某些人可以登顶常务副总经理或副总裁，某些人可能只能到达现场管理者，有些能够到达中层主管、中层工程师、工艺师或经理。当然总监、副总常务副总们拥有资源、能力，有想法是会再攀高峰干到总

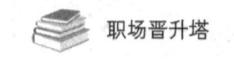

经理总裁的。有机会也完全可能去创业，UBA自然有创业训练。

社会上盛传模范"打工人"月薪10万元，特别亮眼。是有可能的，笔者在2008年达到，早在1994年的外籍上司已达到13.5万元月薪。一般中型大型企业里的中高层技术与管理者的月薪10万元模型，就是顶级中层的总监级水平。超大型企业，如华为的各类总监年薪可能150万—300万元。需要微领袖素质、五级10步法，快速把握所管辖的新职能技术判断，中层主管经理总监的各四项管理技能训练，18项质量管理技术绝大部分都需要懂得。有人说一些纯粹的技术人员能够到达月薪10万元，不需要管理技能吧，不可能！到达月薪10万元，一定不是独行侠，不是光杆司令，一定要带领团队，必须靠管理技能。至于极个别的技术天才，不在我们的讨论范围。

UBA的教与学

UBA的学员：主要是在职的有进步意愿，职业发展想再上一层楼的，可能是直接面临竞争压力、急于抓住晋职加薪机会的职员等。学员群、师友群是促进共同进步氛围，达成目标的助力人脉网络。进入UBA学园，社会资本增长快。

UBA的教师：除了专职导师，主要来自企业在职的实践经验丰富的岗位优秀工作者。师德教育、TTT训练测试合格，能够也愿意分享与奉献自己成功经验与失败教训的，清楚当前行业、企业的现实问题与改善方法、预防措施的，可以担当教员的人。

在职教师与在职学员相互促进。优秀中层与高管、企业管理专家顾问来做教师，他们的企业也需要招聘人才。各层级学员可能在学习过程中得到赏识，抓住晋升或跳槽机会。平等讨论交流的师生共同体规则，重视思辨论证过程，让师生教学相长。

UBA的教学内容：职能岗位工作职责、最前沿的职能通用与专业知识、理念，部门工作流程与规矩——显规则与潜规则及处理方式，实用的工作方法与技巧——出彩的经验与避免尴尬的教训，巨型、大、中、小微企业的技术与管理对比分析等。每季度会持续更新各职能的前沿知识、理念，分享行业最新信息。企业内部技术管理诊断与咨询方法，使学员成为解决问题的能手。

UBA 的教学方法：按照层级突破的素质能力设计教学大纲，完成知识自学后，分享并解答现实岗位工作中面临的实际问题。学员在自己的真实案例研讨中，将知识理论融入，获得迅速提高；调研学员企业的现实问题；学员职业生涯规划小组互助研讨，小组"结对"自我督导学习交流迅速提高；学员所在企业 HR 或上级督导与进步评价等。相互交流晋职准备、为企业作贡献的心得。

UBA 学园逐步增加教学网点——在学员聚集能找到的方便的地点送教上门，保证全国省会与经济发达地区的大部分跳槽人员能够持续学习，不可间断太久。

UBA 的科研

UBA 的科研分为基础研究和应用研究，以此确保层级突破研究与实践运用的职业教育头部企业的地位。多个研究中心形成网络，及时获取工商业社会实际的现实前沿问题与理念，广泛联系大学、科研院所与企业实际技术管理工作者共同研讨，将每月公布科研新进展，展示最新研究成果，有底蕴，有后劲。

第二章

踏上青云路

如何一出道就能踏上职场快速道，平步青云？如何摆脱拼搏多年还徘徊不前的职场窘境，开始踏上职场青云路？我们已经明白自己是"两头人"，知道立志是天大的事，已经有志向一定要成为职场精英，也没有忘记儿时的登天梦，梦想登上职场晋升搭。那么，有志者事竟成，到底是如何成的呢？

首先，要有追求成功的较强烈意愿；其次，懂得如何成为顶级人才，懂得晋职加薪要主动承诺；最后，要懂得三段论定理、职场高效模式和懂得四大成功定律，有坚持的毅力，就会有信心！

第一节　我如何成为顶级人才

知乎上有个提问：所谓厉害的人，遇到问题时的思维模式，跟我们的差别在哪？

谢春霖的回答，获得了超过 8 万人点赞，用"一家零售店的困境"实际案例来解读 6 种层次不同的人才，是如何思考、如何解决问题的。思维层次，很大程度会决定你的人生高度。

微信文章《如何才能成为顶级人才？》可以多读几遍，多思考，毕竟看完不是目的。真正理解，让自己变得更优秀才是目的，才是这篇文章带给你的价值。这里经压缩后简介一下核心内容。

对一件事情的理解，分成六个高低不同的"NLP 理解层次"。NLP，Neuro-Linguistic Programming（神经语言程序学），感觉信号输入到构成意思的过程，也叫作身心语言程式学。NLP 是由理查德·班德勒和约翰·格林德在 1976 年创建的一门学问，许多世界名人都接受过 NLP 培训，60% 世界 500 强企业采用 NLP 培训员工。

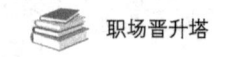

以所处"NLP 理解层次",把人分成 6 种不同的类型。理解层次越高的人,解决问题的能力也就越强,就越是社会所需要的人才(见表 1-2)。

表 1-2　人才理解层次与典型思考模式

人才层次	别名	所处理解层次	典型思考模式	自己层次
第五流	怨妇	环境层	都是别人的错!	
第四流	行动派	行为层	我还不够努力!	
第三流	战术家	能力层	方法总比问题多!	
第二流	战略家	BVR 层	什么才是更重要的?	
第一流	觉醒者	身份层	因为我是×××,所以我会 yyy。	
顶级人才	领袖/伟人	精神/使命层	人活着就是为了改变世界!	

第五流较常见于不大成功的人。第四流"行动派",是新时代的斜杠青年,这类人好像算不错了。但是,努力了,问题就都能被解决了吗?努力,的确是成功的一个必要条件,但远不是充分条件。许多问题的解决有更重要的因素在背后推动。如果你能走到第三流"战术家"这个层次,既有"行为层"的勤奋努力,又有"能力层"的流程方法,一般就能成为公司的中高层了。普通的问题已经难不倒你了,你总能找到办法来解决它们。这类人好像就是受表扬的了。进城工,还是有不少想努力成为中高层的。

当然,这里说的每提高一个层次,并不是说就不要低一个层次的功夫了,比如有了方法就不需要努力了,这是错误理解,而是在原来的基础上,上升了一个思考层次。不然就会变成空中楼阁,纸上谈兵。这一点很重要,切记!思考层次的提升与层级突破是紧密相连的。

"能力"这个理解层次虽然是三流,但已经是一般进城工能"意识"到的最高层次了。

哪些问题是有"能力"也解决不了的呢?就是你选择错了问题!选错了方向,可能白干还误了时间。因为方向不对、努力白费!

第二流"战略家",如果说"能力层"是做解答题的能力,"BVR 层"就是做选择题的能力,选择忽略什么,做什么更重要。

什么是 BVR？B 是 Believe（信念），你相信什么是对的，你相信这个世界应该是怎么样的，宏观地说是世界观，微观地说是基本理念。V 是 Value（价值观），价值高低排序，每个人衡量标准不同。当出现 A 或 B 选择的时候，选择自己认为的高价值项。某些人有选择困难症，是因为内在的价值观是混乱的，没有确定价值衡量的标准，就不知道该如何选择了。R 是 Rule（规条），即做人做事的原则，来自信念和价值观，有了规条可以高效做出选择，不用每次都思考、讨论、互相权衡比较。因此，"能力层"是让你把事情做对，而"BVR 层"则是帮你选择做对的事情。选择，比努力更重要。

可有时候 A 或 B 都对，或者带有比较大的主观性，怎么办？那就看第一流人才：觉醒者，理解"身份层"这是很高层次。不同身份层次意味着拥有不同的 BVR，影响一次次选择，决定你人生未来方向。清楚定位"身份"，配套相应 BVR，构建能力目标，制订计划并行动，你可能成为第一流的人才！你能开创出一番自己的事业，设计出令客户尖叫的产品，成为上市公司的领军人物。

而在第一流之上，还有顶级人才。

最高理解层次是"精神层"，带有利他"人生使命"。

重申，理解层次逐级上升，不能脱离低层次而单独存在高层次，不然就是不切实际的空中楼阁，那"精神"会变成"情怀"。

"身份"层次支撑"精神"层次，想想你能为这个世界做些什么好事？可以不用那么大，可以是微领袖，哪怕只是在某一方面，能帮助到为数不多的人。那就能成为你的人生使命，然后再去思考，什么样的身份能够更好地帮你完成这个使命？

一旦踏入"精神"这个层次，会发现一些伟人，唯有崇拜与敬仰，他们的名字就如同人类天空的繁星，照耀着人类前行。把时代领袖"乔布斯"在 1997 年发布的一则苹果广告语，送给看官您：活着就要改变世界。向那些疯狂的家伙们致敬，他们颠覆世界，他们不喜欢墨守成规，他们也不愿安于现状，他们创造，他们启迪，他们推动人类向前发展。也许，他们必须疯狂。

因为只有那些疯狂到以为自己能够改变世界的人，才能真正地改变世界。希望未来的某一天，你也有机会成为改变世界某一部分的人，引领着人们前进。

以上对人才的分类，只是为了让你更容易明白"理解层次"这个概念而做

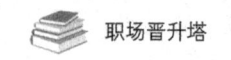

的极端化划分。在现实情况中，每个人其实六个层次都会涉及，只是会主要集中在某些层次中思考，而忽略其他层次，甚至根本不知道某些层次的存在。例如，进城工烦躁时会有怨言（第五流），会尽快学习当前最优技术（第四流）、想方设法提升自己能力（第三流），有机会跳槽或者换岗时，会选择高价值公司与岗位（第二流）、在某个局部领域发表意见会考虑身份（第一流）。

最重要的是如何才能成为顶级人才？我们从低层次，一级级往上打怪升级吗？

不是！处在低层次，思维会被限制住，最可悲的人生，莫过于不知道自己不知道，还以为自己全都知道。那应该怎么办呢？

答案是直接让自己成为一流人才或者顶级人才！

对！"我"需要对自己的人生做顶层设计，从精神层开始往下规划，一定要仔细回答表1-3的每一个问题，而且每年至少一次。

表1-3　人生顶层设计表

理解层次	思考内容	答案要点
精神/使命	我的人生使命是什么？世界因为我会变得有什么不同？	
身份	要实现这个使命，五年后我会成为一个怎么样的人？描述得越具体越好。	
BVR	一套怎样的信念价值观能帮助我到达这个身份？什么是最重要的？应该坚持什么、放弃什么？应该相信哪些原则规律？	
能力	要到达这个身份和体现这套BVR，我应该去学习什么知识或技能？掌握什么方法和套路？什么可以做什么不可以做？	
行为	具体怎么做？第一步是什么？今年的目的、目标、计划安排？	
环境	哪些人和资源可帮助我达成目标？如何去使用身边的资源？	

从自己理想的"精神层次/身份层次"发展出来的人生规划，重新定义自己的人生！可能会与你的现实生活有很大的不同，将更具挑战性，但却能让你身心统一，因而能激发出你更强大的潜能！

如何成为细分领域顶尖人才

青年人没有几个敢于说，我要成为伟人，成为世界领袖，但是一定要坚定决心成为细分领域顶尖人才。你完全可以，参照陈绿豆说的好方法：于精深处练习，在练习中关联，在关联中反思。

首先，精深练习。

在职场，精深练习才能增值。职场中人与人智商差别不大，主要就是激情和学习能力。

精深练习如何做？精深练习1分钟可超过普通练习10分钟。先懂得以下三个概念，如图1-9所示。

①舒适区：在此领域，日常工作，容易因无聊而走神；
②拉伸区：舒适边缘既有成就又有挑战，进步最快；
③困难区：可能会因畏惧而逃避，在自己认知范围之外，难度很大。

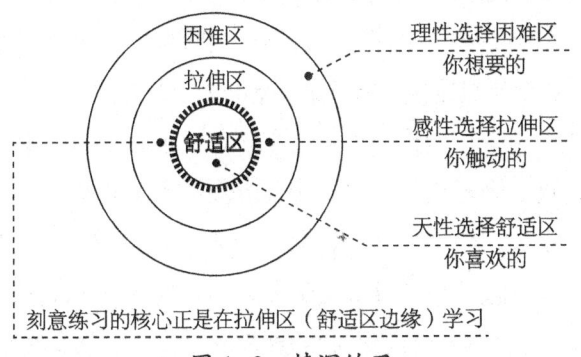

图 1-9 精深练习

已经优秀，再向卓越迈进，必须主动走出自己的职场舒适区。不能总是只做熟悉的工作，设立高一层级目标。在职场拉伸区，持续精深练习层级突破新技能，再到拉伸区边缘，进入层级突破、晋职加薪的困难区，主动精深练习在技能层级寻求突破，更上一层楼。需要在职业能力极限边缘，有计划地训练，时不时做些吃力、有难度的事情，让自己增值。必须全神贯注，学习训练职场层级突破的素质能力，最终实现晋职加薪。职场工作中的精深练习方法，也是需要教练辅导训练的，UBA学园会提供。

其次，关联——记忆关键点技巧。

看完一本书，才厘清整本书的框架，但过一段时间，还是会忘记，所以，需要"关联"，让一本书或者一句话能够与你产生共鸣。某句话，或许是你之前有类似经历的，人家进行了高度总结；或许是触动到你内心深处的描述，要结合自身的现状，产生自己的理解，内化于心，这就叫作共振。例如，《超整理术》说整理物品是整理思路，试着整理你的办公桌、书柜、衣柜，怎么排列，保存还是丢弃，就是在整理你自己的工作、学习与生活思路。

一本书一场讲座，只需要能触动你即可。高度太高或者还需要磨炼之后才能懂得的道理，让时光来教会你。整理物品如何整理思路，通过多次练习和交流，逐步深刻地思考，会越来越熟练。

最后，反思——深度思考技巧。

孔子曰：吾日三省吾身。每天反省，不只是找短处，更重要的是发挥长处，只有善于总结、反思，在反思中修正，才能获得质的提升。精深练习，在关联中反思，最好的办法是主动把学习训练内容教给他人，教是更好地学。把整理办公桌、书柜、衣柜的愉快事情，再持续，经验积累再提升。把整理经验分享给工友与家人，在分享过程中，会把思路整理得更清晰。

职场精英成长过程相当长。当机会在前，或职业目标难实现，一些工友会希望自己每日精进。为了让这类工友实现更快速成长的愿望，我们设有三员学习训练法。首先是会员——学会职场发展经济学基本知识、规律与方法，才能同频，因为这是与积极上进、寻求层级突破的同道工友交流的基础；上升到学员——针对性学习训练某个层级突破的素质能力模型、知识技能方法。需要有一帮学习训练的职场人员，共同刻意精深练习，才能坚持到层级突破；学习训练优秀者，要成为教员——促进自己刻意精深练习的岗位职能最佳方法，是把你通过精深练习、深度思考总结归纳而成长的愉悦心得体会、心路历程，与形成强处优势的方法，分享给年轻学员，教会他们得到了愉悦进步，才能说明你真的练成了。

东西方的思想家、启蒙教育家，孔子与卢梭，内省与忏悔，他们的成长突破许多来自教学过程。教学相长、良性互动，这是促进快速扎实进步的UBA学园的逆向式教学法之一。

第二节　晋职加薪捷径

职场上，想要快速晋职加薪的人多如过江之鲫，其中不乏想连升三级走捷径者，最希望得到的是点石成金的高招，以便马上晋职加薪，这样的事情百年难遇。这种想法，来自骨子里的小农意识。

主动承诺 101%

想得到晋职加薪的捷径大法，可以从两位陕西老乡蔡进与李进的交流中得到启发。

蔡进来自秦岭以南，陕西汉中郊县的一位理工科大学生，当年他来深圳找我，带他进入我打工的跨国公司电子厂。他就是个拼命三郎，表现一直很优秀，通过助理工程师、工程师、高级工程师，一级级晋升到经理。跳槽到了广州黄埔工业区青年路 J 公司，一家全球知名的巨型电子制造企业，任职制造部高级经理。

李进来自秦岭以北，甘肃庆阳郊县的一位职高生，第一次见他，是作为司机开车来广州天河，接我去中山的制衣厂做企业管理顾问。这个厂生产高档 T 恤，质量好款式新，只有一个大专财会生担任财务经理。公司业务、生产、技术负责人是职高中专学历，其余 260 位职员一半为初中文化一半为小学文化。李进好学，每次接送我，边开车边问各种关于工艺技术管理的问题，也问行业发展趋势或奇闻趣事。总之，与行业或企业有关的都愿意交流学习，还愿意买些书看，相较于待在厂内不出门的进城工思维活跃得多。当然他还下功夫，把几年来见到的各种大大小小的错误与改进方法，列表写下来，记录了 28 页近 500 项，这是个自动自觉极其用心努力的青年。工厂搬来广州沙湾，他看到了生产技术管理中的许多问题，运用学到的办法解决了问题，做了生产主管还兼职送客司机，但是，他感觉不受重用——许多权力都没有。

巨型跨国电子公司企业制造部高级经理蔡进，在老家给父母买了大房子，职位高了收入也高了，职业形象需要，开始喜欢穿各种舒服的高档新衣裳，于

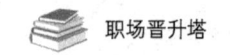

是，我邀约两位相互不认识的西北老乡到天河公园一聚。

李进说："感觉不受重用——许多权力都没有。"蔡进说："你的工作任务每周每月都完成了，你的权力足够了呀。从一番聊天中感觉到你对那个厂长不满，是不是你来做厂长会更好？"李进说："是呀！就是此意，一直不好意思直接说出来，但是，我认为三位老板都知道我的意思。"蔡进说："不大可能。老板关注的不是你一个人，除非你每件事情都做到101%。"李进说："我们公司都是强调必须做到90%。好多师傅还说，要是都能做到90%，我读书就能门门考90分，还不上大学去了？"

计算器显示5个90%相乘=59.05%，看看，五道工序都是90%，整体就不及格了。我说："人工作只做到90%的公司活不过3个月吧。所以，每个人的工作都必须做到100%，发现千分之一的错误也要立即返工纠正。99%的话必须立即找出1%的遗漏或者错误马上改正，还要发现这1%的遗漏或者错误发生的根本原因，确定如何预防，而使得全公司以后做这件事情，都不再因为这个原因发生遗漏或者错误。"

蔡进说："我的工作态度是，比上司要求的再多做一点点。上司不一定对我的工作现状了解得比我更清楚，上司没有要求的我们也要考虑周全，并主动完成。"他对待工作总是做得比上司要求还多一点好一点，遇到不懂的找高手学习，也坚持做到101%！职场持续开挂，高级经理后，成为总监、到苏州做副总、到四川乐山做总经理，回东莞做跨国公司的CEO。蔡进用14年做到了他一直梦寐以求的跨国公司CEO！总结经验，是他有主动承诺的好习惯。不是100%，是101%。这就必须主动承诺。

那次见面之后，蔡进通过李进买到出厂价的高档新衣服了。李进说："得了个职场好老乡、好师兄！"

那次聊天之后，李进就与蔡进这位高水平老乡联系上了。李进明白，电子行业比服饰行业的工厂管理水平高出几个档次，向蔡进讨教了大半年，"把101%表现法子"练出来了。继续学习参加职业技能训练班，多交水平高能力强的朋友，一直主动承诺101%的工作表现，不到一年就晋升为生产经理，又两年后真的就做了厂长。再后来，被另一家著名品牌番禺桥南工厂，当作行业精英人才挖过去，原来中山小工厂的那个老乡王副总，跟他去做个部门经理。

四五年后，主动承诺已经成为他的行为方式，他身边人的思维定式：只要与他有关的工作，他都会抢着做，做到大家希望的101%。又三年后101%使他有了名气，一个服饰品牌的大股东，邀他合作建新制衣厂，李进成了30%股权的老板，两百多人的工厂在广州番禺广场附近。

主动承诺，这应该是蔡进父母给他的最优秀的遗传基因！李进，学历偏低，总是保持着努力向上的进取心，得到了"101%表现"法宝后，进步快速，不断实现层级突破，竟然用手头功夫——工艺技术替代真金白银的大部分出资，成为30%股权的老板。

同村村姑不同结果

一位皮肤白皙，也还算漂亮的职高女生，黎娟，湖南南岳附近山里村姑，大专课程自考了一半多，快18岁时到深圳宝安的翻身村企业工作，在那里遇到一位高个儿热心老乡，很快熟悉了生产线上的作业工作，也很快与他热恋，19岁生了个女儿。然后就以家庭为重——带孩子，两年后，又生一个儿子，钱花光了，技工老公一个人赚的钱不足以养全家。通过村里老乡介绍，再到深圳宝安26区的一个小工厂找了份前台文员做，"好开心呀，因为没有产线工人那么累——虽然钱少些"。年纪轻轻的，不是真想求上进，只要能够混到可以轻松些就行。

两年后，前台电话可以自动转接，那份前台工作没有了。春节拜年亲戚相见，她妈说能不能帮她在长沙找份工作。做过前台文员，职高还自考了一些大专课程，于是帮她介绍了一份长沙市CBD前台工作。前台干净敞亮，比小工厂的前台漂亮得多。26岁正当职场学习进步之年，介绍她去学习人力资源管理课程，还帮她付款。六次课程，居然学五次后不去了，怕考试拿不到证书。所有经手的事情，工作量大一点就埋怨、叫苦叫累。周日里，把长沙城玩得差不多了。埋怨前台文员工作又苦又累，工友也不怎么待见她，这样子在一个地方混得久了，也没啥脸面。回老家衡阳去，再找一个前台文员，16年过去了，42岁了还是前台文员，继续拿3800元月薪，一年收入不足5万元。

黎娟的同村，比她大一岁多的村姑黎莲，家里住房是建在比黎娟家高出15

米的半坡上。黎莲读高中一个月，家庭变故，只好外出打工。跟我邻居到我所在的跨国公司电子工厂做了 QC 测试员。老家带来的那种埋怨、懒惰、叫苦叫累的习性，经过在跨国公司积极向上的氛围里工作三年多，改变了，在周围同事学习氛围的带动下，在不断督促下，也用心学习努力上进了，对于承诺的事情一定 100% 完成。

因为也养成了主动承诺的习惯，三年多工作表现超出其他同事，珠海新厂扩建时晋升为组长。养成的主动承诺习惯，工作表现超出上司与其他工作关联同事的期望，一次周会时，上司表扬说：黎莲大半年来工作表现都是 101%，工作都主动承诺。下月魔鬼训练一周，第一个名额给黎莲。训练回来半年后，黎莲升做班长。管理两个组近 90 名生产工人，当然待遇也提高了。

一家江西老板东莞工厂生产同类产品，需要熟练班长时她跳槽过去，管理三个小组近 120 名生产工人。主动承诺，光有勇气是不能够达成工作目标的，还要学习知识技能——向高层级工友学习，她知道了学习的重要性，参加职业技能训练班学习并积累职场人脉，当工作有困难时，有交流解困的人脉，压力瞬间减小。

当家中孩子上学需要照顾时，帮助她回老家在一个 180 人的工厂里做生产主管，经过两年多工作积累，年薪 10 万元，孝顺父母，在村里被同龄初中同学们羡慕、赞赏。

比他人早些晋职加薪，在别人看来是走了捷径，因为抢在他们前头了，他们没机会了，认为机会被你抢走了。实际上是你主动承诺，主动预备，就会早得到信息、早得到训练、早具备层级突破素质能力，就能够早抓住机会。

世界上成功有捷径吗？出来混是要还的，特殊的机会走运晋职了，如果不尽快抓紧时间刻苦努力学习，补足知识技能，大概率在晋职的岗位上坐不稳，这种例子太多了。

进城工小农意识还是很浓厚，总是被人问起晋职加薪的捷径，因此写下这一节的标题。晋职加薪捷径就是，提前主动按照梯职路模型，预备好突破到更高层级的素质能力、职业技能，一有机会就抢先得到。

用快慢理论来理解，前期主动扎扎实实预备好要冲上层级的全部六个方面，慢；晋职加薪机会一出现就抓住，快！主动预备，依靠的是主动承诺。主动承诺，就会碰到各种困难，自己主动承诺了，就要克服困难。那就需要不断快乐地学习训练，才会让自己进步速度超出其他竞争者，晋职加薪机会才会属于你。

主动学习才有未来

许多人总是觉得自己未被重用，可能还埋怨怀才不遇，未体会"事找人"的困难。2019年秋，我在北部湾的钦州海港某码头培训，中午与总经理一起吃饭，他感叹"有事时无人可用"，还连摇了三次头。这单位可是超千人，大学毕业人才四百多呀。

不少工友只是在机械地完成上司分配的任务，而不是积极主动地、创造性地工作。还"三不急"：别人不急我不急，没到截止时间不紧张我不急，上司不追问我不急。思想根源是来自小农意识的"怕"和"懒"。怕做不好被人笑，怕吃亏划不来。"被动工作"从不主动，有时候就耽误工作，上司不追责就不错了，哪里还能抓住获得成功的潜在机会。懒散者说，人无压力轻飘飘，随着大流走到老。"随"对"随"错也无从辨别，因为不爱学习更不思考，未来"事"不能未雨绸缪，真正"事找人"时没有预备，又手足无措，职场晋升机会自然又错过。只有一声叹息，只能一次次去恭喜他人晋职加薪。沉舟侧畔千帆过，病树前头万木春呀。

职场主动，才有美好未来。主动工作，是有责任感和忠诚心的表现。不主动地创造性工作的人，实质上是被人催赶着、被人逼着，才能干完复杂困难工作，似乎总在被奴役状态下才肯做完工作，怎么可能有晋职加薪的机会。

主动工作，先要主动学习。主动工作首先要判断正确的事，还会碰到一系列的困难，需要各种新知识新方法，不主动学习难以正确判断，更难把工作做出色。

按照学习自主性，分成内生性、外源性两类学习型。要多加练习成为内生性学习型先行者，内心产生驱动力，自我主动学习新知识新方法克服困难，雄心壮志匹配知识技能，才有可能迈入职场精英行列。全球这样的高层管理人才可能不到2%，其他都是外源性学习型后来者。主动的2%才得到一连串的机会，才会在克服一连串困难的过程中，锻炼成长为高级技术管理人才，作出更

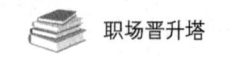

大贡献，得到更高收入，让全家过上更高品质的生活。

多数场合，主动抓住机会的时间只有15分钟。不用怕，也不用担心别人讥笑，积极主动参与其中。你不主动参与，则失去了参与的机会，成名的关键15分钟就这样与你擦肩而过。

主动者是自信的人。你主动了，人家会潜意识认为你是一个自信的人，于是，别人乐意与你合作，你就可能获得了"舞台表演"的15分钟而被团队记住，在团队中一举成名。克服胆小！记住，是龙是虫，机会就是15分钟，错过了，你就平庸如常，与尘同光。准备充足，抓住了15分钟，一举成名行业知！人得先学会自己成全自己，别人才会来成全你。自己先习惯主动，自助者天助。自己成为贵人，才能遇到贵人。

养成良好工作习惯

没有良好工作习惯，越主动越出差错，职场记录可能糟糕透顶。记住以下五步法，刻意练习就会养成良好工作习惯：

（1）回复与确认；

（2）意外和变更要及时汇报；

（3）目标与背景信息通报清晰；

（4）主动跟进并推进；

（5）积极反馈，别人询问时就要意识到是自己欠缺反馈。

有了好习惯，主动承诺，扎实工作，一次次积累，逐步成功。谁的功力不是一招一式反复练出来的？舞台上表演炫目1分钟，需要台下主动苦练10年功。工作中被动完成任务，拿到了工资，也没人说你不好，没人说你不努力，可是，一月月一年年的时光过去，除了得到工资，扪心自问：水平提高了吗？能力增强了吗？自己确实进步了吗？曾经想过的层级突破呢？

主动承诺者，获得做复杂困难事情的机会，会与上司有更多机会交流，会得到更多指引与训练，积累多了会更有话语权，水平提高、能力增强，会得到更多资源。同事、上司都看在眼里记在心里，你确实积累到层级突破，还领先了，下次晋职加薪机会，会是谁的？答案明摆着。良好工作习惯下的主动承诺，扎实工作，一次次不断积累进步，看起来慢，可是，晋职加薪机会的获取确实是最成功的。

职业技能训练三段论定理

挤出一些时间主动学习，也发现职场学习时间有限。怎么样才是自我学习训练进步最快的方式？什么阶段学习进步最快？在什么时候该改换学习训练内容才最佳呢？为此我研究创造了职业技能训练三段论定理（如图1-10）被人称为周博士三段论定理。

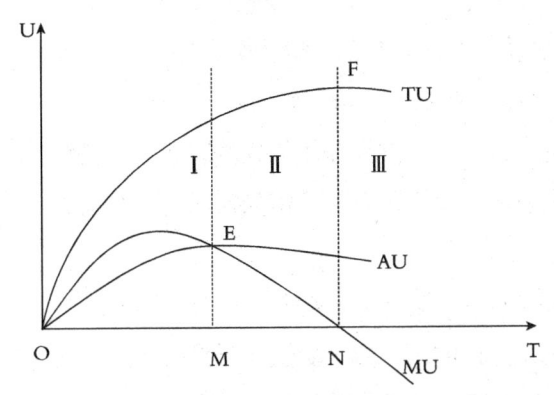

图1-10 职业技能训练三段论定理曲线图

横轴OT是时间，纵轴OU是效用。横轴OM段是新的岗位知识和技能增长阶段，学习进步最快。增加训练时间，会使边际效用一直下降至零值N，此时对应的是训练总效用曲线TU（Total Utility）的最大值F点，横轴MN段是技能熟练阶段。若继续操练相同内容，工作乏味而使边际效用成为负值，相对应的横轴NT段是重复阶段，只是获得收入的重复工作，对职业发展无益。AU（Average Utility）是平均效用曲线，MU（Marginal Utility）是边际效用曲线。

职业技能训练三段论定理：职业技能训练时间增加到边际效用等于平均效用时，为成长阶段；训练时间由边际效用等于平均效用增加到边际效用等于零时，为熟练阶段；边际效用等于零以后，训练时间继续增加则进入操作重复、经济收入均匀累加阶段。

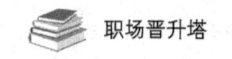

这个三段论定理数学证明只用到微积分一二阶导数，详见我的《中国农民工职业发展问题研究》3.2.3 第 92 页，有兴趣的可以看看。至于三段论定理如何运用才会让自己进步最快，在《梯职路 72 福运》中已经有详细介绍。

职业技能训练三段论定理需要 PDCA 滚动式不断前进，日积月累才会厚积薄发，层级突破而晋职成功。有了三段论定理的职业技能训练最快进步方法论，还需要职场高效模式。

职场高效模式

职场高效模式＝能力 × 效率 × 杠杆，口语叫作高效打工模式。

"打工人"的梗火了很久，会扎根于职场人的内心，毕竟很多人都是以打工人的身份过完一生，且都有不一样的精彩。

人生不是商业，这里将刘润先生的人生商业模式调整，聚焦为职场高效模式。对于打工人来说，几乎所有收益都来自职场，职场的效益就是高质量人生的映射。

职场最重要的能力，是获得能力的能力，即学习能力。

首先训练快速阅读能力。低级勤快是不具备竞争力的，需要深度思考的勤奋、刻意精深练习的勤奋，系统性勤奋，自驱型或者习惯性勤奋，不能只是激情式勤奋。五年前我总是 712，今年 711 了，996 对于我来说等于放松和周日放假。

拥有了工作"能力"，还要提高工作"效率"。

如何才能提高效率呢？1 个小时怎么产出一般人 3 个小时的成果？靠系统的方法论——选择、方法、工具。UBA 学园会教这些。

高效做事，是选择做正确的事。否则，可能选错方向，方向不对，努力白费。

毕业时，曾梦想仗剑走天涯，结果在都市里只干了两三年，还是回到县城甚至镇上混饭吃，回村里盖房娶妻。选对了都市里的工作，缺乏工作方法和正确工具，无法高效。

拥有了工作"能力"，还提高了工作"效率"，就够了吗？多少青年人干到老年只是成了青年人口中的老师傅——老年师傅。

个人能力和效率再怎么提升，每天也只有 24 个小时，能做的事情永远是有上限的。个人始终都无法超越自己的边界，所以需要团队杠杆来放大。把你积累的智力资产复制给团队成员，团队可以放大 N 倍，拥有自己的团队，你的贡献获得的收益将远远超过个人奋斗。职场光环的晕轮效应，你的头像形象就能够辅助他人为他人赋能，是形成了影响力杠杆。你说，我是新入职的呀，那在最初三个月，把认同的工友良善与优秀说出来，不是谄媚，是认同或真诚赞美，让工友产生自我晕轮效应，感受自我发光。

赞同刘润先生总结的，最可怕的能力是获得能力的能力，最可怕的效率是伸缩时间的效率，最可怕的杠杆是撬动人心的杠杆。愿你拥有最可怕的能力，达到最可怕的效率，撬动最可怕的杠杆，运用熟练，可能让竞争者感到你的可怕，团队成员感到你的可爱，都会向你致敬。三者倍乘的能力 × 效率 × 杠杆 ＝ 职场高效模式，以此来拥抱你的职场世界，你可以是局部领域的职业之星。

四大成功定律

关于成功定律，有名的就是荷花定律、竹子定律和金蝉定律，还有一万小时定律。

一池荷花，每一天都会以前一天的 2 倍数量开放。第 29 天池塘中的荷花开了一半，有人坚持不住放弃了，"马上就一个月了，还只有一半"。殊不知，第二天荷花就该开满整个池塘，圆满成功。多少人一生就像池塘里的荷花，一开始玩命用力开花……忍耐 8—9 天、18—19 天就离开，又有多少人在第 28—29 天胜利前夜离开了？然后懊悔不已。

竹子用四年，竹笋仅仅长了 3 厘米，从第五年开始，以每天 30 厘米的速度疯狂地生长，仅用六周就长到 15 米。其实，前四年竹子将根在土壤里延伸了数百平方米，竹鞭与竹根布成了网，这些付出都是为了扎根，准备充足！人生需要储备。小聪明，不想守着 3 厘米预备四年，只梦想着预备充足之后的每天 30 厘米。没有台下苦练 10 年功，哪有台上闪亮 1 分钟。多数人没能熬过那 3 厘米。成功不会一蹴而就，哪有什么人生开挂，只不过是厚积薄发。记住竹子定律！

又比如蝉，在地下暗无天日生活三年，忍受各种寂寞和孤独，靠啃食树根汁液长大，一直在偷偷努力，然后，在盛夏夜晚悄悄爬上树枝，一夜之间蜕变成知了，待太阳升起的那一刻，惊艳所有人，它振翅高飞冲向蓝天、自由翱翔，一鸣惊人。这是金蝉定律。

很多人的一生就像池塘里半开的荷花，地下三年的竹笋和蝉，开始用力向前，感觉成效不够明显，渐渐厌倦，大喊"我太难了"选择了放弃。

你知道吗，别人也很困难，可能比你更难！

越接近成功越困难，越需要坚持。三大定律告诉我们的道理是，厚积薄发，坚持到底才会胜利，拼到最后比拼的不是运气和聪明，而是比拼毅力！绝不可失儿时登天梦，有梦想就要行动，逐步向前，坚定不移走向成功。

需要毅力坚持一万小时，也叫一万小时定律——第四大成功定律！一万小时深度思考与刻意精深练习的锤炼，是任何平凡人成长为所在领域专家的必要条件。

蔡进、李进和黎莲都坚持努力超过一万小时，才成功实现了儿时梦想，他们这辈子生活就有了很大改善，还为下一代打下更好基础。蔡家的大姑娘，澳洲留学毕业回来啦。

黎娟培训了5天，最后一天竟然不肯去完成拿证书，一生平庸，现在只好偏爱节衣缩食的经验。老家俗话说，赚不到钱就只能学习省钱。一年也省不出多少钱，钱是赚回来的，不是省出来的。

晋职捷径，就是立志成为职场精英，主动承诺，学习训练层级突破素质能力，达到更高层级胜任力，机会出现时你抢占先机。你厚积薄发，没准备的人看你快速晋职了，还以为你走了捷径。

第三节　两倍努力争未来

"近乡情更怯，不敢问来人"，那是诗人流放回家。进城青年，不必胆怯，谁都是从年轻走过来的。不懂不是你的错，不问才是你懒惰，问了一般就会有结果。不懂的,找人礼貌询问就是,一定会在属于你的光明城市找到你的位置。而且,你将一定是职场某个局部领域的冠军。

冠军,生来就是

你的诞生就已经意味着,你是独一无二的冠军。

生命的历程甫一开始,你就赢取了比赛的三亿分之一,生下来就成了冠军。你已经继承了巨大的能量积蓄,获得了生存所需要的一切潜在力量,走下去不断学习训练层级突破的素质能力,你便能实现自己职场人生各阶段的目标、梦想。无论遭遇什么困难险阻,它们都不及你在孕育诞生那一刻的遭际。

把自己视为成功者,用一个强有力的形象去打破沉积多年的职场坚冰,不再怀疑自我,不要习惯性地走向失败,要坚定地走向职场成功。

你是自己职场人生董事长

开始进城打工时有些孤单,啥都不懂自然胆小,开发心中宝藏可壮胆。开发心中宝藏需要一个职场人生平台,其实,任何一个你工作的岗位,只要坐稳了,都是你的职场人生平台。你的工作岗位不是一件差事、不只是个职务,它就是你的职场人生平台。在岗位平台上,你可以接触许多人。但凡你与别人进行接触,人与人、心与心所建立的一个磁场就出现了,这样一个无形的动态能量场,就是我们职场人生的资源平台。在你的工作岗位上,你不仅仅是为这家公司、这个部门做事,更是在为自己做事,你就是自己职场人生平台的董事长!所以,每个人都应该懂得,对自己的职场平台要负责任。

毕业工作多少年了?在最近两三年,你搭建了怎样的职场人生平台?换一份工作,你这个平台可以拓展延续、延伸吗?如果不能延续的话,那么说明你只是在为公司打工,你没有搭建起职场人生的平台,没有自己的舞台。想想有时候是不是在混日子、混点工资?本质上,每个工作岗位都是修炼心灵的场所,是成就自己职场人生的舞台和平台,而我们就是这个职场人生舞台的耀眼明星,我们自己就是这个平台的董事长。

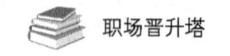

立志、辨志与责志

在《教条示龙场诸生》中，心学大师王阳明振聋发聩地说："志不立，天下无可成之事！虽百工技艺，未有不本于志者。而百无所成，皆由于志之未立耳。"

职场立志，是指要成为什么样的职场人。你想成为什么样的职场人，不断层级突破，将来就能成就怎样的职场地位。1995年我参加中层《督导管理》培训时，有学员说不知道将来要成为什么样的人，老师说：那就想想，你将来墓碑上想写上一句什么样的话。

心中拥有无尽宝藏，立志，就是开发心中宝藏的基础，也是成就丰盛事业与圆满职场人生的前提。志向就像远方的高峰，盯着远方的高峰，就不会被眼前的小山丘所阻挠，就能风雨无阻地朝向要攀登的职场高峰目标，坚定向前突破。当12岁的王阳明先生种下了"当读书做圣人耳"的志向种子后，此后几十年人生历经风雨、磨难，他都能不为之动摇，坚定不移地朝向目标前进。立志成为职场精英，坚持多年学习训练梯职路层级模型内容，逐层突破，你一定能成就职场梦想！

有人立长志，有人常立志。如何让志向在心中深深扎根？

立志后，还须辨别志向的真伪，即所谓的辨志。王阳明在写给弟子《黄诚甫》的书信中，先生特别指出：问问自己，真的是"志于道德"吗？还是打着"志于道德"的幌子，实则是为了背后的功名与富贵？功名与富贵并非洪水猛兽，功名与富贵是在你对社会作出巨大贡献之后顺便得来的。立志对社会作出大贡献吧，不知怎么才能做到，那设立五年到十五年成为职能总监或常务副总这样的目标吧，成为工商业中财富创造的精英人才，你作出越来越大的贡献，自己家庭也会有越来越高的生活质量。

立志，就是找回真心，打开心中宝藏。让志向得以一次次确认，杂念私欲得以一次次去除。每月以立志为事检讨目标是否达成。正目而视无他见，倾耳而听无他闻，要使自己志向目的得以实现必须专注，如猫捕鼠、鸡覆卵，精神心思凝聚融结，而不复知有其他，坚定地朝着这条志向前进，一路风光无限，也必有所成。可以每周一每月1日以自己的志向来观照、反省、引导自己，不要偏向。犹如企业管理的控制，查看计划是否完全遵守执行，否则纠偏。

立志，是一个持续的过程。孔子 15 岁立志，未得高人指引，不断调整向上，30 岁立定志向，也花了若干年的时间。才有 55 岁后的周游列国，光耀千秋。你够 30 岁了吗？肯定没够 55 岁吧。

"后世大患，尤在无志，故今以立志为说。中间字字句句，莫非立志。盖终身问学之功，只是立得志而已。"立志，就是无中生有的功夫。立志、辨志、责志，最终让职场志向得以实现。每个人心中都有无尽宝藏，心上着实用功，立下大志，学习训练层级突破的素质能力、知行合一，必定能走向真正的职场成功。立志是最好的职场人生定位，也是真正的职场战略主动，是精彩职场人生的开始。心中立定志向，便能掌握职场人生的战略主动，开启生命澎湃不息的能量源泉。

成功之前，志向不变

现实的确很复杂，要经历未知的粗糙过程，特别是当在社会上经历惊天动地的事件时，尤其会导致职场困惑。让我们牢记职场理想和方向，同时一定不要因为看到复杂和粗糙而灰心，职场可能常有捍卫少时飞天梦的战斗。职场理想和方向，不可动摇、不可变换，这样一定会让自己持续实现层级突破。不是有了职场希望才坚持，是坚持了才看到职场希望。黎明前最黑暗，但是要相信你能到达明天。职场明天很美好，职场世界很美好，没有什么能够阻挡你对职场未来的向往。我们是改变家庭命运的一代人，是在职场奋斗进取的进城工，有些是首代市民、末代农民。

成功到达高级经理，才转向其他关联细分行业。成功到达高级经理之前，志向不变。

天亮之前我就是光。青春，正当韶华，二十多岁的青年人，正当有远大理想的年华，应坚定不移走向职场成功。三十多岁的青年更成熟，应奋勇拼搏作出更大贡献，冲向更高层级的成功。四十多岁的经历总结归纳，对照知识模型训练，发挥优势避免弱势，坚定地走向更高峰！

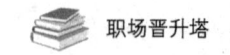

成功，操之在我

操之在我是人类的天性，不然，那就表示一个人在有意无意间选择受制于人。受制于人者易为自然环境所左右，在春光明媚、秋高气爽的时节里，兴高采烈；在凄风苦雨、阴霾晦暗的日子，无精打采。操之在我的人，其本身积极向上的价值观才是成功的关键，心中自有一片天地，职场环境的变化不会毁灭志向。

操之在我的内涵不仅在于采取主动，还代表职场人必须为自己负责。职场个人行为取决于本身，而非外在环境；立志坚定，使命必达，理智可以战胜感情。立志坚定的职场人有能力、有责任利用外在环境，转向有利于自己的职场表现。如果认定工作品质第一，即使环境再坏，敬业精神不改，依然是敬业表现，有完全合格的质量呈现。与成功有约，积极寻找向上的力量，首先要保持职场乐观。坚定向前，改变，需要从自己开始。

改变，从自己开始

对于职场志向远大的进城工，改变自己生存的小世界才是生活的首选目标。乔布斯说，活着就要改变世界。可要记住，首先要改变的是自己。

人无完人，每个人总会有弱点，其实人的真正弱点便是"不想成功"。可无论怎样，我可以明确地告诉你，你终究不应该被打倒。再者，更多时候，你是在自我想象中自我贬低。不要小看自己，不可没有志向，正确接受自我才是改变的关键。你完全可以主宰自己，一旦迎向光芒，温暖就此升腾，而自卑的阴影立刻散去，惧怕将会抛之脑后。事实上，你的职业生命可以变得更坚强、更富光彩。坚强的职场信仰、深刻的职场理解和忠诚的职业工作目标，将会为你的职场开启精英人生之门。你会精力充沛地逐步表现出卓识远见，进而逐步影响你身边的职场人，改变自己的世界。

许多人自己不努力上进，不开始改变，却总在埋怨身边工友没有改变，自己懒散难道真的能够怪工友吗？湖南长沙东郊有个小伙子，某理工学院本科毕业后，去深圳干了近五年，回到老家镇上干了十年，竟然还是 5000 元月薪。自然见不到女朋友的影子，快 40 岁了，仍然在底层徘徊，哪里还能兴旺发达。没立志，无追求不争气，遭白眼。

困境，积极应对

罗曼·文森特·皮尔在《积极思考的力量》中说：态度决定一切。你的职场成败，完全取决于心态。用你的睿智去控制你的情绪，用积极向上的态度跟进职场环境的变化。有疑惑时，到学习部落、学习家族群里交流。交流学习处理家乡与职场这"两头"面对的各种尴尬。没了尴尬，心情自然愉快。

职场人生之所以精彩的四川杨先生、重庆钟表妹、汉中蔡先生，没有落入平庸的深渊，正是得益于这些看似可怕的困难。我与他们的经验是，遇到工作困难时，会兴奋！因为职场成长的机会来了。许多人遇到工作困难时，会皱眉头、讲怪话、逃避或推脱。面对职场难题——成长的机会，你兴奋之余，只需沉着应对，唯有平静的心灵才能在职场闪耀理性的光辉。所以，我要强调这点，学会用沉着来应对职业困境。就像你在窄路开车时遇到对面来车，放慢车速，沉着积极应对即可。

职场平庸者，总是以困难当作不作为的理由和后退放弃的借口。职场精英则以困难的解决突破，作为自己进步、帮助同事与上司的机会。诀窍是绝不放弃、绝不后退。必须坚持不懈，憧憬职场未来，以诚意信仰之心去坚守成功。伟人之所以能彪炳史册，便是由于他们在正确方向上的坚持。立志成为职场精英者，身处困境也不堕信念，必定达成层级突破，甚至超越目标。

绝不放弃、争取胜利的另一个因素是信心——"相信我能，而且我一定能。"可以找师长、职业教育共同学习训练层级突破的同道交流，来逐步解决问题。学习训练成长是你的本能，不断学习训练层级突破的素质能力，内心会日渐强大，你会有克服一切职场困境压力需要的强大心灵。积极向上之心教导我们，请停止挣扎，用强势的心态替代羸弱的灵魂。愿你如钢铁般坚强，以千百次锤炼去磨铸你的职场意志和力量。

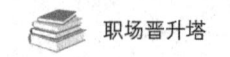

进城工需要两倍努力

为什么我们要积极应对困境，因为我们的经济基础不强大，我们要顾两头：老家亲情和城里工作。必须花一些时间精力在来回两头的路上，开销多；家庭基础较弱，积累财富更不易；要过上好生活，需要两倍努力。

香港有个亚洲电视台，1996年开播一个叫《冯两努讲三国演义》的节目，他是把军事谋略与商业交往谈判融合来讲，通俗易懂。当然，电视节目在他讲白话时配字幕，最让我喜爱，这快速解决了我的大难题——学香港白话。因为1996年元旦后，新来的上司只会说香港白话，他完全听不懂更不会说普通话，他的英文比我还差。改变不了上司，只能改变自己。在每天中午去吃饭的时候，跟着这个《冯两努讲三国演义》电视节目学香港白话。听得多了，我就对冯先生的个人简历感兴趣，原来他跟孙中山出生在同一个村，比我大10岁。他的童年太惨了，4岁丧父，轮流寄养在四个穷亲戚家中长大，14岁小学毕业才与母亲相会。他原名冯国喜，童年的坎坷让他对人生没有幻想，只有自己"咬紧牙关"才能冲破家庭资源匮乏的束缚与限制。所以，他把自己的名字改为冯两努，他明白，自己一定需要别人两倍的努力才能突破，过上好生活。

一边工作一边读完大学。长期付出两倍努力的奋斗，让他的业绩非凡，离职的时候，老板不知道怎么感谢他，只好登报向他鸣谢！他自成一格，写了六七十本书，向不甘放弃的人分享"不死就奋斗"的心得。

冯两努是1997年前后香港电视达人，他的两倍努力令人动容。我深以为然，跟从他的积极心态学习训练，工作和学习训练两倍努力。进步速度也快得多，心里还快乐，因为发自内心的积极主动。

许多人也想过通过学习成功。试过学习啊努力啊，总是希望干一两次就马上见到效果，否则就不干了。听说优秀的榜样，要去找人家学习，问两次不成功，就不找了吗？我的习惯是，同一件事情必须努力七次。

听到了优秀的榜样，一有机会就一定要去找到他们，见到他们。下面说到的这些人，我就是在这种情况下抓住学习机会的。如果是影响你职业发展特别关键的人物，那就运用六度人脉理论，大不了找六个人辗转介绍也一定要去见到他，得到他的指引。

向优秀的人靠近，靠近他们的优秀思维。模仿学习他们的优秀表现背后所需要的知识、方法和层级突破的素质能力。

在学校读对书、听对课。在职场上跟对人、做对事，这就是所谓的高人指路，贵人相助。那么，你职场人生的路多半就走对了，坚持向前，成功指日可待。如果遇到小人，别生气，就当是"免费监督"。进城工两头人，我们是家庭的未来希望。职场成功，开启我们家庭的现代化，在城市里长期稳定的生活就有希望。

我见过香港凤凰卫视的两位电视达人。一位是著名时事评论员：石齐平，他的能耐是三五句简明清晰地把无比复杂的事物讲清楚，让人豁然开朗，低文化程度的普通电视观众都能听懂。佩服！努力向他这种思维方式靠近，坚持训练，我表述也比以前简明清晰得多了。

另一位是大名鼎鼎的王鲁湘，著名文化学者、博导，是凤凰卫视《纵横中国》总策划，《世纪大讲堂》主持人，《文化大观园》总策划、主

持人,《百年巨匠》学术主持。他的新书发布签字仪式,在长沙岳麓区举行,我受邀为湘潭大学校友捧场。他赠送我新书《风雨赋潇湘》签名并合影,这是我迄今为止唯一认真阅读的关于绘画艺术方面的大作。他敢于评价湖南从古至今的顶级艺术家!精到的解释,平直的话语却让你感觉无比惊奇,如写齐白石"一个湖南人一旦要痛快起来,地球就要抖三抖了"之类的语言。毫不夸张地说,这本书里朴素的文字构成的语句震撼了我。

新书《风雨赋潇湘》发布签字仪式,是在名著《青瓷》作者浮石的文化传播公司里举行的。相见如故,也与他有合影留念。

文学大师浮石的真名胡刚,他的艺术特色餐馆,用特制的青瓷餐具。小说《青瓷》也有同名电视剧,还被改编成广播剧。他们俩是湘潭大学北山文科中文系、哲学系,我是在南山理科物理系学的无线电电子,校友情浓,必须捧场。

向他们靠近是为了向他们学习,学习他们深邃的观察能力、深刻的思考能力和高超的语言艺术表达能力。

数千年来,中国朝代更迭,多半是因为吃不饱,饥民闹事而起事。有了袁老爷子就吃饱了——农民眼里中国最伟大的科学家。伟大的科学家袁隆平,沟通技能高,特别会为他人着想。下图是他85岁那年,我带成都卖菜同学过三道岗哨才去到他家,聊天后离开时,贴心的老爷子主动说:在家门口跟你们照相吧。合拍、单独拍,不厌其烦。

2017年春天,有幸被海福来周总邀请到浏阳市龙伏镇尚埠村,参加村祠奠基仪式。村里的院士科学家专程从北京飞回参加仪式,铲

土并给舞狮点睛。我过去时，见到一人坐在那里似乎有点面熟，想不起来。一问，他们介绍说：中国科学院院士、化学家周其凤老师。哦，北京大学校长，但是，他们村里人不介绍他这个头衔。他们村特别看重科学家，非常尊重老师，仪式中铲土并给舞狮点睛的另一位是 90 岁的退休老教师。村民指给我看周其凤家的房子，说他是为了母亲为了家，两倍于其他孩子的努力，刻苦学习钻研，成为顶尖化学家院士的。读初中时，家贫没钱，母亲走村串巷、爬山过坳，去收集村民家的鸡蛋，再走十几里山路卖出去，一个月走十来次，赚点差价，筹钱给他上学。母亲 80 岁大寿时，按照村中礼仪，磕头拜寿。多大的科学家、多么高位的官，在母亲面前永远是孩子。母亲记挂着的是，孩子当年求学时的不易，关心你现在进城工作不易。

无论你干什么，都是为了父母、为了家，这是我们原来在乡村那一头就深埋在内心里的动力！无论在城里这一头有多么艰难，为了父母、为了家，都要想方设法干好它。如果压力巨大、感觉艰难，就去 UBA 学园训练，成长，减压。有压力，是对你的要求超出了你的应对能力。UBA 学习训练成长，你的能力超出了对你的要求时，就没有压力了。

我有深刻感受，我们从乡村进城，不懂职场规则，不熟悉城市生活规则，开始时真的举步维艰，压力巨大。我是乡村、城市两头跑的"两头人"，一直感觉自己比较笨，用别人两倍的努力——有时候碰到不懂的，需要三倍、四倍甚至十倍的努力，才能真正弄懂搞清楚到透彻明了。想透彻了，简单明了说出来，别人往往以为你聪明能干。在顶级跨国公司打工十余年，发现部门长以上大多是职业专家，开会讨论是职业专家的配合，这些职业专家也多半是两倍努力成长起来的。

没有人能随随便便成功，在广州环市路 63 层吃饭碰上大名鼎鼎的郎咸平，他作为主讲嘉宾的电视节目《财经郎眼》中展示的国计民生各种数据，非常专业又能通俗化展示——科普，这就是大方之家的本事。主持人王牧笛不仅

帅气，与各类专家配合也是恰到好处，高水平！电梯里谈到节目赞助商 VASTO，我在那里做企业管理专家顾问整整十年，于是感觉亲切，合影。人人都是小娃娃成长起来的，能够表现出超强的能力、超高的水平，功成名就的他们也都是超出常人两倍努力，甚至几倍努力的结果。

按照经济学的说法，工资收入可以分为三部分。一是劳动者本人劳动力恢复的需要，即本人的吃、穿、住、行；二是劳动者养家的开销；三是劳动者自己学习成长的开销。通常我们忘记的是第三部分，一般来说要准备 5%—10% 的收入用于学习成长。职高中专、大专本科的毕业生们，在刚工作的几年，没成家的时候，工资不高，但是家庭负担一般不重。这个时间段，最好把收入的 10% 预留为学习成长费用，用于层级突破。学习成长费用越高，进步越快，后续收入也会越高，良性循环。当收入越来越高的时候，就可以逐步降低学习成长费用至月收入的 5%。一般来说，月度学习成长费用 500 元是基本上够的，5000 元月薪时两个 5% 即 10%，到达 1 万元月薪时约 5%。

第二篇

开头两步赢半生

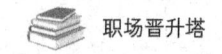

好的开头是成功的一半,只是说写作文吗?一件事情或者一个项目也是如此,实际上职业人生也是如此。2018年之前,我打工和做企业管理顾问的经历中,有五个人,入职试用期满,转正那一天就升职了。

为什么这些人升得如此之快?

有一个是四川的数学本科毕业生,小伙子拿到毕业证,就到东莞长安的一家大型跨国公司做实习计划员。逻辑理性能力很强,语文水平也不错,基本功扎实还很勤快,用心努力学习。更幸运的是,他得到了香港上司和香港人的新加坡上司的指导。在他满三个月转正的那一天工资翻倍,消息当天就传遍了全公司。第二周去那边工厂开会,我还专门跑去看了一眼小伙子长什么样,很平常、很普通的毕业生而已,但是他的努力,加上得益于两位高手上司的辅导,三个月里实现了层级突破。另外四个,是我做管理顾问工作中辅导的。

很多大学毕业生在大四开始两三个月,就外出实习。找到实习岗位,入职就是实际工作开始。可是,大部分大学毕业生,实习工作干不稳。几个月的实习有些同学换了四五份工作,去到一个新的企业干一两周就走了。翌年4月回到大学毕业论文答辩时又丢了工作,还得重新再找。有些毕业生接下来的两三年,甚至四五年都在不停地换工作。换来换去完全不记得初心是什么了。对个人、对家庭、对企业、对学校与社会都是损失。

做企业管理专家的第三年,我开始思考一个问题。为什么都是大学毕业,一些年轻人30岁刚出头就做了部门经理、总监。而大部分大学同龄毕业生主管、工程师组长还没坐稳。许多女生毕业后做文员,三四十岁还是高级文员——某些公司叫作专员。在21世纪的头几年,我做企业管理顾问是从中层管理技能开始训练,当然,要跟所有高管讨论年度目标和计划。连续几年与这些较大规模企业的中层、高层打交道,对他们进行企业经营与管理执行力辅导中,就发现这些升到中层和高层的管理人员,大多数是在他们毕业后第一份工作就做好、第一次晋职就一次成功,抢占了先机,一步强步步强,才三十多岁就做到中高层的。

于是进行观察研究。4年多与12个细分行业四十多家企业的人力资源管理者，分析超过10万名员工数据，发现许多大学女生毕业十几年都不能晋职的主要原因是，未晋职到中层就孕育，就再也没有机会晋职了。人到了中层再孕育，没有阻碍再晋职，我们湖南双峰一个高中未毕业的检验员小芳，几次层级突破，一直晋职到事业部总经理，相当于区域分部的常务副总。

入场就走偏，因为不懂，懵懵懂懂地随大流。初期工作做不好，初次晋职不成功，就离职，再次晋职也难成功，又跳槽。一些人到四五十岁都在基层徘徊，没有向上职业发展。第一、二步抢先，一步强步步强，步步抢先得到资源和机会，正所谓开头两步赢半生。如果穿衣服时第一粒扣子扣错位，再往下的所有扣子都会扣错位。职场人生的扣子，从入职开始就要扣好。

一般来说，1960年出生的人要近50岁才能做到高管，1970年的45岁，而1990年的二十七八岁做中型企业高管已经不少见。千万别等大器晚成，如果大器晚成多，那么高管都是老家伙。实际上现在晋职速度越来越快，高管的年轻化趋势也越来越明显。

年轻高管，绝大多数的第一、二步都是抢先成功的。

多年研究构建了六角稳固模型。在2017级广西北部湾大学毕业生中试验，效果显著。实习企业规定，实习生实习合格，一般6月底拿到毕业证交给人力资源部，最快7月1日转正。实际上他们12月上旬、中旬去实习，每天练习第一层职业稳固模型，就分别凭业绩在广州、深圳、南宁的不同企业一个月内转正。转正前三天上司口头告知，一位同学以为上司开个小玩笑，直到公司人力资源部门发出正式通知，才知道自己的优秀表现得到公司认可。

然后，练习第二层首次晋职模型准备，希望在7月1日晋职。

结果，4月1日又双双晋职，4月15日请假回到学校进行毕业论文答辩时，他们已经是某铺子小连锁店的广州某店店长、烘焙品牌南宁某店店长、深圳继续教育营销领队了。其他在惠州、东莞、佛山、珠海等地的同学运用了这两个模型的知识，都工作出色，迅速得到公司认可。2020年，这两个模型已经编入大学教材《大学生就业指引与实训教程》的第五、六两章。

初次晋职不成功，导致梦想破灭。因为没有成功的第一步晋职班组长、小

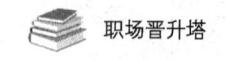

店店长、领班队长等，现场管理者晋职不成功，就不用说升中层主管，更不可能升经理。哪里还有后面遥远的总监与常务副总等更高职务。只好向那些高位仰望，只能当作梦幻。

许多人问，初次工作没做好怎么办？那就做好现在的工作。要想将先前耽误的所有时间抢回来，是不大可能的。但是，加快速度向前进，弥补大部分损失是可以做到的，得赶紧加入 UBA 学园训练对应层级模型知识、方法与技能，才能早日实现层级突破。

第三章

第一职业稳固法

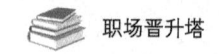

初期就业的六角稳固模型，可以让毕业生在选定一个工作后，入职就做稳固。而不会像许多人好似沙漠里的风滚草一般，一遇干旱大风就拔根滚走，一遇不顺心就走人，两三年还没有做稳行业的第一份工作。

职场人生战略开始就受到打击，那份挫折感，会对许多人产生长期不良影响。职场战略节奏，第一步就无法实现，可能痛苦不堪。职场新人因为不懂而懵懂地随大流，希望避免一进入职场就走偏。本章第一节讲述职业做稳的知识模型，简称第一职业稳固法。

第一节 初次就业不稳的恶果

不少人内心深处认为，初次就业是要找那份钱多、事少、离家近的完美工作，这种完美工作几乎不存在。初次就业主要是入行，选定一个行业以后，找到一个工作，做稳转正或持续干一年半就是成功。大学毕业生跳槽第一波高峰期是一年半到两年，第二波是三年半到四年的时候。

如果两三年还不稳定，就可以说长期工作不能稳定，家人亲友见面每次都会问，部分人就会感觉永无宁日。

离 职

2022年7月2日晚上11点，一位老家西北的毕业生微信上问我：老师，有没有深圳的工作介绍？我说你不是在惠州上班还不到一个月，怎么就要离职去深圳？应该干满一年半，找到该细分行业里更好的企业岗位再跳槽呀。他说是女朋友要换工作。女朋友在哪里？工作多久了？说在深圳大梅沙，昨天上午去报到的。咋回事呢？他说：她明天不能参加统一培训，公司里的人干不到三个月，房间里太脏。就想另找工作。

真的吗？原来广西百色老家来的物流本科毕业生，网上面试成功，去到梦寐以求的深圳大梅沙。1日上午物业租赁连锁门店报到之后，随后到医院抽血体检。第二天下午体检报告交给人力资源部门，发现漏做了一项，公司要求她补做。那就来不及参加第三天统一的新招毕业生培训。统一的新招毕业生培训不能参加，担心落后而试用期不能过关，很懊恼，这是第一个打击。下午下班路不熟，很晚才回到宿舍，有一个男工友从二楼下来拖着行李箱，她问他：这么晚了还去哪里？男生说：辞职走人，这个公司不行，没有人能干满三个月的。干不满三个月？她心里咯噔一下，说这是对她的第二个打击。天黑了一楼看不到外面的海滩风景，上二楼看看，结果发现那个男生打开的房门里面垃圾较多。她是很爱干净的，这是2日下午到傍晚，对她心理产生的第三次冲击，认为这个公司真的脏乱差，于是在晚上10：30跟男朋友说不想在这里做了，要他帮忙找工作。她男朋友晚上11点问我，能否帮她找工作。

这个公司在著名风景名胜区大梅沙，业务遍布数省。医生的一个工作小误差，漏勾了一项检查，影响一天参加培训，离职男工友一句气话"没有人能干满三个月"，再加上离职员工房里脏乱，在人生地不熟、天色变黑、心情压抑时认为这个公司不能做下去。这个决定正确性高吗？医生的一个小误差漏勾了一个检查项，一天能够补上。这个公司十多年的历史有十余省的业务，怎么没有人能干满三个月？你们从学校毕业离校时，所有人都把宿舍打扫干净才走的吗？何况这男工友是没干满三个月，离职心里自然不高兴，宿舍垃圾未清理也属正常。她心里压抑，使得判断全部欠缺正确性。

若没有花时间了解情况，帮他俩分析，她可能真的就离职了。

湖南长沙某机电职业技术学院的电子商务专业同学，到深圳实习，培训了3天电商公司的企业文化与工作流程，跟着师兄师姐工作了7天，说那个公司没前途了。问她班上最帅的男同学：在中山制衣厂怎么样？男同学得到了入职培训，还有我给予的两年岗位工作训练计划。告诉了他们就业初期稳固模型，正在依照模型自我训练，他的思路很清楚，进步也很明显。他告诉女同学：这边很好。女同学就信他的过来了。实质上，她在那边是跟不上深圳高效率工作

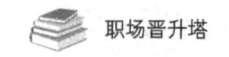

节奏，压力大，自己感到在那里没有前途，就说那个公司没前途了。当然，这也是缘分，一年后他俩成了一对，现在小孩都已经读书了。

胡乱跳槽

　　肖智莹工商管理专业本科毕业后，第一份实习工作，是在长沙湖南广电大楼旁边干汽车配件的仓管员，干两天觉得仓库里的工作琐碎，仓库办公室不亮丽，不是电视里的那种卡座不够酷，第二天晚上就卷铺盖回到学校。过了12天，到原来仓库隔壁的一家企业，销售汽车配饰，五个月中第二、三、四个月有点业绩，第五个月半个月没业绩，因为一直没有搞懂工作技术流程，认为没意思，不想再干下去。辞职回家一周后，找了份装修贴墙纸的工作，跟着准嫂子前三个月干得挺欢的，还是没有搞懂工作技术流程，第四个月没工作做了，第五个月也没有工作任务了，就回家过年。

　　年后去了深圳漂亮窗帘装饰公司做业务员，窗帘装饰安装流程不熟悉，三个半月只有些许业绩，哥哥给的钱带去深圳都花光了。只好被动地跳槽去了东莞一家餐厅做服务员，免费吃住。现在儿子上学了，女儿4岁，毕业12年了在深圳坪山手表企业做售后专员。五份工作都明显不大敬业。

　　刘易莎，经济学本科，没有考上研究生，毕业实习选择了大学旁边工业园区的一个大型外资公司做仓储物流部文员，上班三天。每天晚上跟她爸爸说管理太严，管得太死，管得难受。每天都说公司这不好那不好，第三天晚上她爸爸跟她说，那你就走呗。第四天上班十分钟以后告诉上司说：这里管得太严，不做了。就收拾物品走了。跑到表姐那里住三晚，周末应聘了长沙黄花机场工业区的空港物流公司，做跟单文员。这一周说干得很开心。上司带着她在办公室、货场、仓库司机班来回跑，认识了很多车型和司机。

　　真正开心的是每天都看到很多飞机起飞和降落。第二周的星期二上午就得到了严重警告。因为星期一看飞机延误了一单派车1小时，上司口头提醒了她注意工作效率，星期二上午又把大型货车派出去200千米才发现派错了车，还拉错了货。下午的周会上，公司决定通报批评。星期三感觉所有人看她的眼神不对，星期四走人。都不好意思去结算工资，知道自己的工资远远不够赔偿那一单派错车拉错货的损失，把上司连累到也受到公开批评，一年内不能晋升。不敬业，工作质量差，还连累了上司。

来自广西黄姚古镇旁的营销专业本科毕业生，在北部湾一城市实习，做装修家具的销售。干两个半月还没熟悉业务，认为太难挣钱。跑去装修公司做销售干了三个月，认为比装修家具公司还难做。应聘到深圳的百果园水果门店做销售，干了四个半月，适应不了深圳对客户服务高效率高质量要求，辞职回家过年。后来到南宁找了一个电商公司。她困惑的就是我很想做好啊，我非常想要敬业的，但他们总是批评我没有表现出敬业。我就是受不了，才换工作。

某某铺子一位店铺销售实习生，产品种类多记不住，打游戏的跳跃思维不严谨，常出差错。自然，试用三周，没有敬业表现，也没有质量呈现，被离职了。

入行，就要沉下心来扎实学习训练，不换脑子，总换工作，总是被批评不敬业。不会游泳，换个游泳池，还是不会游啊。

食宿环境不适应

广东某职业学院的电子商务班全班同学，到中山制衣厂实习。刚安排了宿舍不到 10 分钟，一个男生就来大堂跟我说：老师这宿舍不能住。公司两百多人都住在这栋宿舍，问他为什么？他说：没有高速 Wi-Fi。另一个男生也跑来说：老师这宿舍不能住，没有给每个人读书的桌椅。那时手机流量还不包月，偏贵。学生在大学宿舍里面 Wi-Fi 用惯了。我告诉他们，工厂宿舍是用来休息恢复体力的，不是用来读书，没有读书的桌椅是正常的。不提供能够打游戏的高速 Wi-Fi，也完全正常。刚说完，两个长发飘飘的女生过来，轻言细语地说这宿舍很多欠缺。我问欠缺什么？扭扭捏捏不肯直接说，我鼓励实话实说。她们说：房里没有办法挂上大镜子，梳妆打扮不方便。不适应企业内部环境，没贡献却要求多。

第二天晚饭后，男女生五个人一起过来办公室，不大高兴地说：这食堂的选择性太差了，他们说每天食堂做什么就吃什么。我们学校几十个窗口，随便选。一周以后一个晚上进行实习座谈。有两个在车间工作的同学抱怨说，给他

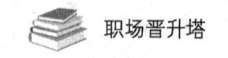

们用的机器是速度最慢的，最好最快的不给他们用。另一个女生也说，办公室给她用的电脑也是速度慢的。我问对他们有高效率的产出要求吗？他们说没有，是给我们做培训的，我说那不就对了。

敬业表现与品质呈现

第二周开座谈会的时候，有同学说：我是有很强的敬业精神，我是经常想要有很高品质意识的。可那车间两三个班组长，都说我们干活不大敬业，也没有质量表现。

我告诉他不是质量表现，是要在工作中的产品或服务上做出品质呈现，工友们要看到你们的敬业表现。敬业精神、品质意识是你头脑里面的精神体验，别人看不见，也就不关别人的事。工友要看见的是敬业表现或者呈现出的工作品质。客户不会因为你的脑子里面想得多么美好而埋单，客户要合适的产品和服务。其中两个同学在制衣厂的后整车间工作，不遵守流程，任意颠倒，受到批评了还不服气。说我们完成任务了呀，还有，我改过来了，最后产品也没出错嘛。可是，他们耽误了工作时间，效率低啊。

个人与岗位五常法

湘西小罗哥，东北某大学精密仪器专业高才生，到广东制衣企业品质部，干活认真努力，表现很不错。旺季开始后，好几次晚上加班累了，不洗澡就直接趴床上睡觉。早上起来到办公室，充满汗味的头上一圈蚊子跟着飞，被看不惯的业务经理和设计师主管不断地鄙视、挑刺，被赶走了。东北寒冷，隔几天不洗澡没啥关系。珠三角热呀！至少洗个头、冲个凉水澡。这是个人五常法 5S 问题。有些毕业生，拿取文件、文具、工具或零配件，不放回原处，工友们多找几次就会烦，就会埋怨，甚至赶走这类人。现场质量管理技术，是个人与团队的基本素质。

广西玉林的一个客家邬同学语速很快，人也勤快，在南宁的房地产公司干了 22 天，不断地发生冲突。去到佛山的湖北老板建材销售小公司，3 天发生摩擦离开了，再去同行一个江西老板公司那里做销售。在老板开会时总是不举手就插话，直接打断老板或高管讲话，还多次高调反对，熬了三个半月还是无法待下去。她填表记录数据总是不遵守规范，字迹潦草，别人不容易看懂，必须询问才能弄明白。周围所有同事都觉得她太鲁莽，没有说出的是她缺乏教养，倒是认为她不遵守制度、工作质量呈现差，经常抱怨她。她却认为自己有很强的质量意识，说自己非常用心细致，数据弄得很准确。明显缺乏自知之明。

因借用他人文具、资料总不能放回原位，被同事指责，愤而离职。

工作技术流程

湖北江汉平原一个聪明的张同学，学习进步很快，思路活跃，但是不按照工艺技术流程干活，还搞乱工作现场的材料、工具的顺序，工作两周被辞退。自己觉得很聪明，这是他自己的说法，其他的工作流程也擅自变更，在奶茶店干了一个半月也被辞退了。

一位来自江西井冈山北麓的宋同学，对于微电子零件的加工制造，43个工艺步骤怎么也不能全部记住，咬紧牙关坚持了五个月还是没办法，差点儿熬不下去了。直到我教会他五级10步法，两周就全部清楚，他如释重负。后来再学管理技能，顺利晋职加薪。

还有几位毕业生不懂企业圈子内外沟通的区别，常被同事打趣、笑话，难以融入而离职。

上述毕业生的各种不稳定现象，与他们相关联的人都会受影响。新入职毕业生的薪资仅按一般普通较熟练工人3500元月薪计算，其就业初期每次跳槽的个人损失近1500元；近年来大部分毕业生至少三次更换工作后才可能稳定下来，其初期就业损失则约4500元，这还不包括每次职业转换的时间成本和其他损失；工资不好意思要，人家也不愿意结算——企业需要你继续学习，留下来工作呀。而多数企业认为其招聘与培训、食宿成本等损失，远超过毕业生个人损失的1.5倍，因此每年千万大学毕业生初期职业不稳定，使社会的整体损失每年近1000亿元人民币。损失太大。

找的第一份工作，是自己与全家的期望与梦想——结果却干不长，多次折

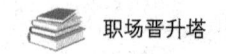

腾后，可能完全遗忘当初自己与全家的期望与梦想。也就成为新毕业生们的随意——反正干不长，3天、1周、两三周；1个月、2—3个月或半年，就换地方。没搞明白，却认为已经没有什么意思——以为都学会了！问题是，业绩呢？

一般不可能前一天辞职，第二天就马上入职，那么，食宿费用立即产生。几乎都不是愉快地离开因而心理成本高，再找工作遭受挫折——再次提高心理成本。频繁换工作会感到挫败，个人与家人心理压力都会陡增。不仅如此，毕业生初期职业不稳，会让社会公众质疑高校人才培养能力和就业指导工作，会让企业认为高校诚信教育不足、毕业生好高骛远。会出现明明需要人才升级的一些企业，却不太愿意接受应届毕业生的奇怪现象；毕业后乱跳槽，却认为学校专业知识教育不对口，自己无法将校内所学专业知识理论适用于工作实践，工作表现平淡无奇，无心向前，无疑给高校带来名誉损失。社会上不少人已经习惯认为，毕业生就是不安心工作的群体，尤其是本科生。更恶劣的，可能产生读书无用论的认识。这些错误认识和不良影响，是毕业生初期就业不稳定的恶果。

东莞南城毕业生老乡聚会。职高到本科的都有，8个人在三年内跳槽各近十次。他们自嘲：三年跳槽猛如虎，月薪还是3500元。总是换新行业新企业，就总是新手，只有最低的实习工资。

扣错第一粒衣扣，往下都可能扣错。职场人生的扣子，第一份工作是第一粒扣子，就要扣正确，扣得稳当扎实。

第二节　新入职场稳固法

归纳上节所述，各种新入职不稳固的原因，主要表现在三个方面：

首先，毕业生不懂企业，大部分毕业生都无法把书本知识，马上与企业所在的细分行业、企业发展阶段、企业文化等联系起来。学校读书不重复内容，因为花钱学习，考90分就得优，99分妥妥的学霸；企业做工，学会了要一遍遍重复做到，千遍万遍分毫不差地做到。工作获取报酬，做对90%等于0，必须处罚；99%及格而已，必须立即改进。若多次出现1%错误，也要被警告。

学生刚毕业，也不懂有多少困难与陷阱。一些毕业生因为缺乏经验，显得无自知之明——志大才疏、知识错位、自以为是。一些毕业生只会看见不良、记住不足，而不懂得发现公司的优势，不懂得发现工友、同事、上司的优势并善意模仿进步。

其次，企业不懂毕业生，以为都是来努力工作的，以为能够很快适应，以为会谦虚好学，以为不懂会问。几周后就发现大相径庭，所以，一些企业已经有点怕应届毕业生了，甚至不敢招聘应届毕业生。

最后，学校培育可能错位，知识陈旧，特别是工商业前沿知识不足；语言错位——大学说大话？大学生学的只能是知识框架，很难与各个细分行业，尤其是不能与企业岗位工作直接关联。所以，学校宣称培育的是能力，也只能是培育能力，只是缺乏一些与细分行业尤其是企业岗位工作如何直接关联的能力。

对大学毕业生就业初期离职动因分析，主要是三个方面：一是毕业生对企业环境不适应，不懂区分企业内外沟通，难以快速融入企业。二是毕业生不熟悉工作技术流程，现场管理随意显乱，工作技能弱，不利于初次职业稳定。三是毕业生职业素质认识模糊，不易得到上司、同事认可。

选定职业就应迅速稳定扎根，可许多大学毕业生却犹如那沙漠里的风滚草一般，不能扎根、飘摇不定，持续跳槽，身心俱疲。年年见到许多青年一出道就受这般苦，下定决心，一定要找到解决这份痛苦的知识模型。12省问卷调查，根植性理论结合离职结构论与Price-Muller理论等，我们确定，适应企业内部环境及懂的内外沟通差别可以帮助毕业生根植企业；工作技术流程学习和工作质量呈现，快速熟悉技能以获得肯定，这些对毕业生初期职业稳定起到支撑作用。受过中等尤其是高等教育的毕业生应具备优秀的职业基础素质，敬业精神作为职业素质道德制高点，影响着毕业生未来的职业生涯，而现场管理技术五常法5S可规范个人职业行为习惯，直接影响身边同事的直观感受，是毕业生实现职业稳定的基础功底。因此，通过分析毕业生初期职业稳定根植性框架，构建了毕业生初期职业六角稳固模型，这是职场职级第一层。

毕业生直接面临的问题，有以下六个方面（见图2-1）：

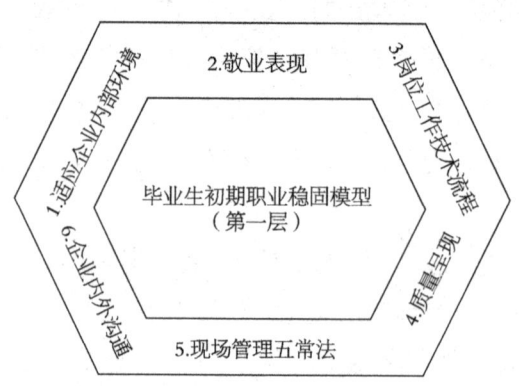

```
        2.敬业表现
1.适应企业内部环境         3.岗位工作技术流程
         毕业生初期职业稳固模型
              （第一层）
6.企业内外沟通            4.质量呈现
        5.现场管理五常法
```

图 2-1　毕业生初期职业稳固模型

第一是企业内部环境，如食堂、宿舍以及办公或作业设备等，主动适应与学校状况迥异的企业内部环境。职业稳定的主体是毕业生个人，适应能力强可以快速适应企业内部食宿与工作环境，以实现职业稳定。懂得企业与学校环境的差别，适应能力强可迅速调整心态与降低不同环境带来的期望落差，快速适应企业中的工作与生活环境等，缓解心理压力，减少离职可能性。集体食宿、办公，肯定不可能让每个人都按照自己的意愿称心如意。许多同学明白，进企业是讲贡献拿回报，不是先讲享受。基本生活与工作条件具备之后，开始投入工作，再逐步改善生活与工作条件。

刚进入企业，一般对企业外部环境影响不太关注。如果住在公司之外，有工友、同事可以引导，解答生活疑难。因此，主要考虑企业内部因素对毕业生初次职业的稳定。

第二与第四是敬业精神与质量意识，中学、大学高等教育应该关注的职业基础预备，毕业生首先必须具备较强的敬业精神和质量意识，同时，有可能也必须在企业里尽快转换成敬业表现、质量呈现。敬业精神作为职业素质制高点，应通过工作行为表现出来。接受岗位工作与对应待遇入职，既定薪酬制度下，完成相应待遇的岗位工作并不算多么敬业。毕业生需将内含的敬业精神，在无论遇到何种困难时，都想方设法依然保证工作效率和通过质量呈现出来，工作熟练后追求精益求精，如此工作行为表现才是敬业表现。质量意识方面，应呈现出规范的工作行为或高合格率产品。不懂的规范或标准要主动问师傅、问上司，不可以凭猜测采取行动。

第三是迅速掌握岗位工作技术流程，可避免失误，且更快熟练全流程以实现职业稳定。扎扎实实全部完成工作任务，有礼貌的不懂多问，企业一般都安排有师傅带领，至少上司会指导。

第五是现场管理技术五常法5S，不管干什么，都需要懂得注意个人仪表形象，不能散漫、穿戴混搭得让人没信心，保持工作现场至少让工友们都满意；五常法5S是规范工作现场与个人行为习惯的基础质量技术，可帮助毕业生快速适应企业的复杂工作现场环境，保证安全、不出错，养成工作行为合乎规范的习惯，同时养成良好的生活习惯，树立良好的职业形象。

第六是懂得企业"工作圈子"内外沟通，这是可以迅速适应企业氛围的重要事项。企业内外沟通技巧需掌握，区分不同的沟通群体，并运用相应沟通方式。小组成员经常在一起，沟通核心词即可明白全部意思，部门内各小组之间需要用完整句子讲清楚，就可以完成沟通；部门外，不熟悉，必须交代清楚背景资料知识，才会明了。

企业讲究高效率，沟通也是要尽量精准用专业词。这里有个特别点，就是大学学会的那些高大上话语——宏大语词，在企业讨论的某些场合不可以说或者不可以多说，否则成了吹牛。还有不抢老板的话，老板有时候与供应商或者客户打趣、开个玩笑，那多半是为了调节氛围。但是，你是初来乍到，不是非常清晰地理解老板与供应商或者客户当时的交流状态，除了点头微笑，不可插话，更不可接着老板的话头胡侃，不少混沌小哥哥小姐姐，自己莫名其妙地想潇洒胡侃几句，却把老板精心调节的氛围破坏掉，也把自己职业发展前途给祸害了。如果有疑问，单独相处时再问。

高管或老板之间，表现轻松随意，听起来看起来似乎都像闲聊。毕业生不大明白的是，职场上的谈话一般是设计好的，是为了实现某种目的、达成共同合作的目标，根本不是闲聊。

懂得并快速掌握这六个方面，按照模型内容训练，有两项或三项表现出优势，其他不出错，能够被同事接受，即可迅速稳固初期工作获得转正，可算是基本做好了入职工作。扎扎实实根植于企业，不是要在一家企业工作十年才是稳固的，那是误解。

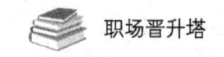

学校刚出炉的毕业生，新入职场稳固法如此，一般员工、现场管理者甚至中层主管，跳槽新入职一家企业，甚至大企业里更换部门之间的一个岗位，大企业里的大部门之间工作性质与角色不同，各职能部门可能有自己的亚文化，进入新职场的稳固法，也可以对比、参照。技工各层级的稳固方法亦如此，一层层预备，层级突破冲上去，稳固之后，再冲上更高一层级。

跳槽参照这个稳固模型，内容有些许变化。适应环境没必要跟离开了的公司比，职场多年的你在不同层级的岗位上，敬业表现、工作质量呈现也会有对应层级的岗位要求。

有兴趣了解该模型详细构建过程的理论推导，请参见梯职路公众号的论文《大学毕业生初期职业稳定及其影响因素分析——一个根植性六角模型分析框架》。该论文曾投稿国外，有英译文本。

第四章

首次晋职成功法

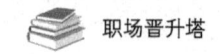

按照上节第一职业稳固法，毕业生做好了入职的第一份工作，转正后，扎实工作几个月时间，可以考虑按照现场管理者胜任与稳固模型，学习训练首次晋职成功法。每一项特征知识技能有计划逐步积累，达成层级突破的素质能力。一有机会就可以抓住，实现首次成功晋职加薪，达成准岳母的刚需。

本章说的是晋升职务到现场管理者，负责一个现场的技术管理工作。不是在作业岗位上技术熟练的晋级，比如技工等级提升，或者技术员升为高级技术员、文员升为高级文员，这类级别提升不是技术管理职位晋升。有人说，入职新行业，晋升职级一次，才表示真的做好了岗位工作。

进城务工，由学生到职场人，乡村村姑变为都市丽人，乡村农夫变为都市俊男，必由之路是职业发展。职场竞争激烈，初次晋职的预备期是许多人的心理敏感期，许多人多次竞争都不能成功晋职，压力大。但是，初次晋职成功后信心倍增，越努力越幸运，层级突破前程似锦。

第一节　首次晋职成刚需

年轻人的首次晋职，激动人心，全家关注。因为梦寐以求，有些人会压力大到敏感，少数人甚至脆弱。首次晋职是准岳母刚需，是个人与家庭现代化的刚需。不少未上大学的进城工，拼搏五六次挣扎十几年，还是在徘徊中，可多数大学毕业的年轻人却空有愿望，无从下手，因为不懂首次晋职成功方法。

准岳母刚需

前些年流行的准岳母刚需，我们 80 年代大学毕业的时候不存在。那个时候只要是中专或以上学历的才被政府定义为人才，就是干部身份。父母非常愿意女儿与国家技术干部身份的男青年成家。在当年没有民营经济，没有任何其他渠道打工可以发挥才干，所谓的人才、干部，就是未来生活的基本保障。准岳母刚需，就是女儿未来生活要有基本保障的心情表达，完全可以理解。

基本生活保障的刚需，前些年流行为一套住房。

除了免费包食宿的工厂里，大部分进城工入职后，会面临吃、穿、住、行生活上的经济压力，部分毕业生要还学费贷款，而就业初期薪资一般较低，生活捉襟见肘。毕业入职后，若其工作职位一直徘徊在基层，而没有晋职，未来发展预期低，买房买车、恋爱结婚则会成为奢望。2016年10月，广西南宁的"蓝瘦香菇"引起广泛的共鸣，女朋友离他而去，工作岗位一直徘徊在基层的小伙子，无助地告诉工友，难受想哭，因为怎么都睡不着。

初次晋职成功，就是努力上进有发展前程的证据，不只是提高薪资待遇，更是迫切希望通过晋职，达成准岳母刚需。

2022年重阳节，一个来自西北的小伙子毕业两年多，从珠三角工作的工厂请假，去到广西百色岳父母家，首次见面，用他自己的话来说：通过。喝酒通过是说笑，准岳母刚需通过才是最主要的目标，因为一个月前他晋职主管了，实际上管理招聘与培训的两个人力资源专员，他成了两个高级文员的直接上司。招聘培训的现场管理者，相当于高级领班，不过他们公司的头衔叫作主管而已。首次晋级成功，月薪8000元年薪10万元，准岳母的"刚需"验收通过。毕业两年，实现晋职，可以抱得美人归。

准岳母的"刚需"当然容易理解。好不容易把宝贝女儿养到二十多岁，出落得大大方方，训练出工作技能，能工作有收入了。如果婚后基本生活保障都没着落，做父母的实在是不放心，肯定会担心他们以后的生活质量。当男方有晋职，自然就有加薪，一般工作不久的年轻人就有晋职加薪，未来也可期。未来生活有能力保障，那就是解决了刚需问题。

女性工友呢？如果一直是作业员、文员专员，打工数年都不晋职，未来公公婆婆会很看重？那是假的。每日里上班就挣点零花钱，很难让人特别看重。大学毕业工作10年依旧是文员或高级文员——专员，自己的生活也很难有高质量。

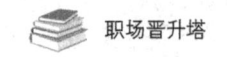

对于女方来说，晋职实际上也是公公婆婆的"刚需"，因为父母也担心儿子未来的生活质量。如果这个儿媳没能力层级突破，将来不能晋职加薪，就只能赚那么点零花钱，家庭生活完全依靠他们的儿子，那么他们儿子的负担就重。万一儿子职场上有波动，未能避免，那就可能全家生活掉入波谷，可能会陷入痛苦的旋涡。经济困境中生活压力大，心理成本也会高，家庭关系要处理好是有压力的，磕磕绊绊难免。心理成本高，生活状态是很不舒服的。所以公公婆婆的"刚需"也是可以理解的。

个人与家庭现代化的刚需

实际上，进城工要想在城市里长期稳定地生活下去——实现自己和全家现代化即市民化，没有别的更好办法，几乎只有职业发展晋职加薪这条路。

通常进城打工就是因为在乡村的收入低，生活质量差，也就是说在老家农村没有什么资源，想进城寻找一份更好的工作。啥都没有，就是要做工、活下来，开始几年就创业是很难实现的。而要想在城市里过上更好的生活，收入太低希望就渺茫。怎么样才能收入更高一些？一定是靠在职场上得到长足进步，即要向上发展。若总是在职场的最底层，那些工作替代性很强，你不做容易找到别人做，收入就不可能高。要向上发展，当然，就需要努力学习训练层级突破的素质能力，获得晋职加薪的机会。

无论是技术岗位，还是管理岗位，越往上职位越少，任何企业晋升的岗位都是非常有限的，晋升职务在职场是稀罕事，所以，都是值得庆贺的。就是最初级的技术管理岗位——现场管理者，许多人也不容易获得。多数进城工在做第一层或者叫底层的作业型员工，大学毕业生一两年的工作岗位做的是文员、技术员或者叫初级工程师，他们要再晋职就是现场管理者。从第一层面的作业型或者文员技术员升上来，一般就是管理一个作业现场。生产企业可能叫班组长、初级工程师或技术小组长，服务业一个营销小店铺的叫店长。大店可能叫前厅经理、后厨经理——就是前厅领班、后厨领班，或者叫组长、厨师长。有些企业叫现场主管或基层主管，区别于中层主管。

成功实现晋职现场管理者，是职场向上发展成功的第一步。上大学时瞄准总监、常务副总,那么初次晋职成功,是自己梦想成真的刚需。现场管理者晋职不成功,会是硬伤,因为所有其他自己梦想的高位,都是别人的荣光。所以自己和家庭现代化生活的实现,初次晋职成功是刚需。

拼搏五六次挣扎十几年

晋升最初级的技术或者管理岗位——现场管理者,对于许多第一层作业人员来说,都是非常艰难的。进城大学毕业生,工作几年,许多人也很难成功晋职。

没上过大学的农民工,十七八岁进城打工。干一两年熟练了,就想晋升一个技术员或者班组长,作为献给自己20岁的礼物。可是绝大多数人努力挣扎了一两年,最后升不上去。竞争失败,很可能就离职了。因为别人升上去了,短时间内他不可能再升更高职位,短期内也不可能离职,那么留在这里一般就没有晋升希望。升上去的竞争对手,不一定会善待你。

就得找一个新的地方。一两年干熟了又准备晋职,还是不成功。为什么这么努力?因为恋爱的年龄到了,要有晋职加薪展示竞争优势。我有个远房小表弟,当年就说如果他升了技术员,谈恋爱就可以竞争到更好的女朋友。隔壁人家的初中文化表妹说:如果她升了班组长或者文员,就可能找一个大学生男朋友。或者说为了向心爱之人表达进步之心,要努力一拼。绝大多数人无数次听说过晋职加薪的各种大道理,不懂得具体怎么预备,不知道积累哪些素质技能才能够实现层级突破,保证晋职成功。

然后,就要到结婚这个年龄段了。基层员工很难在城里买房,听很多人总是说没有太大必要,实际上是难以凑够钱。只有极少数基层家庭可能掏空钱包,凑齐首付在大城市里买房。一般只好在老家的县城或者镇上,买个房子满足准岳母刚需,这也几乎把全部家底掏光。结婚,花光了所有的积蓄,就想努力冲!再次冲击,希望获得晋职。可是,绝大多数人还是不成功。

企业现有的那些班组长、店长或领班往往也不是很成熟,感觉干得不太好。许多企业也并不懂得到底怎么去训练他们成长,尤其是一些小企业,因为不懂得怎么培养,所以也就不愿意去培养,只愿意高价挖现成熟练的。挖来挖去,实际上是为对方付培训费，有经济学基础的人，对这一点看得很明白。大多数中小企业，都是凑合用他们先顶着，只要发现更合适的人，就会换掉他们，所以，他们的位置不稳固。用处罚或罚款来阻止他们的负面行为，设立花样百出的奖励来激励他们发挥潜力，也只是促使他们完成工作任务指标。企业要再往上提升业绩、提高管理效益，往往进步不快的这些基层技术管理者，就是阻碍，而不是动力。

中小企业的这种只使用不培育的现状，会导致一部分上进心强的人努力去有一定规模企业，那里的职场环境相对更好。环境能改变一个人，选择大于努力。

婚后小孩出生，经济压力大增。又迎来一次晋职加薪冲刺。多数还是不成功。想给自己30岁一个礼物，要奋斗拼搏，再冲刺一次获得晋职加薪的机会，表示自己"三十而立"了。这样的工友都下定决心干，也买一两本书看看，也去外面听一下课，还是不成功。因为还是不懂得实现层级突破，需要预备哪些知识、技能，要学会哪些工具与方法。不知道需要具备哪些素质能力，更不懂如何训练自己达到信任能力的要求。也就是说，不懂得现场管理者的胜任和稳固模型，因为绝大多数人从来没听说过。

有些已经育有第二个孩子了，或者家里建房或者因双方父母医疗开支，压力大，又被逼迫得想再拼搏努力一番。依旧不懂实现层级突破，无法晋升。之后他们往往35岁了，也就不再去想这些晋职加薪的事了，因为努力拼搏五六次挣扎了十几年，心理成本沉淀很多，回想起来都很难受，诉说起来刹不住口。他们感觉除了做好手头的事情，另外找不到向上发展的出路，往往就证明自己是不行的了，当然说出来可能是运气不好。

少数人曾经冲上去过，晋职到现场管理者，干两三个月或者半年，干不下去，在吵闹甚至对骂中痛苦地退下来。实际上，是从来就不知道，有这种现场管理者的信任和稳固模型，可以用来学习训练层级突破的素质能力，能够实现晋职还能坐稳。

不少大专、本科毕业生，入行工作以后，随意乱跳槽。一不如意就走人，听他们口头说起来很潇洒，实际上内心是无奈的。对于职业发展来说，可以说是愚蠢的行为。第一份工作做稳，一些大学生都要花费一两年时间，不少大学毕业生三四年还在那里乱跳槽，还没有进入一个行业做稳。至于晋职现场管理者，再过五六年都没有可能达成。一些大学毕业生工作多年，技术和管理经验还不如没读过大学的，而一直在同一细分行业工作的同龄农民工师傅。

一些女生在做了妈妈后，十几年都还是文员、专员或技术员，再没有希望晋职中层技术管理。在后面晋职中层主管、中层工程师等级别的时候，我们会再讨论大学毕业女生晋职的问题。

基层的现场管理者，这个晋职都不成功，再往上的所有级别都与你无关。所有较高大上的梦想都无法实现，当然痛苦。在其他乡邻、亲友、同学不断晋职的一次次捷报频传中，颓丧、悔恨莫及、低迷沉沦，似乎还要熬几年，35岁才能晋职现场管理者。广西柳州柳城县，一位18岁就去宁波染厂打工的只有初中文化水平的李先生，2022年春季学期，女儿选修课学到了这个现场管理者模型，暑假教给他，他就参照模型练习。李先生2023年5月满48岁前，总算圆了班长梦。因为在5月1日晋职了领班，全家无比开心。

不知道运用此模型，入行稳定就浪费一年甚至数年，可怕。职场人生一开跑，就落后了。后续追赶太艰苦，而且机会越来越少。一批批后来者，总想居上，竞争现场管理者，当仁不让。

第二节　如何冲上并做稳

湖南通道县跟广西、贵州搭界，那里的一个侗族小莫姑娘，在东莞主山一个大型电子厂做车间统计员。无论哪个班组长有困难，小莫都会抽空协助，甚至有一天从早上8点半工作到晚上9点，协助四五个班组长把现场冒出来的问题都处置完。各种突发事件都想多种主意来处理，所以，后来升她做班组长，管理73人的装配班，现场处置能力表现特别强，因为她会联络各个对应的技术人员、中层管理人员给出指导意见。业余时间碰到高层，也敢于去当面请教，保持客气礼貌，不懂就去问，就去找人交流各种困难的处理方法，所以，小莫的现场处置能力特别强。她那会唱山歌的嗓子，发音清脆响亮，常听见她在跟人热情地交谈。

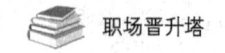

素质低升不上

冬季刚开始，那天下午刚到粤北的韶关电业局，第二天要给各县局级干部们授课。傍晚，老家四川德阳市中江县的小伙子，说从他亲戚那得知我的电话，打电话给我诉说他做班组长的痛苦。

原来，他在东莞虎门的鞋面厂做仓管员，在这个工厂工作一年多的时间里，为了把原材料能够准确地发给每一道生产工序，并准时送达不误工，他把每一道作业工序的作业时间、步骤和质量要求都弄清楚了。寡言少语的他平时工作负责，所以在班组长请假三个月回家建房时，车间主管请他代理这个班组长。他代理了两个半月，最后15天，打来电话说坚持不下去了，受不了了。车间主管说试用合格，考虑直接升他做这个班组长，已经与生产经理和人力资源经理都商定了。他还是不干，他觉得干班组长，每天面临四十多人的各种难以预计的问题，太恐怖了。第三个月还有最后10天实在坚持不下去了，车间主管只好自己顶替干。

他没有得到正式的现场管理者素质技能培训，电话联系我时已经心态崩溃，帮不了他，没见过他的面。此事过去十年后见到他，还是不敢去做班组长，他就作为一个资深仓管人员，兢兢业业地工作。不到三个月的代理班组长，把他吓得不轻。

湖南南岳山北白果镇，一个圆脸姑娘在深圳沙井镇做班组长四个月，每个月都要难过到哭一场。第四个月拿到工资后，说的辞职理由是我在这里找不到男朋友，要回家找。一个半月以后，在东莞大岭山朋友的工厂里碰到她做文员，她说"不懂做官，工人太难对付了"。因为恰巧几个小问题碰到一起，成为一串问题她就搞不掂，摆不平。可是，怎么在她口里，班组长就是"官"了？

一个河南的姑娘阿霞，总说她是一个品质工程师的妹妹，但是她明显比那个小伙子陶工程师显得年龄大，她喜欢传背后听来的一些闲话，而且一次传部门长的闲话时是当着部门长的面说的。她是一个被收购公司跟过来的班组长，见人很有礼貌，微笑点头毕恭毕敬地站着，但只要事情稍复杂，就不知道怎么办。上司说：你很乖，但是你这个班组长真的帮不了忙。后来离职时，说她是工程师的姐姐，拿她妹妹的身份证，中专毕业证是妹妹的，她只是初二文化水平。"假人"基本素质差，不配做微领袖。

曾经招过一个宁夏的技术员，他工作很积极、很认真，学习进步速度快，想把他转岗并晋升为管理检验员的班长，因为检验员全部是女性，他跟她们的关系都处理得不错。可是，访谈调查的时候，他们宿舍的技术员全部反对，原因竟然是他每天穿着漂亮潇洒的衣服、鞋子、皮带等，这些多半是宿舍同事的，哪个同事的哪一件质量好，他就穿哪一件。他这个"主动共享他人服饰"的习惯，大家都不想再接受了。

一个安徽蚌埠1.91米的小伙子，跟上司见面特别有礼貌，因为他长得高，见到个子不高的上司，都弯腰鞠躬，上司讲话他都会弯腰低头听，并立马去做。他晋职两个月以后，他的下属就不断地辞职走人，四个月走掉一半。因为他跟工友的关系太恶劣了，对个子不高的下属，绝不弯腰聆听，反而还大声高调呵斥。

河南大牛山的小伙子领班，跟男工友们关系特别和谐，陪女工友吃凉粉关心备至，工友们都喜欢他。他每次带大家外出溜冰，男女工友就玩得很开心。但是，一旦工作有压力，就带上全部下属分别找各种理由"不能做、做不了"，鼓动他的下属一个个去抗议，不断地说各种理由。开始一两次似乎很有道理，三番五次如此，最后上司与上司的上司都明白，这个人的立场不对。他把班组当作俱乐部，不当成公司完成任务达成目标的职能单位。他还有一个习惯，总是找机会让上司单独请他吃饭，每次吃饭都说一些莫名其妙的陈芝麻烂谷子的事情，搞得上司只记得他：莫名其妙。转身又到下属面前去炫耀，说上司单独请他吃饭。在中秋节前那个月工作任务没完成，就被辞了。

但波阳，在湖南长沙河西一个小型五金机械加工厂做生产副总，实际就是一个生产主管，全厂就4个小班组。但总共跟我说了三次：他不明白的是，有两个班组长的工人离职了，人不够，总是出货延迟，帮他们俩招新人进去，好多次都稳定不下来，除非他自己招来的人，才能留下来。我告诉但总，他们俩可能收员工的"保护费"。

听我这么一说，但总开始很惊讶，但他花一个半月从侧面了解，开始是一个来自东北的仓管姑娘告诉他的，果真发现他们收员工"保护费"。试用期满前后分别收50元、100元一月。班组长的微领袖素质至关重要。收"保护费"是

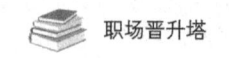

严重的品德问题甚至是违法行为，这就引出了班组长的素质问题讨论。在制造业里边许多班组长是朴素的农民工，小农意识里面的朴素优点，却很难成为现场管理者的优良素质，现场管理者的微领袖管理角色，需要将朴素的实干优点，大幅提升为工业文明的微领袖素质。

高素质不是写在纸上、嘴上说说，许多是来自家庭教育或者积极主动型性格，他们主动走出舒适圈，敢于面对挑战，至少拒绝躺平。这些可能是初次晋职成功者非常重要的特质，即敢于往上冲的心理素质。

技术流程不熟

洞庭湖西边的益阳南县一个姓肖的小伙子，与沅江一个姓刘的小姑娘，他们两个是表兄妹，都非常灵活醒目，对人礼貌到位，现场处置能力表现得似乎也很强。很爱言说，各种事情都能处理得圆滑，让人感觉到他们的能力强，尤其是让人感觉到他们有很强的管理能力。因为他们有表面上的好表现，经理听身边人说他们很能干，自己做了多年的经理主管，认为班组长很容易做，就把他们升上来做班组长了。可是，半年多过去了，总会有一些工艺技术和质量问题，不停地在他们的班组冒出来。

实质上，他们不懂得全部工艺技术流程，他们不愿意下功夫去琢磨技术。一般培训班组长的培训班，都讲十大管理技能，这里暗含的假设是，他们对工艺技术流程都熟悉、会做出正确的工艺技术判断。实质上他们俩不扎实，因为说漂亮话好听，得到许多人赞赏，就浮躁，不愿意扎扎实实把手头工作流程的每一个关键点，都完全钻研透彻。他们说技术流程步骤与质量要求内容太多，细节多到摸不着头脑。后来通过五级10步方法，快速学习训练工艺技术流程，两个半月帮助他们迅速提升到合格水平，从此几乎不再出现工艺技术和质量问题。

欠缺管理技能训练

广东东莞常平镇一制衣厂，湖北荆州的中年师傅，日常生活中对人都很礼貌，很好相处打交道，但是每一周的工作中，几乎都会有一次急得发飙。大家都感觉这个人好奇怪，说他工作的时候要威风。听老板说了两次，我去跟他交流了解。每周谈一次，三周后发现他是个用心努力好学的人，但是他并不知道作为现场管理者有十项管理技能需要训练。他只是朴素地从自己内心直觉出发，零碎地东了解一点、西知道一点，所以他的管理是东一榔头西一棒子。积累的压力大了，就高声快速说话像发飙。

制衣厂的纸样，那是技术工作，他管的人不多，8个人。但是他的手艺非常好，业内还小有名气。公司把他升做主管给主管级待遇，实际上也就是纸样班组长。

江西柳再生纸样师傅，把工作内容写成书页——隐性知识显性化，还把一个愿意降低技工工资，来学习纸样的工友，培养成了班组长，但是并不知道怎么教他十项管理技能。柳师傅自己都没有听说过是哪十项，隔三差五跟我说：管人真累。

现场管理者模型

二十多年来，这些同质性的故事我经历近千起。有时是密集轰炸式出现，做班组长、店长培训时，一天会碰到十几起。经过归纳总结出初期职业稳固模型，并做了12个省的问卷调查，与人力资源管理者和顾问专家们交流确认，以及后来工作十余年管理顾问工作中验证，他们的困难和麻烦、积极改善，确实都能在模型中的六个方面中找到，如图2-2所示。

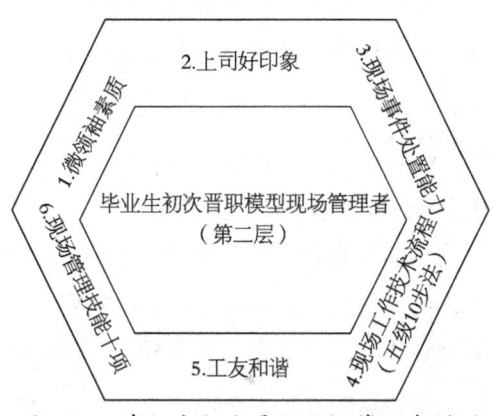

图2-2　毕业生初次晋职现场管理者模型

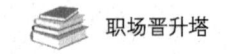

对于任何要得到晋职、追求职业发展的职场人来说，基本素质都是最重要的，无论晋职为技术管理人员，还是行政管理人员，或者是任何职能管理人员，都是一个微领袖，微领袖的素质是排在第一位的。

微领袖素质

"领袖"一般是指正在进行或曾经进行某项较有影响力的活动或某些组织的最高领导人，如政治领袖、政党领袖、宗教领袖、经济领袖、文化领袖，等。企业领袖指为企业发展指明方向、确定发展战略和设立奋斗目标并带领团队激励大家奋斗的人，例如一些公司大股东、董事长或者CEO、总裁、总经理等。

微领袖，这里指企业局部区域或者细分领域的负责人，跟随上司，带领下属遵循企业领袖的号令、贯彻落实执行领袖的意志者。遵守企业领袖倡导的价值观，在企业管理系统里运用适合团队的方式方法，鼓舞、引领、关心、肯定、否决、督导等，以便达成按企业总目标分解后的团队目标。职能负责人，如部门长、项目管理者、领班等都是微领袖，本书强调要晋职现场管理者，需要从微领袖素质开始学习训练。

我将多方强调的团队领导素质，定义为微领袖素质，具体内容是指敬业乐业，崇尚职业道德——灵魂，坚持原则以身作则的品德——基础，追求精益求精的工匠精神——核心，自觉自律积极上进的责任心——动力，遵循职业伦理塑造身心素质——根本。可帮助期望晋职现场管理者的工友，在工作过程中展现个人魅力、塑造良好形象。这也是职场发展更高的基本素质，不管到哪个级别都须在这个素质基础上再提升，不遵循这些或者缺乏部分内容，可能会出现多种问题。将微领袖素质内化于心，需要与同样想晋职现场管理者的同道，通过较多案例的相互交流讨论。

要让上司对你有比较全面的好感，才可能给你晋职。一些年轻人喜欢扮酷，或者把自己的优势弄得像尖刺一样，特别爱秀比别人强，就可能伤害到他人。上司没有好感是不可能晋升你的，谁会晋升一个没有好感的人作为现场管理者呢，你又不是十分难得的特殊技术人才。这个好感要传递给上司的上司，给上司的上司留下好印象才可能晋职成功。上司的上司与人力资源部门负责人决定晋升，这是最后决定晋职现场管理者的最权威决定，放在现场管理者模型顶部。

上司对你的好感，第一感觉是来自比较好的个人仪表与岗位现场形象，因此现场管理技术五常法 5S 是基础功夫，放在毕业生初期晋职六角模型的底部。更重要的是岗位表现，往往来自遵守基本规范，还能确保达成目标。

五级十步法

社会上许多班组长或者金牌店长培训班，他们主要培训班组长的管理技能。培训时很激动，培训完了学员回去也想行动，最后真的要行动的时候发现很多却动不了。因为做管理技能培训有一个暗含的前提，就是他们对所管理区域的，制造工艺技术流程或服务工作技术流程，是完全熟悉的。很不幸，事实上确实有不少人，对技术半懂半不懂，例如益阳肖刘表兄妹。没有弄懂全部的技术流程做管理，时不时出现技术理解困难，技术管理判断能力会受限制，甚至出现陷阱，而使工作陷入被动。我做过 52 个细分行业的企业管理顾问，每年都不断遇到这类亟须解决的问题。经过多年实践，归纳总结出技术流程学习训练的五级十步法。

第一级是懂得关键步骤，第一步找出关键步骤，第二步完全弄懂关键步骤；

第二级是理解全流程，第三步列出全流程，第四步理解透彻全流程；

第三级是熟练全流程，第五步熟练关键步骤，第六步熟练全流程步骤；

第四级是比较优劣，第七步获得竞争者流程，第八步与竞争者流程比较优劣，学习竞争对手长处；

第五级是优化创新，第九步优化工艺或流程，第十步创新工艺或流程。

只要懂得这个五级十步法，不管在什么细分行业，都可以使得技术流程的学习训练效率高，进步速度快。自我琢磨这个五级十步法进步较慢，要与同道共同讨论交流至少 5 个不同产品的工艺技术流程，才能真正领悟。

第四级和第五级，现场管理者是不容易全部做到的，一般的现场管理者能做到第六步就不错了。

它的基本原理是拆分！一个压力巨大的拳头拆开为手掌，再拆分为五根手指，每个手指再拆分成三节。一节一节去学习、一根根手指去学习了解，难度

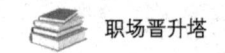

迅速降低，压力迅速减小。初中文化程度的农民工师傅，用这个方法，也能快速做到将现场基本技术流程全部理解，迅速提升现场技术流程判断能力。不管面对什么细分行业，运用这个方法都不会有太大的压力。聪明者用心训练甚至轻松面对，因为比该企业某些中层管理人员，更容易抓住核心要点，或对全部流程的管理判断更快更准。

现场处置能力

要想晋职现场管理者，必须有现场事件处置能力，否则，每天面临不时冒出的各种不协调问题，经常会感觉压力山大，所管辖范围也会混乱不已。系统管理能力比较差的企业，会有各种问题，例如，制度、流程、设备、来料时间或质量、协作单位、前后工序、自己范围里面的人员变动、人员不合拍甚至冲突等，这些琐碎小问题小障碍之类的事件，是防不胜防、无穷无尽的。最后都会毫无例外地在现场反映出来，在现场出现阻碍，都会导致现场工作不顺畅。工作任务要完成，管理目标要达成，各类现场突发事件，就都会考验现场管理者的处置能力。

不管出现任何异常，现场管理者都要竭尽全力，努力完成工作任务并达成管理目标，否则绩效考核的奖金立即泡汤，收入也会大减。所以，现场管理者对现场事件处置能力，就是要有促进工作任务完成并达成管理目标的能力。现场管理者是管理的最基层，往往面对突如其来、层出不穷，还可能是纠缠不清的一堆理不清、剪还乱的陈芝麻烂谷子的事，大多数时候年轻管理者难以控制情绪，或者因为幽默训练不足，直接硬碰硬发生冲突，结果琐碎小事件成为阻碍生产或服务的大问题。当然，如果能够控制住情绪，具备幽默能力，将激烈激动可能爆发的现场，迅速转变为安静交流讨论思考。还必须有协调与概念化的能力，协调各方衔接恰当，方能继续顺畅工作。形成概念的能力是指迅速抓住这个问题的本质核心，这样才能更快地解决问题，当然，需要有较全面收集资讯与分析问题原因的能力。不管发生什么现场事件，现场管理者必须尽快赶到现场，全面观察现场事件各要素的具体表现，辨析思考，然后有解决问题的能力。

现场管理者的现场事件处置能力，就集中表述为：

（1）促进工作任务完成并达成管理目标的能力。

（2）面对突发事件不能激化，控制情绪与幽默的能力。

（3）多方协调，快速抓住纷繁复杂事件本质的概念化能力。

（4）收集并筛选资讯，分析问题发生的根本原因的能力。

（5）观察、思考和找到解决问题方法的能力。

这些能力是首尾衔接的，解决问题，最后是为了促进工作任务完成并达成管理目标。

与同事共同讨论交流 15 种不同类型的现场异常事件处置方法后，可以较快提升现场事件处置能力。

十项管理技能

具备微领袖素质、懂得现场全部工作技术流程，有现场事件处置基本能力者，可培育成为现场管理者。

最后，再来谈现场管理者的十项管理技能：

一是微领袖角色认知，二是现场管理督导知识，三是现场管理技术五常法 5S，四是现场管理沟通与协调，五是工作计划与物料计划，六是 TPM 设备与工装管理，七是员工教育培训与冲突管理，八是标准化与质量管理，九是经济核算与绩效激励，十是现场管理者的自我提升。

社会上的一些宣传，把这些叫作卓越班组长或者金牌店长的十大管理技能。一些参加培训的班组长、店长、领班，还没有培训完这十项技能，甚至只培训三四项，就已经被晋升为所谓的主管了。曾经在广州、东莞、长沙都经历过多次，说明一些企业班组长、主管级的管理技能训练严重不足。

TPM 全称是 Total Productive Maintenance（全面生产维护），最高级认证为 WCM，全称是 World Class Manufacturing（世界级制造），现代制造越来越依靠设备，TPM 的核心是设备与工装夹具维护保养。

现场管理的基本要求是员工自我管理养成工商文明习惯，并使得自己日常工作效率符合要求、工作质量保证合格。对于要争取晋职现场管理者的基层工

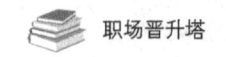

友、素养、能力与技术流程，必须自我达到较高要求，且总是表现出较高效率和质量完全合格，因此，在晋职预备时应凸显现场管理技能。

突破三重壁垒

微领袖素质，以品德、品格行得正而服人，还需具备现场突发事件处置能力，以能力服人。能力素质中的事件处置能力、微领袖素质不易直接从个体表面观察到，即个体晋职内部影响因素，需要通过对事件处置的表现过程与结果才能观察到，需要思考理解的间接观察。微领袖素质与现场突发事件处置能力，是在初次晋职时需要自我率先突破的壁垒。

在突破内生壁垒时，学习训练突破外生壁垒的工作技术流程和现场管理技能，需要在企业工作环境中"干中学"积累。

内生、外生壁垒突破后还需要突破层级壁垒，才能达成晋职加薪。按照模型通过 UBA 学园学习训练层级突破的素质能力，抓住机会让自己竞争取胜，首次成功晋职。一步抢先步步在前，晋职现场管理者，全家走出困境，稳定几年可能超越当前生活阶层。

不只是晋升现场管理者，职场任何一次层级突破的晋职加薪，都不是容易的，都需要再次突破三重壁垒。突破每一层级的三重壁垒，都是不太一样的艰难旅程。

模型运用效果显著

辅导毕业生按照此章两个模型预备。北部湾大学营销专业 2017 级一个广西贵港同学于 2020 年 12 月 7 日到广州 × 铺子某店实习，2021 年元旦就转正。另一个广西黄姚同学于 2020 年 12 月 21 日到深圳升学职业教育，2021 年 1 月 11 日转正。随后，三个月就初次双双晋职，贵港同学于 2021 年 4 月 1 日升为店长，黄姚同学于 2021 年 4 月 9 日晋职为销售领班。在 4 月中旬回校毕业论文答辩时已经晋职，这是突破。以前在企业辅导其他学校的几位毕业生最佳表现，是在 7 月 1 日其他毕业生转正时晋职现场管理者。还有许多毕业生的案例就不

——列举了。

内生、外生与层级三重壁垒的论述，来自论文《大学毕业生初次晋职隐性壁垒及其突破——一个四维模型分析框架》。论文选取的研究对象是大学毕业生。工友关系和上司好感，当时没放进模型，在论文最后部分作了说明。对论文研究有兴趣的，可以在公众号"梯职路"查看。

第三节　如何预备上中层

一个有趣的现象，我遇见了八次。

我签了企业管理顾问合约后，先从中层管理者培训开始，当发现现场管理者执行力弱，就往下培训现场管理者——领班、班组长。有趣的是，现场管理者十项管理技能才培训三四项，再一次培训时，部分人已经升为主管了。主管技能四项，培训完两项，就已经升为经理了。更让我惊讶的是，竟然有位来自四川的优秀主管，就凭三项主管知识技能，跳槽去同样规模的企业做总监了。当然，半年就乏力，干不下去了，再来找我。这些在不同的行业都有发生，说明不少行业里的企业中层主管、经理与总监，并不具备对应层级的管理技能，确实是严重缺乏针对性的执行力训练。

为什么在现场管理者这一章，讲预备上中层呢，源自我的发现：懂得上司主管怎么做事的一些知识和技能大致内容，方能紧跟着上司步伐，才能做稳固自己的现场管理者职位。当然，对上司工作理解的人，会把自己现场管理者的工作做得轻松。其他更高职位没有现场管理者这么明显，也同样需要懂得上司的工作职责和压力，才能完全明白上司意图，才能坐稳自己的职位。

许多公司的高管和中层想得很清楚，说得蛮好听，可是，最后做得不太行。为什么？因为最后操作干活的，是现场管理者带领的基层人员。现场管理者与中层管理者没有很好地沟通对接，导致基层干活人员与中高层所思所想脱节。中层发现基层做事不大对路，就可能运用管理权力去阻止、训斥。阻止了这一次，下一次呢？训斥多了，现场管理者吓怕了、学乖了，就事事请示后才

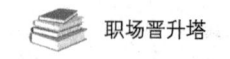

做。中层就得帮基层的现场管理者思考，帮他做事即帮他挣钱。您只要仔细观察，就会发现这些让人笑话的事情经常发生。

许多中层正确的做法是培训现场管理者，让他们理解透彻直接上司中层主管工作的要求，懂得部分主管工作的知识方法。只有他们理解了，才可能主动自觉跟着走。

许多现场管理者总是站在下属兄弟姐妹的立场上考虑问题，一旦有压力时，与上司有意无意地对抗，企图以此维护自己班组团伙的利益，不懂得站在公司发展立场考虑问题。应当知道自己是公司任命的现场管理者，大致懂得上司做主管所需要的一些知识和方法，就会跟着上司站在企业发展立场上，维护自己班组团队的利益，这样更容易维护成功。

现场管理者工作优秀，有发展潜力，就应该预备再冲上中层，较快踏上中产阶层生活的台阶。在基层工作待遇较低，要积累很长时间，可能十几二十年才有中产阶层生活。

预备上中层

冲上中层的预备内容，大致有六个方面。

第一，知道主管的角色，是其上司中层经理的替身之一。当然，要先明白自己做现场管理者是上司主管的替身之一。

第二，主管是公司的职位，明白现场管理者也是公司的职位，应该站在达成公司目标——上司目标的立场上来分配下属工作，站在公司立场上维护下属利益，容易成功。如果是站在自己个人立场或者下属立场来维护下属利益，很难成功。

第三，学会站在现场管理者位置，与代表公司的上司沟通，而不是总站在下属员工立场去与自己的上司沟通。

第四，明白上司对企业制度与文化的解释方式，紧跟着把制度执行到位，把企业文化宣传到位；懂得管理程序流程有哪些要求，并如何全面执行到位。任何一个班组长带领的下属没有执行到位，都是上司没做到位——上司要承担这个管理责任的。

第五，理解上司的压力，尽全力在自己班组为上司减压。

第六，跟着上司学习训练，快速进步。

这样，才能更好地把现场管理者——这个微领袖的八个角色定位做到位：上级决策的执行者，团队的引领者，团队管理的组织者，团队制度的规范者，员工心态的塑造者，员工技能的辅导者，横向管理的协调者，企业文化的传承者。

文员发展路径

文科毕业生，去到企业第一份工作，大多数是做类似文员的工作。许多人不懂文员职业发展路径，不去应聘，企业就改叫管理助理、管理培训生、储备干部等想象空间大的职位名称，实质内容及待遇与文员相同。做文员时，也别乱跳槽，害人害己。

这里简述一下企业文员的职业发展路径。

文员是什么？是部门工作效率的润滑剂，部门长的"手脚加长器"。文员要理解所服务主官的性格，并顺应所服务主官的风格，否则尴尬难受。需要EQ（情商），女性文员还可以运用第六感。有个初中文化的文员小赖，来自江西萍乡，干了一年多。我给她的工作指令都是英文，她的英文实在艰辛，是连蒙带猜的，但跨国公司的内部通信、邮件交流只能用英文，她靠的是努力勤奋加第六感，一年多来她从没出过差错。

文职可以干一辈子！品质大师戴明的助理，一直做到80岁。

也可以走下面三种职业发展路径，都可以升上中层甚至高层，三种路径分别是文职幕僚、管理、技术：

文员→专员→秘书→助理→私人助理。私人助理是高级经理级别，有些公司甚至到达助理总监级。

文员→专员→助理主管或助理工程师→主管或工程师→高级主管或高级工程师→经理或资深高工→总监或首席工艺师或首席工程师→副总裁或总工程师。

愿意做幕僚工作的，就继续在文秘这条路上发展。秘书、助理等，就需要有"向上管理，对下负责"的心态和技巧。一般人只是向上负责，对下管理。

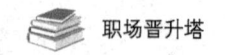

了解部门职责、懂得部门组织架构里的人，还要熟悉管理程序与作业手册，逐步搞明白部门绩效考核的关键绩效指标 KPI，不断积累，学会部门里的常见问题的改善措施，与关联部门协作，就可以转向助理主管走上管理通道的职业发展路径。

喜欢学习钻研技术的人，可以走技术通道的职业发展路径。

协作使我们在公司里增值。要学会文员之间的协作，厘清文件管理的体制和文件体系，要与技术管理人员相互协作。

不管什么岗位，帮到上司是分内职责，一年出色辅助上司 1500 次，尽量寻找机会帮助上司，不应等到上司叫你。工作出色了，至少是很熟练了，再请上司帮助指导你的职业发展。

文秘人员，需要帮助上司管理"自我约会时间"，即处理例行琐事——在各种报表文件等签字、审核通过。

清朝年间，太平天国运动时期，一个江浙官员潘祖荫给皇帝上奏折："中国不可一日无湖南、湖南不可一日无宗棠"。皇上让吏部查宗棠是什么官职，结果发现湖南官员名册里没有这个名字。问询后才弄明白，左宗棠是为巡护抄写布告的笔墨文员。

我们知道的左宗棠——湖南的伟大文员，是晚清重臣，军事家、政治家、著名湘军将领，洋务派首领。左宗棠少时屡试不第，转而留意农事，遍读群书，钻研舆地、兵法。后竟因此成为清朝后期著名大臣，官至东阁大学士、军机大臣，封二等恪靖侯。一生经历了很多重要历史事件。

工余时间，多学习和训练技能。学习左宗棠遍读群书，遍交挚友，有坚定志向的文员，完全可以成长为职场精英。

塑造个人品牌

美国管理学大师汤姆·彼得斯说：21 世纪的工作生存法则，就是建立个人品牌。与年龄无关、与职位无关，与我们偶然进入的行业无关，我们每一个人都必须认识到塑造品牌的重要性。

在资源集中时代，个人品牌只是适用于精英，因为讲究基因、血统，在网络时代，浅品牌来得快，个人品牌适用于所有细分区域追求成功的精英。21世纪最重要的竞争是对人才的竞争，对于个人，就是个人品牌的竞争。

个人品牌给自己定位，是对他人的广告，也是对他人的报价——定价权。个人品牌可以职场定价。职场不为你定义什么是成功，是你自己在定义什么是职场成功。职场个人品牌给予自己特定的价值观和志向。

施隆光博士认为个人职场目标有三个阶段。如何在工作中稳坐钓鱼台，如何在职业发展中脱颖而出，如何使自己的事业逐步阶段性成功。答案就是建立个人品牌，也可以叫作金领法则。

个人品牌功能有识别功能——展现你的个人核心竞争力；信息功能——某个特征的象征；促销功能——受益者转介绍；信赖感与价值功能——变现能力。

个人品牌是成功的身份证。是人脉资源变现的桥梁——斯坦福研究中心研究结果：赚钱能力是12.5%知识加87.5%人脉；是事业成功的信用卡——专业形象是成功的基石、执行能力是成功的载体、名人效应是成功的标志。光环随身、气场十足。个人品牌精神标识：人格魅力！在特定情况下，可让人感受其"气场镇压"。

社会资本是精英人士的成功利器，构建和维护社会资本是有成本的。一个人能否成功，不在于你知道什么，关键在于你认识谁、谁认识你。人脉是通往财富、成功的入场券。人脉如同金钱，需要储蓄积累，需要管理增值。专业是刀柄，人脉是利刃。

个人品牌标识符号是与众不同的记忆点，出类拔萃且有某方面的顶尖思维，始终如一地能够解决某类问题。个人品牌形象标识：大部分人没有时间去了解你，所以，第一印象极其重要！

首因效应第一印象就是效率，即经济效益。别人对你第一印象好，你才有可能开始第二步；如果你给人留下不良的第一印象，很多情况下，人们相信第一印象基本上是准确无误。发型、服饰、妆容、发音、字迹、言谈举止、表情姿势、成功的形象，都是展示出尊重、礼貌的一种外在辅助工具，让你对自己的言行有更高的要求，能够唤起你内在的优良素质，通过你的穿着、微笑、目光接触、握手，一举一动，让你浑身都散发出一个成功者的魅力。

个人品牌定位是要成为什么样的人，如何成为那样的人——试填《人生顶

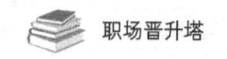

层设计表》，还要懂得实现人生设计的方法步骤，学习训练层级突破的素质能力。个人品牌在职场层级突破过程中，也需要逐层提升。

施博士认为塑造个人品牌的基础条件是智商（IQ）——广度决定宽度，必要条件是情商（EQ）——长度决定力度，充分条件是德商（MQ）——深度决定高度。

个人品牌定位策略与个人品牌塑造方法，当然要针对性测试、策划，跟着导师专门学习训练。UBA学园可以提供，这里只能给出一些基本概念与重点内容。

上司不愿晋升的七类人

有这么七类人，表面上看起来很聪明能干，不少同事认为他们忒有面子，还以为他们工作干得好很快会晋职。实际上，所有精明的上司只愿意表扬他们，而都不愿意给这些人晋职。

第一类，投机取巧者

东莞长安镇一个大型电子企业的品质部，有一个湘南老家的设备维护保养初级工程师小周。工作日，小周每天都会去他的经理面前晃悠一次。按他吃夜宵时跟其他同事的说法，是让比他高三级的经理经常看到他，才不会忘记他经常在做事。

有没有做事，是要每天到比自己高三个级别的上司面前去晃悠吗？而不是实质的工作业绩数据吗？

他的这种做法，让直接上司认为他不可靠。因为他的工作，直接上司说一遍他一般只做到六七成，说第二遍才能完成。后来他的直接上司就劝他找模具厂的工作，因为他常说他工资不够高。而模具企业的技术人员工资，确实要比电子企业高些。他的直接上司和经理，还帮他润色了工作简历。

经过两个多月的努力，他也真的面试上了深圳沙井镇模具企业的样品试验工程师，试用期工资就增加了20%。可是好景不长，差三天才满一个月。有一天，他拿着所有行李，包括漱口杯子、晒衣架子都背着提着，星期六天黑前跑来东莞长安找他原来的直接上司。问他原因，他说肚子痛，要回家休息一段时间。他也实在不太会撒谎。哪有肚子痛就要回家休息一段时间的，更不用说把所有行李全部搬来，放在上司租房的阳台上储存。住了一晚之后，第二天早上，上司打了早餐跟他一起吃时，慢慢地问他。原来他被那边上司技术部经理在中午下班前威胁，感觉不妙，未吃午饭，吓得卷上铺盖自己跑掉了。被威胁的原因是"涂黑"。

星期六上午11点，那边技术部经理接到客户的电话：三件样品有一件冷热循环后褪色成了白色，直言他们的产品质量不行！公司一个大订单可能没希望了，技术部经理被这个客户的电话吓得发抖，职位不保啊。经理追问担任样品试验工程师的他，得知真相后，经理气得两眼发红、青筋暴露，举起拳头扬言要揍扁他。

原来，他星期四上午接到工作指令，需要组装三件样品，下午快递寄给客户做试验。要求三件黑色样品，可是他缺一件黑色外壳，需要出门走过三个路口去买。天气太热，他不想走出门。于是，小农意识浓厚的他，想出了一个"聪明办法"，用黑色油墨笔将一个白色的外壳涂黑。"涂黑"经不起冷热循环而褪色。

为什么他东莞的直接上司和经理，还帮他润色了工作简历呢，也是希望他赶紧找到工作离开，送走瘟神。因为他工作中经常投机取巧，弄得他们两个都难堪。只说一个例子：生产部反映一台测试仪器不能工作了，他搬去一台替换。原来那台仪器他懒得带回来，就放在旁边。影响生产，生产主管跟他说了，他还是懒得带回来，就把仪器放到生产线的工作台下。结果还是影响生产，生产经理再跟他说，他就搬到另外一个工作台下，还是懒得带回来。生产部的香港经理很生气，跑过来找他的经理。他的经理叫上他的主管，带上他一起去把那台仪器拎回来。他经常在低级别同事面前表现一些小聪明，还有意无意，说他跟经理是很亲密的老乡。实际上，他的经理很怕他这种投机取巧，因为这种投机取巧会祸害经理的职位。还常说工资不够高，想晋职。不想通过努力层级突破提高三重资本，只埋怨待遇不高，工作投机取巧。谁敢给这种人晋职？

第二类，偷工减料者

维修汽车，多出六个螺杆、螺帽，竟然都没给拧上去，说照样牢固还省事！安全是不是存在隐患？不然，设计那么多紧固件干什么呢？这种效率高，来自偷工减料，且实际上是在埋雷。不只是偷懒，有些人想通过这种偷工减料来投机取巧，是为了比竞争者高一点效率，在上司面前，表现出工作效率超出竞争对手。想一次次在上司们面前积累好印象，把竞争对手比下去，得到晋职加薪机会，出此恶行。当然多出来的螺杆、螺帽，恶行者会藏起来。

汽车维修，这是我碰到的安全极端案例。在服务行业、在制造行业都有在对客户服务和制造工艺方面偷工减料的人，有些只是偷懒。而那些想用偷工减料来超出竞争对手的人，往往是徒劳无功，还会被精明的上司在调查出真相后，给予严肃的警告。

投机取巧者易偷工减料，因为他们总想四两拨千斤，以小投入得到大回报。他们把扎扎实实、兢兢业业用心工作，当作笨、不聪明。而"偷工减料的聪明人"，迟早会坏事，没人敢给他们晋职。

第三类，四处表功者

看似有意无意，在同事间说起他多么努力、多么用心才把某件事情搞好，或者他们干出了什么有趣的事情，真实意图是想告诉大家，他们有功劳于部门和公司。他们内心的想法是，我这么用心努力，干出了这么多有意义的事情，积累了这么多的功劳，上司一定会认可、会牢记在心的，一定会重用我的。还有，就是告诉其他同事，不要跟我争，我比你们表现好，看看我说出来的这些漂亮事情。把自己嘴上说出来的漂亮事情，当作自己做出来的，期望慢慢地在竞争中占上风。

实际上，这类人往往夸大事实，所谓的功劳只是他的工作职责应该完成的内容。往往这类人的能力和水平都一般，完成工作任务已经竭尽全力，感到累了。把某一件事做得相对较好，因为很累就认为自己非常优秀了。表功了大半年后，一般会感觉到很受委屈，因为还是没有被重用，更没有晋职加薪的机会。

上司心里明镜似的，这些人能力、水平与为人都太一般。当然对按时完成工作的会给予肯定，但这类人需要督导和指导，才能防止偷懒而全部完成工作。只做表现给领导看的事情，领导没看到时，领导不能到现场督查时，根本不放心。这类人不具备发展潜力，没有层级突破的素质能力训练，无法突破自己，只在嘴上表功做假想突破，所以这类人没有多少可以得到晋职机会。

第四类，占便宜或耍小聪明

占便宜或耍小聪明的人是经常有的，我们小时候在乡村也多多少少是见过的。但是把这些带到企业工作过程中，会让人感到非常不舒服。有时候在完成工作任务的过程中，或者是在工作结果的业绩上面，占便宜就是偷懒，或者搭便车蹭别人的功劳，再耍小聪明就是摘取、窃取他人劳动果实。

一个姓肖的过程控制工程师，总是有意无意在各个同事的办公位那里坐一坐、聊一聊。满面笑容过来，奉承同事几句，询问最近在忙什么？还表示能不能够帮一下手？那么诚恳。当然各位同事都会跟他说一些工作内容。他转身就会去上司那里报告，他已经分别询问各位同事在干什么工作了。意思是，他在努力思考，他在用心安排，他在为上司减轻压力、积累劳动成果。实际上他这类人专业水平不高，所以才会用尽心机，耍这种小聪明来占便宜，蹭成果，有时是窃取工友成果，套取他人功劳，还恶意压制工友。实质上他是担心自己的位置不稳，却又特别想晋职的矛盾体。

四五个月以后，就有三位同事察觉到，但上司还没有察觉到。这三位同事依然告诉他自己做了什么，通常他得到几句消息也就走了，说不打扰。实际上，这三位同事还没说完，只说了前面做了什么。而前面试验做出的结果是不对的，还有个"但是"没跟他说呢，他就走了。他又去上司那里报告了。上司打电话问这三个同事，发现他在胡扯。

他贪功，是想冒进，想晋职都想疯了，缺乏专业能力。而积累专业能力，可是需要长时间下真功夫，耍小聪明来占便宜的人，是不肯下真功夫的。只愿意耍小聪明，窃取他人成果。后来他自己创业，赚得一些小钱，怎么也做不起来，业内人人防着他。

第五类，越级报告者

一些想晋职都想疯了的人，认为上司是帮不了他们的，得找上司的上司了。于是就想办法"接天线"。认为自己做得不错了，越级报告给上司的上司。

他们没有接受过培训，不明白越级不是报告，是属于申诉了。越级报告，也就类似是对你上司的投诉。

上司不一定能帮到你晋职加薪，但上司一定可以阻止你。对原上司要有礼貌，就像社会上调侃说的，老上级不一定能帮你晋升，但是他们可以阻止你晋升。越级报告是犯禁忌的！

偶尔上司同意，可以越级报告。那是与上司已经说好了，你代替上司去报告这件事。

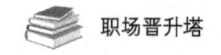

第六类，势利眼

无利可图的事，或者是比较麻烦的事情，就装作没看见，或者想法子避开。有利可图的，削尖脑袋往前挤进去，想尽法子蹭一下成绩。极端地偷懒耍小聪明，趋利避害、避重就轻，是这类人的特点。这类人会尽量在上司面前表功，而并不会真正用心为上司为同事排忧解难。

经过较长一段时间的观察，这类人是能被看出来的。

这类人的极端就是势利小人，是非常令人讨厌的。势利小人还有个特点，就是通常在背后说人闲话。见过两三次那种二愣子，竟然当着上司的面说上司的闲话，可能是说惯了，刹不住嘴。

往往这些人难以得到晋职，他们就会认为上司没有得到他们的好处。然后他们就去送礼，甚至公开说要请客。还有要给上司送红包的，更令人反感。

第七类，闷葫芦

闷葫芦这类人认为自己是老实人，或者说自己是实干家！认为自己特别愿意干，也特别能干。认为自己会干不会说——说自己不爱嘴上表功，吃亏。还有，能够用口语当面说，但写不出来，认为自己不会打报告表功。

真的会干的人，说不清自己怎么干的吗？真的能够说得清楚的人，写不出来吗？假的，天知道他们是怎么干的！语文水平差，逻辑能力弱，真能够把复杂工作干得很好？闷葫芦，不喜欢交流探讨，一般是自己捣鼓自己玩，不适合做复杂技术，更不适合做技术管理。

总之，三十多年来见到的各种各样谋求晋职加薪的不良表现，归纳起来大致就是这七类人，究其根源还是小农意识浓厚。小农意识阻碍个人现代化，阻碍家庭的现代化。

这七类人越是表现到极端，他们就越容易被上司和上司的上司一起来想办法让他们离开。很难得到晋职加薪，因为上司们怕这些人破坏团队的工作作风。

第三篇

三级中产阶层

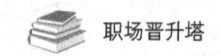

企业中层管理三级，大致可以对应三级中产阶层，当然，一些小微企业的高管也是把自己算在中产里面的，因为他们也类似于较大规模企业的中层经理或总监层。

进城工找到一份工作稳定后，再工作一段时间晋职成为现场管理者，如领班、初级工程师组长、小店店长等，在与工友同事交流的畅想过程中，或快或慢地有不少进城工就会羡慕中产阶层的生活。一些工友会把中产生活，当成个人和家庭现代化的目标，而努力奋斗。本书第三篇，为进城工里的这些有发展潜力的努力奋斗者，达成个人和家庭现代化的中产生活目标，提供职业发展到中层的参考知识模型。

进城打拼多年，成为规模企业的中层，确实是会过上中产阶层的生活。冲上中层，远离贫困，是许多进城工的梦想。壮大中产阶层，形成现代化国家的中间大两头小的橄榄形社会结构，是国家崛起不可阻挡的潮流，一定要顺潮而行成为中产阶层。顺潮而行以致远，逆流而上显担当，规模企业管理中层，是企业的中流砥柱，是通向高管的必经之路。

技术管理中层，意思是在基层之上、高层之下的懂技术做管理的中间层。小微企业老板直接管到基层，不需要中层，比较有规模的企业才会有中层，比较大规模的企业，中层分三级，一般叫主管、经理、总监，这是英美企业的习惯。日资台资企业，以前叫科文、课长、副理，现在似乎也有叫科长、部长、协理。苏联体系以前叫科长、处长或主任，现在似乎叫作主管、部长或主任的多。日资台资俄系都明显有往英美主管、经理、总监称呼靠近的趋势。湖南、湖北、贵州等地的机电行业，一些企业习惯称呼是主管、部长、总监。巨型企业，中层远超过三级。

执行力不强的中层，可能被基层往上顶住，被高层往下压住，执行力弱的可能会被上顶下压而挤瘪，就是真正的中间夹心层。如果麻烦往上报，困难往下压，瞒上欺下混日子还耍点派头，多搞几次，可能中层的位置干不稳，很难混到中产阶层的生活。

怎么做开心层呢？不断参加学习训练成长，为下属提供技术管理服务，使得所管理范围工作顺畅、下属成长，受尊重开心；为高层减压，表现出很强的技术管理执行力，受表扬开心。思路有上层引导，还时不时为上司出些奇思妙想的主意。工作任务呢，培育出得力能干的下属跑腿，开心表扬下属的进步。干得好的中层，是往内求幸福，还真的蛮舒服，这方面我有十年经历。

夹心层多，开心层少，是现实中常见的现象。夹心层往往怪下属素质低，怪上司乱指挥，职场活成夹心层的少数人，甚至说上司水平差、乱指挥，绝对不承认是自己水平差、混日子。夹心层是在归罪于外，往外求幸福，难成功。夹心层们往往不懂所在层级的特征和要求，更不知道有知识模型可以参照学习训练，认为自己有几点长处就够了。有些还拿自己的强处比别人的弱点，沾沾自喜，一旦碰到困难，就怨声载道。

企业中层价值在于执行力

上面的困难往下压，下面的困难往上捅。缺乏执行力的中层，只是个传声筒，不大受尊重。

企业里技术管理的中层，价值在于执行力。

我想问，怎样的企业里还有非技术管理的中层呢？以前行政后勤没有特别的技术，现在也是有多项技术管理，比如电工、垃圾压缩清运、门禁与食堂宿舍，多数都运用专业技术管理。其他职能部门，更不用说了。

什么是执行力？一个形象的说法是企业领袖挥出的手发出的号令，要能够落实到基层作业人员的手指头上，中间不能失真变样，要恰当运用管理工具与方法进行具象，指引基层具体作业。其实，最朴素的理解是，中层主管、经理（部长）、总监各人把自己岗位上的事情，带领团队成员完全做到位，并按流程相互配合，达成公司目标，这样的中层执行力一定很强。

企业经营管理，一分部署九分落实。中层管理执行力，是规模企业盈利的这个"九分"！得力的中层是企业财富创造的中坚力量，会让高管与企业领袖

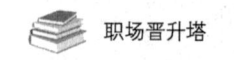

更有底气，带领企业冲向行业顶峰、冲向全球。

中层管理内容繁多，各种研究文献有许多种说法，有说22项、30项的，整理归类，包含在六个方面特征，分成三个维度，容易理解和记忆：管理、技术、人际。

首先是管理方面，包含两大特征，一是管理制度和企业文化（图3-1，左上1）。管理制度是最高层次的管理工具，是企业内部全体成员共事合作的基本规则，是企业软性文化的刚性体现。完全执行到位的管理制度，对企业内部所有人都有规范作用。二是管理技能（图3-1，左下6），中层管理技能明显不同于基层和高层。规模较大的企业的中层分为主管、经理、总监三级，每一级的管理技能各有针对性的四项。

其次是技术方面，主要涉及管理程序和工艺技术或工作技术流程（图3-1，右上3和右下4）的相关内容。

最后是人际关系方面，主要关注上下级沟通和家庭、职能人脉的建立（图3-1，上方2和下方5）。

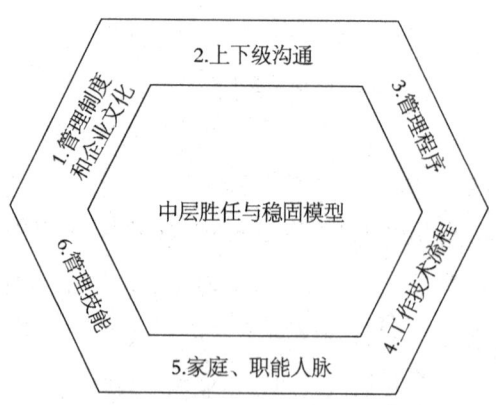

图3-1　企业管理中层胜任与稳固模型

大多数企业的中层主管、经理、总监，并没有受到良好系统的针对性执行力训练，一些中小企业的主管、经理、总监级别，几乎是按照与高管相近的程度、配合默契的程度来安排职级的。比拼的是与高管或老板的亲密度，于是某些企业的所谓管理执行力，有时就成了奉承谄媚的表演，极个别的偶尔表演得如同金庸小说中的"星宿派",阿谀吹捧到了恬不知耻的程度。我对这些现象的理解是,这些执行力弱的中层,是为了生存——保位置挣待遇。

当然,上有所好,否则,这种现象不可能存在。需要身边人每天呼喊法力无边的春秋老怪,创立的"星宿派",从上至下都特别过分地吹捧谄媚、阿谀奉承。武侠小说宗师金庸博士,在《天龙八部》中虚拟出这个极端歹毒且遭手下人过分吹捧的无耻教派,是现实社会中的影子,少数企业有时候也较明显。

按照与高管亲密度安排的主管、经理、总监,多数并不知道三中层之间的差别。特别是总监,至少五六次,有企业的职能"总监"告诉我,他们就是这个职能的总监督,我有两次跟他们开玩笑说,不是"总太监"吧。

中层主管通常是按照现有制度和流程带领下属,勤勤恳恳,保证全部完成任务,并达成管理目标。这就是合格的中层主管。能够有计划地开展工作,在责任范围内,现场出现的各种突发小事件都能够处置妥当,有丰富的经验还积极主动的,有时候会晋级为高级主管或者资深主管。

中层主管按照现有规则,还是不能解决的问题,就该经理出面了。经理需要处理按现有管理制度、程序流程解决的运行阻碍。如果超出日常运行维护的能力,就要创造性地解决问题。因此,有承担职责需要的某些权力,当然,待遇也是不错的。

总监为什么会被理解为总监督?来自导演Director,翻译成总监不是很贴切。整个社会已经用了40余年,我们就不讨论更改了。总监应该是获得行业前沿知识理念,对高层经营管理目的要有战略领会能力,能够带领下属团队不断提升执行力,并为企业积累智力资产,努力创造或者维护某项竞争优势的人。

对应这三级企业管理中层的中产阶层生活质量,可能是有些差别的。企业规模越大,收入差别相对越大。要实现向上的每一个层级晋职,都需要内生、外生壁垒突破后还必须突破层级壁垒,大企业的中层晋职难度也会更大。

中层主管、经理与总监,由外到内的企业管理中层三级胜任与稳固模型如图3-2所示。

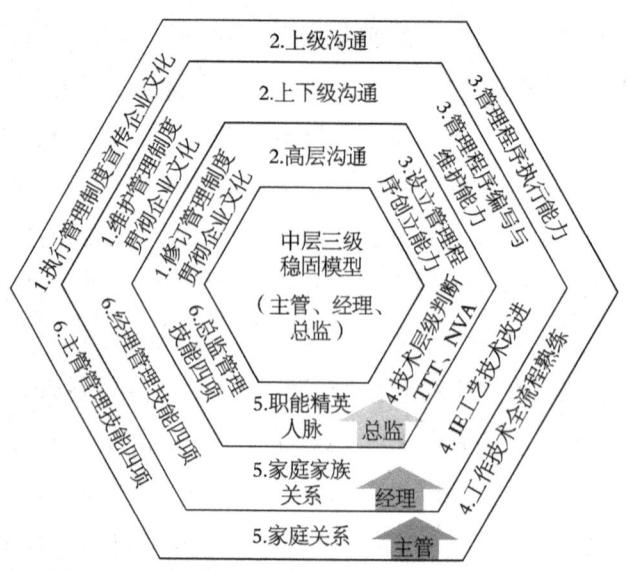

图 3-2　企业管理中层三级胜任与稳固模型

企业中层管理，三个层级的六方面特征内容，下面分别进行对比及简单说明。为便于理解和分辨，主要分析不同层级在同一能力上，应具备和掌握的具体内容。

首先看管理方面，对于中层主管来说，必须熟悉与工作相关联的全部管理制度，需要忠实地完全执行管理制度、向自己部门每一个职工宣传企业文化。对于中层经理，要有能力营造氛围以维护公司管理制度，倡导自主遵守和维护制度，主动贯彻企业文化，发现偏向，立即纠正。对于中层总监来说，面对团队惰性习惯，要创新性贯彻企业文化以发挥出某方面的特别优势；面对行业环境的变化，要有能力及时修订调整企业管理制度。

关于管理技能四项，中层主管主要是指督导管理、中层角色认知、中层沟通与内部谈判、中层时间管理。中层经理的管理技能四项，主要是指目标管理与非财（把公司年度经营财务指标，分解为各职能的阶段目标指标）、绩效管理、中层激励、非人（非人力资源经理的人力资源管理）。中层总监的管理技能四项，主要是指团队、授权与教练、企业智力资产积累、领导艺术。目前，许多顶着总监头衔的人，经理管理技能都不大具备，甚至主管技能也未完整训练或不熟练，因此，工作压力大是正常的。

其次是技术方面，主要涉及管理程序和工艺技术的相关内容。

关于管理程序，中层主管级需要具备管理程序并完全执行到位的能力。中层经理级，要有管理程序编写能力与维护能力，根据执行管理程序中出现的问题，与关联部门讨论确定后编写出程序，坚决维护管理程序流程的要求，即全部执行到位。中层总监级，在需要时能够创立全新管理程序。

关于工艺技术，中层主管级要熟悉工作技术全流程，保证运行顺畅，抓住各流程关键点并熟练掌握操作要点。中层经理级，要懂得IE（Industrial Engineering，工业工程），配合降本增效，有工艺技术较大改进能力。要能够处理出现的异常，使得技术管理流程恢复运行顺畅。中层总监级能对行业技术趋势、企业技术层级作出正确判断，能做TTT（Training the Trainer to Train，培训内部培训师）、去除NVA（Non Value Added，非增值工序），有竞争优势使业绩突出。中层总监，需要有能力培训中层经理及中层主管，季度或年度检讨NVA，去掉没有附加价值的工序。这些都不是很容易做到的工作。

最后是人际关系方面，主要涉及沟通和人脉的建立。

中层主管级，由现场管理者晋职而来，对下级熟悉，晋职初期沟通障碍主要是与上级沟通，要能够理解上级的工作压力，学会如何向上级汇报工作、交流讨论问题。中层经理级，除了与上级沟通，还包括与下级的沟通，向上要学会如何有效汇报工作，向下要学会如何有效安排和指导工作，协调好上下级的沟通有助于业绩稳定。中层总监级，晋职初期沟通障碍主要是与高层沟通，理解战略意图。总监要能培育团队，并不断增强执行力。

人脉拓展，人际关系处理方面，对于婚配年龄的中层主管，主要是家庭关系尤其是恋爱双方关系的处理，不要影响工作和晋职。家庭关系，主要是夫妻、子女、父母辈、兄弟姐妹。对于中层经理级，还要处理好家族关系，不少经理人员被家族成员拖累。对于中层总监级，则主要在于结交更多职场精英人脉，扩大自己的工作人脉圈。

中层管理的价值在于执行力，三层六角模型便是中层执行力的全方位整体架构，分别是中层的主管、经理、总监三层职级的管理、技术、人际三个维度应当具备的执行能力。这些来自二十多年企业管理顾问的实践总结，又能指导实践。

第五章

冲上中层主管

为什么叫冲上中层主管，而不是升上中层？因为在管理顾问经验中，大部分基层管理者年轻，知识与见识不充足，基层做过多个岗位，经历不少但硬核经验不够，对于晋职中层主管职位，内心是有一些惧怕的，导致有部分人内心不敢往上冲。

　　一些人不愿往上升，是因为见到自己公司的某些主管，常常被经理或更高级管理者训斥，感到委屈；被下属埋怨还是感到委屈。这些公司往往管理层的氛围不大好，压力下容易高声训人。这类企业，制度与流程水平不高还有较多或较大漏洞，管理技能训练不够，管理方法欠缺。最高层不一定有能力察觉漏洞，察觉到也不一定有能力调整和修改。这类企业数量可不少，一些人不愿在这类企业往上升，但是会练习成长，准备跳槽。

　　早些年，有些基层员工说，升官要会骂人，所以不想升。他们竟然把企业里的主管、经理叫作"官"，小农意识里的官本位影响实在深刻而久远。实际上，没有多少班组长、主管、经理是无缘无故骂人的，只有在某些员工将事情弄得不可收拾时，被气得急火攻心时才会爆粗口。某些员工自恃聪明，投机取巧偷工减料，自我决定更改某些作业，不报告。更改后不对劲了又再改，想糊弄过去，结果搞得更糟糕，直到无法收拾，才不得不让上司知晓——需要上司来收拾烂摊子。这时，半数年轻上司会被惊吓到、气糊涂，因为可能饭碗不保。自己瞎搞，可能搞砸上司饭碗，却怪上司爆粗口骂人，还瞎说"升官"要会骂人。这种认知水平不改变，是不大可能冲得上去的。

　　一些人惧怕往上冲，是内心对上一个层级的要求没底。实际上某些现场管理者的素质能力是很不错的，但是，由于不知道上一个层级要预备什么内容、达成什么样的水平层次才能胜任主管，不知道具体怎么去预备，不懂如何学习训练突破到中层主管的素质能力，所以，不敢说出来。还有人说，想都不敢想，因为根本不知道怎么去想，严重缺乏这方面知识。哪怕是有着中层主管的中产阶级生活的收入与强力荣誉激励，现场管理者也只能向往，不敢努力争取。

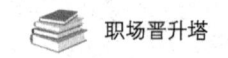

在长沙贺龙体育场南门前面的酒店十楼，运营总监和生产副总的培训班上，一个生产制造总监很郁闷地说，怎么我的好几个班组长认为，他们这辈子做到现在这个样，管理一个班组现场的职位就很不错了。他感到郁闷：为什么他们不思进取？不管行不行，也要冲一冲再说啊，为什么他们就没有勇气去冲一冲呢？

后来与他们班组长交流，了解到他们好几个"内心里"都冲过许多次，表现出来的也冲过两三次。但是，都失败得灰头土脸，挫败感太强，不敢再冲了。因为不知道到底要学习训练什么内容，如何训练，要训练到什么程度才具备主管胜任力。

在我二十多年的企业管理顾问中，也遇到过许多青年工友，摇头，不敢冲。可是，告诉他们合格主管的各项要求后，特别是给他们看过这个主管胜任与稳固模型，并进行了半小时的讲解作为全局性整体性指引，再耐心回答他们的一些疑问之后，他们就有勇气了。不懂的未知的东西，当然是可怕的；见识到了，懂了也就有勇气了。不再只是向往，就敢于努力争取了。正所谓眼界决定境界，定位决定地位，思路决定出路，想法决定做法。水往低处流，人往高处走，知道怎么往上冲了，自然敢冲。

主管的六个特征，现场管理者们多多少少都会知道一些内容，但不会这么清楚地构建成为一个稳固模型。就是说不能把零散得像珍珠一样的宝贵中层管理知识、技能点，逻辑地串成均匀恰当的一串漂亮珍珠项链——中层主管必须具备的素质技能的整体结构图，而构造出这个稳固的六角模型，并说明构造原理和应用方法，不是一般人愿意花时间花精力，或者说有足够经验和能力就可以做到的。这是正常现象，绝大多数人见不到这个模型，见到的能够学会、运用，使得自己有追求层级突破、晋职加薪的勇气或坚定信心就很不错了，毕竟还需要"UBA 学园"训练。

绝对不可以要求一般工友构建出理论模型，为全社会贡献出新知识，这一般是博士教授、学者们才该干的活儿。

但是，博士教授、学者们大多都在研究全国的、全省的、某个区域的事，或者研究老板怎么赚钱、企业怎么赚钱。2003 年至 2005 年，那三年我在广东、湖南找过十几个大学的教师、好几个研究所、研究院的研究人员，去请教"个人如何打工成功的研究方法与成果"，发现没有人研究我们进城工个人在职场如何打工能成功，我才自己抽时间去读博士、专注做研究、发表论文，并出版专著。从那时开启研究，就没停过。

第一节　主管素质能力案例

现场管理者、技术员或初级工程师熟练半年之后，有发展潜力者，就可以考虑预备晋职第三层：中层主管或中级工程师等。

深圳沙井黄埔某工业区。一个老家韶关丹霞山的优秀班长小霞，25岁升为生产主管，工作一个月。写工作总结和下个月计划的时候，小霞崩溃了，这一个月，她受到了三次批评。因为传达执行公司制度和宣传公司文化的时候，小霞总是告诉她的4个班组长：这是经理的话——就是经理的意思。有人议论小霞，似乎不是公司的主管，而是经理的私人主管。以前小霞做班长都是不停地受表扬，升上来做主管后却三次受批评，感觉干不下去了。在周末下午下班以后哭着跟我说，她要辞工，不想在这里干了，找不到男朋友，以这个理由辞工。

许多人的辞工理由，跟他们的真实完全不沾边，所以，说出来的某些辞职理由，既勉强又不搭调。

当时三个部门只有我一个人已婚，其他的人都未婚，小霞说感觉还没结婚的人不是很成熟，不那么靠得住，所以在下班时，她到办公室跟我说。而回家两个多月以后就待不住了，第三个月又出来了，再来找我们的时候，我告诉她再去找主管做，不用怕，我有几个方面的知识经验可以提供辅导。那个时候，我工作中有相当多的主管知识经验积累了，但是，没有构建成清晰的六角模型。小霞再到另一家电子厂做主管，任职三年都很称职。

小霞这个辞工理由公开后，把品质部门一个新来的文员小岳吓到了。小岳来自南岳的寿岳乡，小岳说她家后山顶可以看到观音峰。小岳高二未读完，成绩不太好，感觉考大学没希望。而那时读高中的开销大，是农民家庭不易承受的，于是就跟着村里人来深圳找工作。非常幸运，小岳做了文员，那时上高中

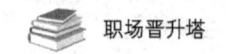

的人少。小岳得知生产主管小霞辞职的理由是找不到男朋友,一看工厂95%都是未婚女青年,被吓得也辞工回家了。

只是一个半月后,另一个文员小彭收到她的信,小岳说家乡更加找不到男朋友。小伙子全外出打工了。

小彭姑娘写信回南岳隔壁县——衡阳县渣江乡,那是当时红遍中国的言情小说作家琼瑶的老家。小彭父母来信说,村里40岁以下的男女几乎都在广东打工。嘱咐她找个主管男朋友。小彭的男朋友是班长,四次鼓励才敢冲主管。大半年努力,男朋友升上主管第二个月,就请假回家领了结婚证。

家庭关系与管理程序案例

一个叫阮昭俊的小伙子,聪明勤奋,专业很对口,建筑机械行业干得得心应手,升为技术员的上级——领班工程师,但是,去各建筑工地出差机会也多了,有时候在某个工地项目部要干近两个月,女朋友就不干了。吵闹着说没陪她,下最后通牒,如果再连续出差半个月以上,就要分手。省会房子买了,也举行了订婚仪式。小阮跟我说"没办法了"。我一听他"最后通牒""晚上温柔无比",哈哈,你懂的,这小伙子逃不出美人之手,他跟公司人力资源管理部反复申请,调回省会的公司总部去当宣传干事,因为他的语文水平也不错,写作能力强可以胜任。

可他的专业是建筑机械,而且已经积累了五年经验。他上司的上司技术副总经理感觉非常惋惜,这么好的工程技术人员转做一个办公室文员。这位副总在桂林的时候给我说:能不能劝劝他,再工作大半年无论如何不到一年,就可以升为中级工程师或主管工程师,那么,有得力下属出差,他出差每个月一般只有一次时间,一周就够,事情特别多的旺季每月也最多两次。

小伙子还是没办法,顶不住女朋友和准岳母的攻势,回去社群部做宣传干事了,也就是宣传专员,待遇奖金就比领班工程师的低了。更主要的是丢弃了专业技术上的发展通道,而且很快就能够实现层级突破的飞跃——有机会跃上中层。

如果家庭关系处理得不好,就会影响发展前景,有些也会影响发展速度而致竞争落败。

在湖北武汉有黄姓两兄弟，做高级工程师的父亲、小学教师的母亲都退休了。但是，这个哥哥似乎再也难以成长，只能做个保安，而为了多得一点夜班补贴，他经常上夜班。他是城市户口，给他介绍乡村户口大医院的漂亮而苗条、工作和口碑都非常好的护士，他仗着省城户口，看不上人家。二十年过去了，现在看样子只能够一辈子做单身汉了。

父母老了，各种病痛都出来了，那就得全靠这个弟弟负担。而他母亲突发脑瘤，快速膨胀两周以后，大小便失禁只认识他爸"老头子"一个人。住院医生告知他们要立即做手术，需要筹备15万元。一般来说，两兄弟应该各自分担一半。可哥哥分担不了一半，五分之一也承担不了，就只能拿出1万元，十五分之一，弟媳妇就不愿意了。这个弟媳妇乡下户口，当年哥哥也是很看不上眼的，甚至有一次在家里吃饭，都不给这个弟媳妇凳子坐。现在弟媳妇是企业高级主管，比主管老公1万元的工资还要高50%，他们俩在东莞大岭山买了房子，孩子也上大学了。父母在省城的两套两室一厅房子，都归了哥哥，就建议哥哥卖掉一套给妈妈治病。

然后，家里就闹得不可开交了，医院那边很急，家里还在因谁出钱多少吵闹。这事传开了，对弟弟和弟媳妇的任职都不好。因为这些钱，是救母亲的急病，说他们两口子在跟哥哥讨价还价。传到他们上司耳朵里了，来自潮汕的常务副总还问我：这两个人是不是给处分或者降职级？他们两个人分别在公司的两个工厂担任品质主管和生产高级主管。常务副总是非常孝顺父母和岳父母的，公司文化和制度都提倡孝敬父母长辈，老年人治病就是孝敬的一部分。

当然，常务副总说要降她的职，有一个触发原因，是发现她执行管理制度与管理程序不得力，有时候耍花招。另一个原因是她只认现任上司，不理原来栽培她的上司，给人一种不感恩的势利感觉。

她老公呢，则是因为不会与上司经理打交道。因为讲哥们儿义气，竭尽全力维护下属，他说是下属们的拥戴他才升上来的。他是交货准时率高的班组长，因为他与班组检验员玩得开、合得来、讲义气，另外三个班组都因为这方面比较弱，下属经常离职而人手不够，经理就因为他这个长处，把他升上来。升上来大半年后，就发现他的立场弱点显现出来了，特别看重维护下属利益，而对

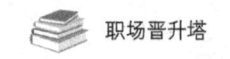

上司较困难的工作安排，不努力百分之百做到位，执行管理程序打折扣。他不明白，主管就是要去挖掘潜力、带领下属克服这些困难，为上司减压，不可老去讨价还价，把压力反推给上司。

工艺技术与管理技能案例

湖南洞庭湖西边，偏北的一个县叫南县，偏南的一个县叫沅江。老公是南县的叫肖男，老婆是沅江的叫小君。肖男的普通话很有意思，他经常介绍他"老婆小君是沅江的"，听起来，却总是让人以为他说：老婆是原装的。我们听他这么一说，就也总是那句玩笑：难道谁家的老婆还是组装的吗？他的普通话带了太多乡音密码。

来自水乡的这两口子都非常聪明，人际关系特别好，跟上司、下属、同级别的同事都处得来，所以他们很快就升了主管。七八年后，让他们很不爽的是，好多人升主管比他们迟了两三年，都升上高级主管或助理经理，甚至生产经理两三年了，而他们还是主管。为什么他们停留在主管这个位置升不上去了？当然，他们不像前面那两位还差点被降职级。

这小两口聪明圆滑、八面玲珑，另一面是浮躁。他们在上司面前表现出敬业状，可是，在工艺技术方面并不是真正的敬业，对工艺技术在所管辖范围的全流程，没下功夫完全弄懂，更不会下功夫去反复操作到熟练，未获得那份提升熟练程度的体会。七八年来，一直是用当初自己做班组长的熟练程度的感觉，当作判断和指挥的依据。公司工艺技术在不断地进步，不断改用新的工艺技术，不花功夫不能静下心来实操，不能真正得到那份新体会，你的管理判断和指挥就可能发生偏差，所以，他们俩的部门效率和品质的可靠性，在有各种影响因素发生时，就不是都靠得住。

对于管理程序的执行也是这样，不能够在全部工作时间进行督导，也不观察下属执行流程水平，不做调整提升，未努力保证自己管辖的全部作业范围的每一个人，都完全执行到位。因为他们口头上用语恰当、能说会道，说得过去，就认为自己所管辖范围的工作，也都全部做到位了。

工艺技术不完全熟练与管理程序执行偏差，这两方面产生的问题，会让经理和总监头痛，自然就不可能给他们俩再晋升。聪明似老油条的主管，干熟练了干轻松了，不太努力用心进步，只是去搞花里胡哨的表面人际关系。如果再这样继续，不能跟上工艺技术和管理程序的提升要求，那就有可能主管位置都不保了。

来自贵州铜仁德江县旁边的小许，熬了多年的组长、班长，在公司再一次扩大的过程中他获得了主管职位，很开心。他的上司和他的两个班组长，对他的感觉是一会儿喜一会儿忧，有时候为他骄傲，有时候为他担忧而煎熬。他会为了自己两个班组的利益，跟其他主管去使劲谈判——争取扩大自己部门的利益，减少给关联部门的服务。但是从上司角度看来，这对公司不利，显然，他没有内部客户的概念。他跟关联部门的主管谈判，使用江湖习气、个人义气式的道德绑架，不懂得运用公司制度与管理程序流程，过分的时候甚至有点像耍赖。

他会经常忙不过来，会去做很多的工艺技术操作，做得得心应手，让旁观者佩服而不停赞叹，为他高兴。这其实只是在表演他作为技工的操作熟练。而作为中层主管要负责的一些重要事情，有可能因为其他下属不太熟练，或者没有报告，或者下属理解不到位，最后的结果是交货延后，这是他时间管理上存在的问题。他是中专毕业自考了个大专，确实是很用心努力的，但是这些问题，都暴露出他没有得到过主管的四项管理技能训练。

我跟他们公司签约后，每个月培训一项主管管理技能，四个月完成培训之后，他的大部分很吃力的管理行为，都不再出现了。当然，学习训练新的管理技能，还需要大半年的不断操练，才能真正地掌握一大半培训内容。与公司顾问合同签了一年，后面他的进步就很明显，第二年晋升了经理。又过一年加薪后，提前半年实现了三年工资倍增的愿望。工资倍增计划，是在我去顾问工作开展半年的时候，仔细了解后为他制订的。

这些成功或不成功的案例，都反映出中层主管的素质能力在于，执行公司管理制度与宣传企业文化、主管管理技能，管理程序执行能力与工作技术全流程熟练，家庭关系与上级沟通。拖累他们或者成就他们的，都包含在这六个特征里。回顾我十余年企业技术管理工作与二十多年企业管理顾问经历，发现都没有超出这六个特征。国内13个省与6个国家的调查研究，也证实了这一点。

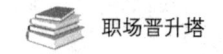

第二节　中层主管
——循规蹈矩完成任务

中层主管执行工作计划，带领下属循规蹈矩，即完全遵守公司制度、规章，把管理程序流程执行到位，工作巡查或会议时的上级临时提醒或要求亦须做到。带领现场管理者——领班、店长或班组长与全体作业人员，确保他们完成工作任务并达成目标。

上一节各种成功与不成功的案例，晋职主管不能保证完成任务、位置不稳固的原因主要表现在六个方面：

第一，在现场管理者五项微领袖素质基础上，发挥自己某几项素质优势，表现出更高的微领袖素质，这些在完全执行公司管理制度、宣传企业文化中会不断体现出来。

第二，必须懂得与上级沟通，不能只讲部门内的所谓哥们儿姐们儿义气。必须明白，你是上司的替身之一，如果不是因为公司的规模大，就不会设中层岗位。所以你真的想要把工作做好，必须理解上司在工作目标达成中，当前和未来一段时间内的压力，并要尽自己的全部能力，将与自己工作范围相关的工作目标达成。为上司减压，绝不可反过来给上司添堵增压。

第三，多数年轻主管这个阶段是婚恋时段，要学会处理好双方家庭的关系。这是能够晋职中层主管、把主管岗位工作做好的基础要素，处理不好，内心不安，工作可能出差错。心绪不宁，上司会察觉从而不放心，工作表现可能不稳定，现有主管工作做不好。让双方家庭成为工作的稳固大后方，千万不要因后院起火，而影响你在工作前线的努力。许多年轻人在这方面还真需要学习交流，甚至需要专门训练如何处理好家庭几大关系。

第四，熟练工作技术全流程，对所管辖范围内的工作流程应该全部熟悉。关键流程要操作熟练，否则缺乏技术管理的判断基础。任何工艺技术的变更，工作技术流程的变更，都要理解透彻，然后贯彻到所有关联节点。五级十步法，通过讨论交流，自己训练到熟悉后，要教会做现场管理的下属。

第五，你必须熟悉所有与你所管辖的工作现场相关的公司制度与规章、管理程序与作业流程，这是主管循规蹈矩完成工作任务的基础本领。熟悉与部门工作相关的全部管理程序，并训练执行程序的能力，必须保证全部管理程序得到执行，任何执行困难都必须去现场解决。欠缺执行资源的，报告上司后也必须跟进，直到完全解决。18项质量管理技术，至少会熟练运用四五项用于现场品质管理。主管作为现场管理者的上司，在下属现场管理者对于各自的现场突发事件处置能力不足时，就要立即辅导他们、辅助解决。与关联部门共同处理异常事件时的内部谈判，可以完全遵照公司的制度与规章、管理程序和作业流程，以及会议记录里的决定，通常多数可以解决。解决不了的少数问题，需要立即上报经理。能解决的问题，可以周报报告，不必口头表功。

第六，训练主管级四项管理技能，可以每个月学习训练一项。但是若想熟练运用，就必须加入学习团队有计划不间断每周相互督导，并分享心得体会，交流管理经验和窍门，一般需要企业管理教练或者更高层指引。

多数主管是从班组长或者工艺技术人员提升上来的，不少是矮子里拔将军，凑合着先顶住。需要突破到主管层级的素质能力持续训练，以保证职位稳固。

管理技能是《中层主管角色认知训练》，主要包含两个核心内容：第一，主管是上层管理的替身。企业规模庞大、事务繁多，高层人员无法直接管理所有基层人员，才设立中层，因此中层是代表高层开展管理工作的，是高层人员的替身。第二，内部客户概念，企业是服务外部客户获取收益的，企业中一般是营销人员直接对接和服务外部客户，而内部其他人员主要服务营销人员，或者在营销人员提出客户的要求，大家紧密协作服务外部客户。在企业内部其他各工作人员相互之间存在协作关系，属于内部客户关系，作为中层主管，需要清晰认知自己岗位所处的内部服务位置。对于内部工作关联同事，除了中层主管自己明白内部客户的概念，要像服务外部客户一样，积极主动对待。还应该要求属下现场管理者，对内部客户服务要遵守制度、按照管理程序主动做到位，避免部门间发生矛盾影响工作效率。

主管角色认知训练后，会发现多数主管尤其是技术业务人员晋升上来的，管理学只有碎片化知识和经验。用他们自己的话说，叫作学得鸡零狗碎的，甚至是道听途说的。需要补充训练《中层督导管理》。督导管理主要是为非管理专业人员，提供管理学知识补充，以及用于解决现实管理问题的训练方法。企业当中绝大部分中层主管是因技术方面表现出色而晋升上来的，往往学管理的人数占比较少，因此需要补充学习督导管理知识。督导管理中的情景领导艺术，即针对不同熟练程度不同工作意愿的员工，在不同事项运用的管理方法是有针对性的，一般由指挥、授权、半指挥半授权的管理方法组合。

《中层管理沟通和内部谈判》规定，中层的管理沟通遵循表达、倾听、反馈这三个沟通的要素，综合熟练需要较长时间。中层管理沟通主要用于内部工作谈判，谈判主要是日常工作交流中确认责任、合作方式与改进预防措施的部分。内部谈判遵循公司管理制度，在企业文化氛围下主管应遵守规范流程，熟练运用管理程序和流程，以及所附的表格，作为谈判的工具。内部工作谈判是为了提高合作效率，保证质量，绝对不是斗嘴，更不是斗气。

《中层时间管理》的几个重要法则，都是主管工作成功需要遵循的，必须完成自我记录与分析的作业训练，真正熟练时间精力管理。中层时间管理，即主管工作成功管理，就是管理自己的精力，把最主要的精力，分配在要达成的工作任务与管理目标上。作为中层主管，要学会重要不急的事情先办，也即第二象限工作法，此外还有 ABC 等多种其他时间管理方法，总之要学会管理自身的时间和精力，让自己逐步走向成功。主管的成功，是上司经理成功的一部分。

主管的主要职责，是带领全部门人员遵章守纪、按部就班，按计划完成任务并达成管理目标，因此，必须熟悉与自己工作范围相关的全部制度与规章、管理程序和流程等公司内部的管理要求。将这些内容"熟悉到家"，这是一个老家山西大同在东莞长安的生产主管对自己的要求。所谓"熟悉到家"，就是对内容如数家珍，把所有与工作有关的内容烂熟于胸。

图 3-3 是中层主管胜任与稳固模型，是图 3-2 企业管理中层三级胜任与稳固模型的外圈。照此主管六角模型准备，上述内容反复学习训练，这些是成为体面中产阶层第一级的素质能力与技能，学习后你将实现层级突破，达成中层主管级胜任力，能够晋职中层主管或中级工程师等，还可以确保坐稳。

靠模仿生存的小微企业的总监副总，可能是挂高管头衔的规模企业资深主管级水平，相当于规模企业管理规范需要的素质能力，有人戏称为"伪高管"。

二十多年的企业管理顾问实践中，发现许多小微企业的全部管理人员，不知道如何练熟工作技术全流程，五级十步法可以帮助许多主管级技术管理人员。

当然，他们也都未得到正式的较高水平的中层主管级管理技能训练，甚至根本没有听说过这些管理技能的训练课程名称。从来没听说过的东西，当然就不可能运用它去做内外服务而盈利。

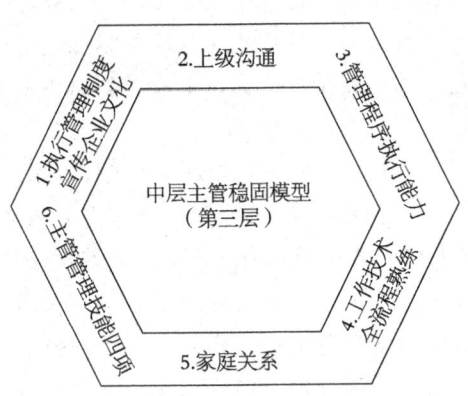

图中六边形各边标注：
1. 执行管理制度宣传企业文化
2. 上级沟通
3. 管理岗位独立能力
4. 工作技术全流程熟练
5. 家庭关系
6. 主管管理技能四项

中间：中层主管稳固模型（第三层）

图 3-3　中层主管胜任与稳固模型

一些企业里有这样的师傅，只是把工作流程的每道工序做熟练到能教别人，也愿意教别人，就被叫作主管。甚至有企业把这类人升做经理，结果他部门七八十号人，每天在哪里工作？工作任务是什么？他根本不知道，更不用说任务完成、目标达成的追踪。这只是个好心的师傅，不是能承担企业管理责任的主管。

主管与师傅的差别巨大。主管与经理的差别、经理与总监的差别、副总与常务副总的差别等，在"企业高管烦心的那些事儿"里说得很清楚了，这里就不再赘述。

上司后悔升了的七类人

有经验的上司，在为下属谋取晋职加薪时，有许多担心。因为有许多人晋职加薪后会令其上司后悔不已。

第一类，立即变脸者

有一类人在职场上，为了再上一个职级台阶，可能会疯狂利用上司。上司帮助他、指导他、辅助他，上了一个台阶以后，他就立即变脸，再不理睬。有一个东北某著名大学毕业的湘南青年，去广东东莞长安镇找他的亲戚，希望面试工艺助理工程师。可是没办法开口说英文，而工艺部那边的面试官是一个只会说英文的美国人。他的亲戚就找自己的江西井冈山的上司带他去面试。实际上就是他的上司在帮他面试，因为他只嗯嗯嗯点了三次头。上司水平高，帮他面试成功。第二天就报到上班。

下午下班时，这个青年见到帮其面试的上司，居然连招呼都不打。亲戚询问他为什么？青年说面试成功了，再不需要他帮助了。

后来他晋级为工程师，是一位河南的助理经理给他一年半的帮助、指导与辅助。在这一年半里，各种套近乎，除了谈恋爱的时候他女朋友感受到，让这位助理经理也感受到了。可是他的晋职工程师通知拿到手以后，第二天就再不理那个助理经理了。如此纯利用，后来打工18年，他再也没有能够晋职了。

第二类，没发展潜力者

一些人在现有岗位上表现良好，态度也很好，与人沟通的技能也熟练。晋职之后发现，很长一段时间还是无法有好的工作表现。因为晋职加薪之后的水平要求是更高一层级的，而他所有的能力，还是停留在原来的水平，就是说这种人不具备发展潜力，给了机会、给了头衔和待遇，还是不能实现层级突破。缺乏发展潜力的人，表现好时表扬、表彰，可以加薪，但不可以晋职。

晋升了他，你就必须帮他判断、决策，告诉他怎么做。因为他不具备快速学习发展到新晋职层级需要的素质能力，你升了他，你就必须让他有符合这一更高层级的水平表现。那就得你帮他赚钱，因为你得帮他做判断、决策这类管理者的核心工作。

往上升一个层级后，最难做的事情是判断，之后做出工作决策。缺乏发展潜力的人，往往就是判断与决策能力不够。除非你全力表演指挥欲望强烈，还喜欢一个只跑腿、不做判断决策的跟班，可能会晋升这类人。

第三类，停滞不前者

遇到十几个这样的人，明确说自己人生梦想就是往上再晋职一次！所以，会很努力工作，很用心地跟上司学习。与同事合作尽量表现好的态度，沟通良好，也表现出好的业绩。

如此一年半到两年不间断表现良好、优秀，在下一次晋职评估过程中，几乎所有同事都不反对上司给他晋职加薪的机会。

可是，晋职成功四五个月以后，上司就后悔了。因为，一般晋职四五个月后他认为自己坐稳这个位置了，这类人就不再努力了，他人生梦想就是晋职这一次！已经晋职成功并且做熟练了，放心了。认为自己这辈子不可能再往上晋升了，能够坐稳这个位置，就是到达了这辈子人生职业高原的顶峰。准备混日子，放松了，甚至躺在功劳簿上吃老本图舒服了，而这种放松的工作状态，会时不时出现各种小问题。各种小问题让上司烦恼不断，不得不经常提醒他们！他们成为上司的拖累，上司怎能不担心不后悔。

第四类，不忠不义者

一个来自洞庭湖南岸湘阴的研究生，在深圳宝安企业里，拿两包酸枣糕送上司，还说上司单独请他吃饭。半年后，很多人都不明白他为什么说出"我送了两包酸枣糕才给晋职的"，闹得满城风雨。都知道他上司月薪是13800元，她很看重他那16.8元一包的酸枣糕吗？他不只是在给上司抹黑，是在直接打他上司的脸，上司苦不堪言，不想见到他。说见到他，她就后悔到要呕吐。

他不就是不想再跟这个上司干了嘛，因为他认为接下来想再晋职，这个上司就帮不上忙了。但是，过河拆桥也不能这么快啊，这明显是不忠不义呀！

当初调过来跟这个上司做事，文学研究生的他持续表忠心，还多次在其他同事表示困难不愿意做某些事时，挺身而出爽快地接下任务——公开表示忠诚上司而不让上司难堪，是对上司讲义气，但是他的工作能力低。上司观察他的表现以为他是来衬面子的，认为他态度特别好，但焦急他的能力低——当众爽快地接下任务，却没有能力完成任务。女上司耐心辅导他一年多，给系列书籍，借钱给他买手提电脑。这研究生高分低能，技术逻辑不懂。文学生聊技术时浮想联翩，旁人眼里他爱好吹牛，还喜欢拉帮结派。

第五类，拉帮结派者

"升上来了，与更高一层同事平起平坐了，就觉得要平分秋色了。"我对一个愤愤不平的小哥说，"而实际上你的经验远远不够，你能力的某些弱点更明显地摆在那里了，升职前要求低，不明显。上司要表示他晋升你是对的，也要给你多一些锻炼，这两个多月做了三件事情。

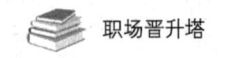

却觉得是欺负你新晋职上来的，拉帮结派去对抗那些'老资格'，觉得绝对是他们搞的鬼"。

不从能力上想办法，想的是歪门邪道，自然思路就走偏了，首先自己难受。拉帮结派，斗得不亦乐乎，浪费时间和精力，也一定会伤害一些同事的工作积极性。拉帮结派必然钩心斗角，怎能不叫把你晋职上来的上司担心？怎能不让上司后悔。

第六类，钩心斗角

一些人不明显地拉帮结派，却会钩心斗角，甚至尔虞我诈。这类人会让人感觉到他们的内心丑恶。有一种心理分析认为，他们青少年时受到过一些过分对待、伤害，导致他们一直有一些内心的恐惧，而保留了阴暗心理，极端时内心有些黑暗。他们不肯用心努力学习来训练层级突破的素质能力，能力不足，内心不安。为求自保，可能有时走歪门邪道。

往往这类人城府深，导致一同工作的同事还不一定能很快发现。会在一起工作大半年之后，隐隐约约感觉太难受。与这类人打交道，让某些天真的同事，一旦明白了，会感觉到似乎被众多野兽撕扯吞噬。如果上司不能及时发现，可能一些相对单纯、爱惜自己羽毛的同事，就无法干下去而不断辞职走人。

连续走人之后，上司可能才发现，原来自己晋升上来了一个这样的内斗高手。后悔都没用，因为一下子还不能公开地让这种人离开，否则，善于钩心斗角的他们立即会想出歪招，明目张胆地与上司斗！上司怎能不担心、不后悔。

我在任何企业都会留意内斗高手们的言行，尽力杜绝内耗。

第七类，立场为主

冠冕堂皇的理由，声音响亮的道德高帽，反复宣扬，多次言说的人，就要注意了。冠冕堂皇的道德高调，通常是幌子，背后真正的利益诉求要驱开迷雾、剥离假象，找出真相，才能看得到。

许多这方面经验不足的人，可能觉得这个找出真相的过程很艰难。其实不然，你可能会很快发现，有人在与之一唱一和道德高调，他们就是一伙的，他们通常只讲立场——判断标准只看是不是一伙的，是，就是对的，就是要守护的；否则，不予理睬或者坚决反对。

他们不顾事实，只坚守帮派面子和利益。恶劣时，顾面子不顾业绩，纠缠不清，弄得公司疑云重重，乌烟瘴气。顾的是小团体小帮派的面子和利益，而不顾公司整体业绩。这就是个人立场在前，公司业绩在后，所以不顾事实，也完全不管逻辑理性。这类人，通常工作能力不强，倒是很会强词夺理，为了小团体吗？为了有个小团体来一起守护他自己的利益，因为个人能力不强。他们的正确道路，应该是共同学习训练层级突破的素质能力。

我这七类人见过百余次，在不同公司以不同形式出现，自然还会不断出现。上司遇到一个下属在某一个方面这么干，就会头痛三五个月。上司升了这些人，都属于被假象迷惑，看错人。但世界上没有后悔药，遭遇这种尴尬和难堪，不能怪别人。

我多次被问到"怎么知道这么多"，做管理专家二十多年，遇到的尴尬远远多于写出来的。如果是辅导他们做出改进计划提升进步，使之名副其实，这个是相对愉快的结果。每次尴尬的是，要去帮后悔的上司排解郁闷，要去帮这些误解或者愤恨，或者怒从心头起恶向胆边生者，立即做引导矫正，避免恶化。

实话实说，有时候也后悔遇到这些人这些事。

第六章

成为中层经理

上一章讨论的中层主管，是愿意努力干活、能循规蹈矩、按部就班完成工作任务，并达成管理目标的人。本章讨论的经理则是中层管理里面的能人，是创造社会财富的中坚力量。下一章要讨论的总监，那就是中层管理的高人了，公认的职场精英。

经理到底是什么样的能人呢？当下属主管按企业现有的制度与规章、管理程序和流程，循规蹈矩、按部就班去督导现场管理者与作业人员，在公司现在所有规则范围内，都无法解决问题时，这时主管解决不了的难题，就需要经理这个能人来化解了。

处理主管带领下属们完全按照制度流程还是办不好的，可能导致完不成工作任务，或者达不成管理目标的异常事情，解决现有规则不能解决的事情，压力巨大，这就是创造社会财富的中坚力量应承担的责任。责任大，得有相应权力，待遇也要好。可是，许多经理待遇不怎么样，总是埋怨老板不够意思，殊不知，老板也在埋怨经理们干活不够意思，因为这些经理对现有规则之内的事情都还没办好，有时表现水平还与一般主管相当，没达到高级主管水平，只是挂个经理头衔而已。

成为规模企业里的中层经理，企业里的中流砥柱，家庭中产生活有保障。

本章第二节讨论规模企业对经理的要求。先看看中层经理的素质能力典型案例，了解想做经理、在经理位置上的人的烦心事儿。

第一节　经理素质能力案例

先看看这些想做经理，或者已经是职场经理人的表现。

一个来自四川宜宾长江边顺河村附近乡村的生产主管，到广东东莞，进城打工第四次跳槽，来到东莞大岭山一家跨国公司大型电子厂。经过两年持续努力，进步很快，业绩提升一个层级后还保持半年稳定，端午节前被晋升为经理。请客，大家在酒桌上恭贺他。两个月后，却被宣布免去他经理职务，但工作责任不变。大家感到很突兀，原因竟是他在厕所抽烟。公司制度是，工厂内的会议室、厕所不准抽烟。到广东打工整整十年，刚刚奋斗到经理位置，没满三个月就被免职。一些人议论纷纷，觉得处分太重。作为经理，违反公司管理制度，还怎么去带头维护公司制度呢？所以，这个处分恰当。劝导他持续做出经理级工作表现，年度业绩优秀，春节后，又升回经理。

与大岭山相邻镇的一家跨国公司大型电子厂，一天早上上班不久，发现来自江西赣州的品质高级工程师刘宇程，在想方设法为来自百色的品质工程师韦美玉辩护，因为韦美玉不遵守公司制度——公司要求在过马路时下单车推行，走地下通道，韦工嫌麻烦没下车，骑单车冲过马路，但这是不安全的。证据确凿，保安主管要求韦工在违规违纪单上签字，将按制度处罚。高级工程师刘宇程在该公司有副经理级福利待遇，于是他出于情面，为下属做各种狡辩，想以此博得下属的爱戴之心。这是小农意识讲义气那一套，行为错误，刘高工被警告处分，让他学会应该嘱咐下属遵守规则来保护下属安全，而不是触犯规则后为了面子去狡辩，增加公司行政部门的管理成本——时间成本与心理成本。

在一家机电一体化企业里，总经理的姐夫王经理自以为资格老，在公司赚第一桶金时有功于公司。这一次董事长发布全公司质量年号召，再不能因为有可靠性问题，使得公司的近半质量保证金不能收回。因为董事长在讲话中，说到某年产品的质量问题，被客户笑话他们公司。当年是他负责质量的，就认为董事长是笑话他，就背后说闲话，自以为聪明，又宣扬十二年前第一桶金的功劳。

经理级竟然背后说闲话，是削弱企业文化凝聚力的恶劣表现。作为经理应该主动贯彻企业文化，在职能部门更具体地阐释企业领袖讲话的内涵，推动企业领袖讲话精神的落实，这才是执行力的表现。因为他是总经理的姐夫，而且年龄比总经理大11岁，总经理和董事长只能做做鬼脸、翻翻白眼，竟然拿他没办法，说他都该退休了。

企业顶层的老资格亲戚，工作做表率影响力强，背后说闲话，破坏力会更强，建议诫勉谈话并书面记录，总经理与人力资源总监签名。送达他签名后，人力资源部门保存，下一年度的返聘协议加上一条：必须模范地遵守公司规章制度，主动贯彻公司文化，如有违背，立即解除返聘协议。

许多主管得不到晋职经理的机会，是不懂得如何与上级沟通，领会不到其意图，方向感弱。无法破解那些，完全遵循管理程序和流程、制度与规章工作，还依然存在的问题。跟上下级沟通的方式方法有很多种，如汇报与听取报告、商讨问题与提意见、接受与发布命令等。王凯格是一位非常听话的主管，又转升为品质高级工程师。但是，他与上下级的沟通混乱，在得到正式训练之前，他一直做不到经理，受过《中层有效沟通与内部谈判》训练之后，两个月解决了这个问题。去到深圳车公庙大型电子企业做品质经理，月薪万元。

花苞制衣厂的肖经理、朱经理，只会带人埋头干活，不知道改进工艺技术流程。只会模仿其他工厂的经验，不懂工业流程，尤其是各车间之间的物流不顺畅，裁床放在了顶楼。大长卷布匹进不了电梯，要靠搬运工抬上四楼去，搬运工抬一次就感到精疲力竭，小腿肚子发颤，一上午最多抬两卷，有8名搬运工的搬运队伍都不够用。按照 IE 工业流程顺畅规则，提议将裁床搬入一楼，在面料仓旁边，只需要"半个"搬运工，由验布工兼做。因为手推车推过15米就轻松搬完了。搬运工更乐意转做别的工作，8名搬运工工资福利，一年能节约36万元。低文化程度的进城工经理，主要靠感性经验，缺乏各种专业知识也就缺乏推理能力，解决不了经验之外的问题，是熟练主管水平。

管理程序破解不满

黄亮，来自湖南、江西交界的井冈山麓，朴素又实在，用心还努力，竭尽全力把负责的工艺技术部门工作都能跟进到位，埋头苦干，每天天亮忙到天黑，也不会有任何怨言。老板赞扬他，十年如一日兢兢业业工作。

大学毕业十年聚会，回来就开始有点想不通了。

聚会时发现，电子信息工程专业的同学有近半晋升了部门经理。有三个经理工资没他高，但所有升到经理的同学权力都比他大、福利比他好。他在企业得到了很多的肯定和赞扬，也还是做高级主管就是不给升经理。他一直以来都

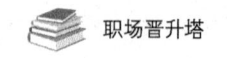

感谢老板的肯定和大力支持，现在，开始对老板的表扬心存疑虑、不满意了。

苦闷大半个月后，周末约我到湘江边喝茶。我也肯定了他那些长处，既然想诚恳解决这个职业发展的困惑问题，我就问他：你整天那么忙，为什么你部门价值创造的能力，却没有提高多少？只是完成了这个职位该做的事情，那不就拿这一份钱，正常呀。黄总不停地跟你说，你要抽出时间到外面参观学习，要读一些书开拓思路，你都没办法做到，因为你每天要查看所有下属的每项细致工作。你为什么不编写管理程序和工作模块流程？形成规条（rule）并文本化，这样就可以节省管理者大量时间精力。

多年来，你只是思考带领他们把工作任务完成，就是带领他们只拿到目前的工资福利。

不会编写管理程序，不能把你的隐性知识显性化、优化后成为公司同事的工作能力，并不是灰色模糊、比较边缘的事情，所有事都要等你确认，显得你很能干，很有权威，是你的隐性知识只能你一个人用，不能变成多人的工作能力，价值不能倍增。所以，你不能晋职做经理。你如此努力把工作做得非常熟练，再干两三年，可能会再给你升级，但也只能升资深主管，还不能晋职到经理。

教会他让工程师们讨论工作步骤，确定了就写进管理程序、技术手册里。每天用一两个小时检查工程师们的工作就行，其他时间就可以思考怎么带领他们提升了。

湘江夜茶之后，他立即行动，花5个月时间将大部分工作流程写出来之后，自己轻松了，不用事事记挂、不用事事指导。下属也轻松了，不用事事请教，不会事事被他指导了。他自己有时间外出学习训练，也有足够多的业余时间看书学习，他和部门都进步快，当年年底就晋职经理。

管理程序提高他带团队的能力，破解了他的疑虑和不满。现在已经是公司小股东了，意气风发。

家庭家族关系处理得当

中秋节前两天，一个大型跨国公司，特意把112个经理全部拉到莲花山庄吃大餐，然后召开经理会议。其中一个话题是，为什么和主管、何主管升资深主管而不晋职为经理，人力资源部要解释他们不批准的原因。

人力资源总监，让劳资福利经理把一个家属关系树（Family Tree）画出来，这个来自云南姓和的主管老家亲友在公司里有38人，人力资源部没有忘记说感谢他们老家亲友为公司服务。但是，随后列举了一串事实，证明和主管为了维护老家亲友，有许多不良的倾向性表达，对工作有负面影响。例如，他对于挑战性目标指标，常讨价还价，只是为了老家亲友能够工作轻松一点。当有工作交织的问题讨论交流时，他不按事情逻辑与职责交流，而是偏向老家亲友的关系立场来讨论。当然，在现有规则制度和流程指导下，他会利用老家亲友的沟通成本低，快速让大家接受，并按照要求达成工作目标。因此，他可以胜任资深主管。

经理是要考虑在现有规章制度和程序流程都遵守的情况下，还不能达成目标的那些困难问题的解决，要能开拓思路、集思广益，要按事物的逻辑理性思考，甚至要有横向思维突破，才能达成经理职位的价值创造，符合经理职位要求。

工作努力又可爱的重庆人何主管，晋职经理受到羁绊、束缚，也是因为他与在公司里的42个家庭家族、乡土亲友的关系处理不当。我喜欢重庆同事很讲义气的特点。何主管没有资格参加这次经理会议。我想，当他的经理和总监向他解释这件事情的时候，他一定是很尴尬难受也是比较抗拒的，也就没有记住他的经理和总监教给他的一步到位的西式管理方法。当然，一步到位，所有亲友可能也会炸窝的。

周末，何主管来跟我讨论解决办法。我告诉他十几年前，我同样有过这个困惑。面对夫妻双方的父母四大家族，每个家族可是都有七八个亲堂兄弟姐妹的庞大亲友群。我提供的解决办法是，如果在工作时间内都强调公司的制度和流程，必须完成任务并达成目标，否则职位不保，那大家就没有办法继续在这里经常相见，不一定月月有收入了。但是，遇到节日，每次都花钱聚餐，讲家庭家族老乡亲友情意，温馨氛围下再嘱咐大家遵守公司制度和流程，相互配合辅助，互相学习进步，确保达成目标。他诚恳地接受了，他们节日聚餐的时候还邀请过我，让我知道了川菜的真正吃法。当然，也是为了让我帮他把这个理

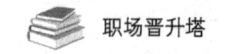

念和方法传达给他老家亲友们。他自己一次两次说，都不容易达到想要的效果，因为他已经融入他们，思维方式是相同的，含含糊糊讲不清楚。

告诉所有家庭家族亲友和老乡，与工作关联部门产生工作上的问题摩擦，尽量运用我们亲友人多，多与对方打交道相互交流信息，理解得更清晰来合作得更好！而不是因为我们人多，全部一起来压制抗拒与对方合作。部门价值在于与工作关联部门合作，共同合作达成公司目标。因为他的家庭家族乡邻亲友人员多，影响这种共同合作，最高只能做主管。有不好的苗头或者过分的表现，他的经理还可以调配和压制。一旦让他做经理，就可能变得不可收拾。三个月后，氛围改善了，他们这一大群人，都变得让同事感到很可爱了。又过了五个月，公司派何主管参加了中层管理者角色认知、目标与绩效管理、"非人"与"非财"等管理技能训练，再半年后，总算晋职成为何经理。

许多聪明能干、有专业理论知识和实践经验的工友同事，陷入"地道的"家庭家族亲友老乡的圈子里出不来，晋升不了经理职务，心理不平的情况下，也就更加依靠这个圈子去跟人对抗。这种状况越是长久，就越难以解脱出来，那就陷入了"地道的"恶性循环圈子，再不会有成为职业场上规模企业里合格经理的机会了。

经理管理技能训练不足

上面这些工友，基本上没有得到经理管理技能的针对性训练。

目标管理，绩效管理，中层激励，非人力资源经理的人力资源管理，非财务经理的财务管理，这些是合乎经理胜任力的能力训练。不幸的是，工商业界几乎三分之二的经理，尤其是那些中小企业的所谓的经理，小微企业里甚至总监副总，都是些聪明人，都不大具备这些管理技能的真实能力，因为他们基本上没有得到过这些系统性技能的针对性训练。大多数是行业内消息灵通人士，干了十余年，似乎到了对企业里一切故事都知晓的资深主管水平。这个水平的小微企业高管叫作"伪高管"，他们只是会做事的师傅，无法带领部门成长，也无法提高合作效率让企业更快成长。

许多小微企业基本上都缺乏这些优秀经理团队人才，所以他们就只能长期是小微企业。

不少企业绩效考核的目标，不符合 SMART 准则。月度管理目标与公司的年度经营目的甚至不挂钩，偏差太多，完全忘记了公司的战略目标在哪里。只是看见接下来的这一个月，有哪些紧急的事情，可能造成压力必须完成，就列出来考核加压。大多数企业的绩效管理规则制度是空洞的说教，不能实际完全运用来实操。许多评分是感觉，多几个人的感觉综合平均值评分，也依然是感觉，因为没有能力设立与经营战略挂钩的符合 SMART 准则的目标。所谓的绩效管理，就是为发奖金打个分，做个样子。没有培训非财务经理的财务管理，不懂得把公司年度经营财务指标，转化为各自职能目标指标，来做绩效考评。

不懂中层激励与高层激励的方法不一样，一些中层经理就可能说大话吹牛——形象破产，实际上是他们没有受过中层激励训练，而误用了高层的激励方法。有些经理自己不会"管人"，以为他部门的人要人力资源部门来管。有一个研发经理，他的文员要辞工，他居然跟人力资源经理说：不能让她走，她做得很好。

本科化学工艺专业毕业，干了三年文员，当然干得很好啊。我问他为什么不让她去三个化工研发组做研发技术人员，将其培养成助理工程师、工程师的机会呢？让她自己选啊，新招一个文员让她培育，这个简单的方法两全其美。这个研发经理和人力资源经理，都不懂得技术管理人员的职业生涯规划。除了人力资源管理部门懂职业生涯规划，其他各职能部门的经理也要懂得梯队人才培育。这些都是规模企业合格经理层级的管理技能训练内容。

有个牛桂林担任总检验师，原因是他懂得质量管理体系。公司超过 400 人了年营业额也过亿时，七个老板合办的企业，不知道到底怎么样管理，才能条理清晰，董事长恰好碰到他。他把质量管理体系介绍一通后，被七个老板认定为企业管理人才，聘他做质量经理，企业开 6000 元月薪，另外 3% 股份，牛总检验师成了第八个股东！可是，他的质量体系好几年了，还只是在文件夹里、在电脑里的文字上、在会议室里开会人员的口头上，没有能力运用质量管理体系，去服务现场管理者与作业人员。这个质量管理体系是用来看的、说的，是不大可能用来赚钱的。

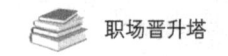

这些事例实在太多。但总的来看，也是六个方面，维护公司制度、贯彻企业文化，要有管理程序编写与维护能力，并督导落实。懂得 IE 能做工艺技术改进，训练经理管理四项技能，用创新处理流程之外的工作异常，家庭之外能够处理好家族关系，上下级沟通协调能力强，业绩稳定。在中层主管或中级工程师等岗位上工作一段时间后，有潜力者，可以预备晋职中层经理或高级工程师、首席工艺师、总检验师等。

第二节　中层经理
——去除异常达成目标

当主管们循规蹈矩，把规章制度和管理程序流程都完全执行到位，却还是出现他们解决不了的异常问题时，经理就必须出面，尽快去除异常，保证完成任务并达成管理目标。

六个特征方面中有两个非常突出，还有一个方面也有较好表现，另外两三个方面都不会出错，是一般中小企业可以接受的经理胜任力，就算有资格胜任合格经理了。在顶级跨国公司里面是需要四个方面都比较突出，另外两个方面也表现良好，才能做到经理。所以，顶级跨国公司经理会比一般中小企业经理待遇，至少高出数倍甚至十倍。

微领袖素质五个方面，需要有三个方面明显地超出一般主管的表现，才能展示出经理的个人魅力。个人魅力也是工作推动力的重要部分，运用非正式权力推动工作的效果，这种氛围很多时候会让团队成员感觉更舒适，团队凝聚力更强。

中层经理级需要有能力营造氛围，以维护公司制度、贯彻企业文化。营造氛围先要深刻理解公司制度的制定原理，和企业文化形成历史，懂得抓住时机，有时需要激情，有时需要理性地考虑全局，并调动多个方面的人和事才能达成，这需要对自己管理范围内的所有现场人员有恰当的理解。

要有管理程序编写与维护能力，维护能力就是要全面全时段督导落实。牛桂林模仿的一套管理程序，有能力编写，但没有能力维护管理程序在各部门的执行，所以他不能做经理，因为他更没有能力督导落实。ISO 等国际质量标准管理体系，是系统性全面提升管理的工具。任何规模企业，都要由小农意识作坊式管理，跨越到现代化工商企业管理，不可能避开。

那个减少 8 个搬运工一年节约 36 万元，员工和老板都欢喜的案例，是我第一天进入制衣厂干的。我当时完全不懂得制衣行业用词，更不懂制衣厂的布局。第一次进制衣厂去参观学习，想按照工艺流程从头至尾走一遍，结果发现来回折腾还绕圈子，纸上画下行走路线之后，提出改进意见。没想到他们雷厉风行改了，然后，我就这样进入制衣厂做管理顾问了。我懂得 IE，能做工艺流程改进，当然，后来编出制衣行业《工艺质量手册》，他们一定要叫作宝典，因为减少许多扯皮吵架因素，提升了团队沟通有效性，在编写过程中的交流讨论沟通，就明显地逐步提高了效率和效益。

在我们千言口耳相传带徒弟的文化习惯下，有一项重要事情，即隐性知识显性化，是做强做大企业的秘诀之一。应该从经理级别开始，不必一定要总监级别才能做。

用微创新，处理流程之外的工作异常。主管们报告上来的问题，一小半可能来自主管们对制度与规章理解不清晰、管理程序和流程运用不够熟练；一大半的问题，确实是主管们循规蹈矩、按部就班做熟练也解决不了的，必须由经理作出决策。这时，对经理的知识与见识、逻辑推理与信息收集判断等能力，就要求比较高了。这个决策不可违背企业使命、愿景与价值观。经理要明白制度规则流程背后的基本规律是什么，主管报告的这个问题是哪个地方需要修改提升，这样思考后作出的决策，可能解决主管遇到的许多日常问题。

只能处理好家庭关系，而家庭之外的家族亲友关系不能够处理好，何主管与和主管都无法晋职到经理。上下级沟通协调能力强，才能上下级两头都通畅，否则，不管卡在哪一头都没法顺畅，那将无比艰苦，因为还是要完成任务并达成目标。

训练经理管理四项技能，这是比较大的难题。例如，目标管理许多公司都有，却没有基本功，设立的许多目标不符合 SMART 准则，不少经理没听说有这个 SMART 准则，"不知道的知识，自然没办法用来赚钱"。目标管理，即中

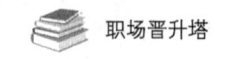

层经理要达成困难较大的挑战性目标，需具有较强技能来达成执行力要求。要懂得分解上级与自己有关联的管理目标，设立自己和下属的管理目标，作为一名合格经理，要让每个下属的每一项目标都符合 SMART 准则，即具体明确的、可衡量的、能达到的、相关联的、设定期限的，五项缺一不可，因为不管缺少哪一项都是假目标。

大多数企业舍不得花钱去训练，因为这些课程训练费用通常是 1.5 万元一天。实际上，10 人训练每人 1500 元，20 人训练每人 750 元。不训练，两三个月的损失远不止 1.5 万元。

要能够熟练运用"非财"技能，即能够把经营管理的各财务指标数据，转化分解成各职能考核指标，便于具体操作达成目标。不过大部分经理，不大明白如何转化分解。

所谓的绩效管理，更是一笔糊涂账，大多数企业里的经理，是把绩效评分用来当作分发奖金的工具，少数甚至是用来管制吓唬下属的，说这是自己掌握的"紧箍咒"。明明是梯队人才建设帮助大家进步成长的美妙工具，变成用来作恶吓唬大家了。至于用绩效管理的六个步骤形成闭环，一些企业都做不到，不少经理也是浑水摸鱼，能不能摸到，不知道，当然工作干得苦。

能干的中层经理，需要懂得绩效管理的各项制度和全部技能，包括绩效目标、绩效面谈、绩效辅导、绩效考评和绩效运用等。再加上下一阶段目标，就形成闭环了。

中层激励的方法也是要训练的，不能让经理级别的管理人员在企业利用一些小农意识的小把戏，弄出奇奇怪怪的小团伙。中层激励许多方法，比单纯的奖金对工作的促进更管用，让团队执行力发挥得更好。经理一定是带团队梯队人才的，需要懂得"非人"——非人力资源经理的人力资源管理，否则，人力资源部门不只是不堪重负，还可能有许多对立情绪要化解，闹得凶的竟然能把人力资源部门的负责人骂哭，还有说要"动手比武"。

关于中层激励和"非人"两项技能，能干的中层激励必须运用熟练。中层经理的重要任务之一是培育下属成长，要懂得运用人力资源发布的公司制度、流程和人力资源管理的技能，来帮助自己部门梯队人才成长。

达成有竞争力的管理目标很不容易，因此，中层经理必须学会激励下属发挥潜力。但是，中层激励与高层激励不同，有些高层激励中层不能用，所以中层经理要懂得哪些激励中层可用，哪些是高层才能用。若中层经理学习训练，激励技能强，水平高，则会让整个部门都具有良好态度的执行力。关于中层激励技巧，我研究归纳了69项，一般来说具备19项，就能让下属觉得经理水平高，人缘好。但社会上大多数经理都缺乏中层激励的运用技巧和执行能力，也因此常感觉工作压力大，他们的下属压力更大。

以上这些内容都有关注，大多数初级中层主管希望能够得到训练成长，实现层级突破，晋职为中层经理。二十多年的管理顾问经历中，做到业绩良好又轻松的经理不足30%，必须进行UBA训练才可能业绩稳定。

图3-4 中层经理胜任与稳固模型是图3-2 企业管理中层三级胜任与稳固模型的中圈。照此中层经理六角模型准备，能够晋职中层经理或高级工程师等级别，并坐得稳固。持续几年，全家必定实现小康生活，多年旅游可以实现"江河湖海皆踏遍"的梦想。

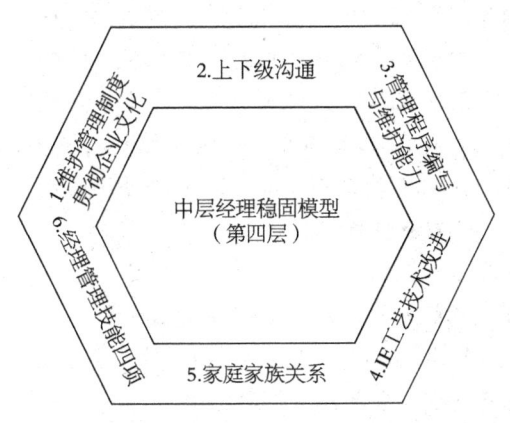

图3-4 中层经理胜任与稳固模型

到中层经理层级的竞争，有个特别点，需要留意防歹。因为中层经理的责任大，产出效益高，所以，一般规模企业的经理实际权力是比较大的，威望也比较高，待遇也比较好。一些主管总是瞄准权力和待遇，以为有了权力就有威望，可自己的素质和能力都不够强，明白靠自身能力、靠业绩说话是没有机会晋职经理的。于是就可能使歪招，想把竞争力最强的那一两个人，用一些莫名

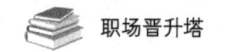

其妙的或见不得人的手段在背后抹黑，因为搞阳谋搞不过业绩好、实力强劲的竞争对手。自己又权力欲望强烈，只能悄悄地在背后拉帮派搞小团伙，耍阴谋。某些人三番五次不得手，利欲熏心时，歹毒内心是有可能用阴险狠毒招数的。但是这些人终究不能总是得逞，阴险狠毒见光死。

三类堵在上司心里的经理

有些人，升职经理后的工作表现，让人哭笑不得，卡在上司喉咙里、堵在上司心里，说不出的尴尬。

一类人是循规蹈矩，食古不化。

这类人往往勤奋，不出错、业绩好、资历老。但谨慎胆小，见识不够多，思路不开阔。虽然升上了经理位置，但还是主管级的工作水平，循规蹈矩、兢兢业业，碰到问题就找上司问对策。

每次问上司，总监或高层，会给予方向指引。自己却总是用制度流程的现有规则去反驳，还可能说自己曾经经历的种种，以示经验丰富。口头上都是经验之谈，头脑里全是食古不化。时间长了，高层可能感觉，这类人不像经理，思路总在先前的经验中，出不去上不来。经理水平高低，往往不是由曾经解决问题的经验决定，而是由对当前问题的应对方式的创新性决定的。

不懂得自己晋职到了经理的位置，要自己想对策、微创新，解决制度流程解决不了的问题。还一直在主管层级勤奋着——晚上加班到凌晨2：00，早上6：30起来又去看车间或门店，以这种耗时间、耗体力的主管层级勤奋，希望向上司表忠心。

还说希望以此为上司争得脸面，不知道这虽是勤奋的好主管，却是不合格的经理，没有实现层级突破到达中层经理的素质能力，因为没有得到训练。

另一类人是破坏规矩，无法无天。

胆大包天，早就想大干一场。想模仿以前的经理，总是临时变更规矩！羡慕以前的经理——那么大权力，那么威风。之前许多次循规蹈矩碰到困难，发现经理解决问题时，都是跳过或者采取与公司规章制度不符的做法，现在自己是经理了，于是，一朝权在手，便把令来行。

他们不懂经理运用特别手段解决问题，是去除异常，为了达成目标，而不是为了耍威风。经理跳过或者与公司规章制度不符的措施是临时授权，解决当时的问题。他们错把临时授权当成系统流程改变，为解决一个问题就坏规坏矩，就无法无天。这会让上司担惊受怕，头痛得不行，以为他要发癫。

看见表象，不懂本质。临时授权是为了解决一个异常，而不是改变规则搞乱整个管理系统的日常。

还有一类人是压力之下乱发指令。

经理级，需要不断地创新，迸发出创意才能解决下属循规蹈矩、兢兢业业也无法解决的问题。

有些时候某些晋职不久的经理，口不择言。面对下属层出不穷的现实而紧急的问题头痛，因为找不到解决办法。心里一时半会想不到解决方法，大半天了，要影响客户服务了或者到了要停止生产线，情况紧急、压力巨大，无法排解，又说不出来。下属又来问了，碍于面子，压力之下口不择言。话一出口，就成了工作指令，紧张的下属立即执行。偏差可能更明显，急得不行，马上又更改。不是朝令夕改，而是心理压力下的颠三倒四，这样不只是丧失威望，还浪费材料或下属的产出时效。

这时候需要上司出来救火了。最怕的是，不报告上司，又乱来一通指令纠错，下属们忙碌地东奔西跑，结果更是错上加错。上司知道后，对我诉苦说：急得喉咙冒烟、眼冒金星。压力已经传导给上司了，缺乏沉着稳重。可能是性格如此，也可能是逻辑理性能力训练不够，实现了表面头衔由主管层上升到经理层，层级突破的内功还没有练成，素质能力还欠火候。

人总是这样，大道理都懂，小情绪却难以自控。太多这种人被晋职到所谓的经理位置上，堵在心里尴尬，时间久了，次数多了实在难受。

这三类堵在上司心里的经理，都是在晋职前后没有层级突破到中层经理的素质能力，至少缺乏经理级管理技能的训练。

这三类人往往也是因为公司人才不够，拉郎配，矮子里拔将军晋职为经理的结果，晋职后也没有实现素质能力的层级突破。需要基础智力才能的激发式补充训练。这就像语文阅读，分析文章，或者阅读公文，分享借鉴。语言到不了的地方，文字可以，灵魂到不了的地方，音乐舞蹈文学艺术可以！往往这些人就是基础不扎实，才导致出现异常问题需要创意时，他们才能不够，无法找到去除异常的方法。但是，补充基础功夫是长期的事情，音乐、舞蹈、文学，可帮助他们快速激发创意。建议他们听音乐、看舞蹈，读小说。减少"SOS""救命"之类的一惊一乍的信息发出。

对那些所谓的总监，尤其是一些企业的研发技术总监与营销总监——实际是初级经理水平，多次建议他们听音乐、看舞蹈或电影、读小说。这些方法效果不错，至少在激发创意之前，能先一扫郁闷。

第七章 次高管总监

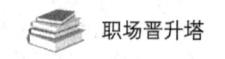

上一章说到，总监，是中层管理者的高手了，公认的职场精英。凭什么呢？肯定不是仅凭"总监"这两个字。

在规模企业里，负责职能部门的总监确实是职能精英，社会上不少人以为总监是高管。总监，首先需要领会高层意图的战略沟通能力，了解行业趋势判断职能业务的技术层级和发展方向，会运用 TTT 带出高效团队，还会用 NVA 技术去掉冗余的流程作业与架构人员等；建立职能精英人脉圈，能够深刻理解管理制度与企业文化对团队和业绩的影响，能为企业进行智力资产积累，形成某个竞争优势等。博士总监沙龙，是培育总监的一个有效形式。

优秀总监是指有业内知名度的人才，是财富创造的行业精英，受人尊敬，职场个人品牌有行业知名度，猎头公司通常已经录入了他们的人才库。

- 小微企业尤其是初创企业的高头衔消费突出，只带个文员的部门长也叫总监，有些人实际是现场管理领班，或者顶多也就算是个主管。内部组织架构可以用 S 经理 S 总监、M 首席财务官 M 首席品牌官对接社会高头衔消费。S=supervisor 主管级，M=manager 经理级。口头称呼不加 S、M。这些思考，来自做初创企业的 CEO 管理训练班以及三家初创企业的较长期管理顾问。

第一节　总监素质能力案例

首先，总监不是总监督。某度上说总监是某个领域的第一监管人，把总监当作审核、监督的职务，这是从中文字面理解，所以导致基本方向偏差，似乎偏向于强调权力，这明显降低了对总监的素质能力要求。这些说法也使得社会上许多人把总监理解为总监督了。还有牵强附会的说法，扯上所有权层次总监，接受董事会授权，因为扯上对董事会负责，所以就搞笑说，在英文翻译时往往使用"Director"这个单词。这说法似乎是颠倒了。我们是从这个单词错误翻译出来"总监"的吧，而不是因为把我们的总监翻译成英文，才用"Director"这个单词。

Director 是职能导演、董事、理事。译成总监，是习惯了专制集权的翻译错误，可是已经流行四十多年，只好继续沿用。但是，不要再理解为总监督，否则，就不怪别人打趣说成总太监。监督只是总监岗位工作的管理控制部分，更重要的是如何引发、如何"导演"——规划出该职能工作要实现的目的，给出实现目的需要的支持目标指标，以及制订切实可行的计划来达成目标。最终，策划并执行训练出团队竞争优势。

现实中许多人看见的是总监的权威和待遇，想方设法努力成为职能总监，但因为理解偏差，所以出现各种有趣、有意思的现象。

有头衔没水平

湘西麻阳的蔡经理，借各种机会，请客又送礼，请所有总监、副总吃饭表示致谢，实质上是希望获得好人缘，为晋职总监做预备。不停地请大家帮助他关照他，他终于有了好业绩。行业发展太快，人才成长速度远远赶不上行业发展速度，公司里另外也没有更好的人选，因此他抓住机会升上了总监头衔。

真的成为总监，年后公司的要求也提高了，但他水平并没有提高，依然是涛声依旧——这是他最喜欢唱的歌曲。因为并不知道总监的要求是什么，有机会直接跟高层顶层打交道，却缺乏战略思维，无法与高层进行战略沟通。更麻烦的是，他总是习惯性地与那三五个老乡和几个以前玩熟的经理打交道。那些人的水平能力不比他高，有些比他还弱，但他碰到更高要求的工作目标后，遇上更复杂的事情，就没有人可以商量，因为他缺乏职场的职能精英人脉。几次碰头会以后，高层人员基本上就不太愿意理他了。

得到了头衔和待遇，在朋友圈显示出硬实力，工作中的战略思维等软实力竟然没努力跟上。讲义气，业余喜欢跟工作水平比自己弱的人打交道，这样有面子、心里爽，可是没有能力解决总监这个岗位上遇到的实质问题，位置是坐

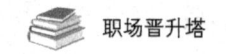

不稳的。未满一年他就辞职了，因为总监满一年要作述职报告，人力资源部与上司跟他签的年度工作目标，只有三分之一业绩漂亮，但不是以他为主的那部分。三分之一没达成，三分之一勉强达成。自然，翌年总监干不成了。

NVA 懂加不懂减

重庆山区的一个小伙子，在武汉读完大学后找到一个当地老婆，在汉口的机械制造企业做了工艺技术主管，三年后，到武昌的一个自动化企业作了品质经理。苦干五年，买车买房买保险，读一个在职的 MBA 结交了一圈朋友后，抓住机会，进入台资厂成为制造总监。管理工艺技术、品质部特别是还管理生产部，公司 85% 的人员近 2000 人都归他管，用他老婆的话来说：好威风。

为了坐稳这个位置，为了防止出错，他一年里不断增加一些品质监管，还在技术上做了一些保险也就增加了一些生产作业工序，台湾总经理发现成本增加，要求他用四个月去 NVA（Non Value Added，无价值增加）。他不大懂，另外也舍不得砍去自己加上去的工序或检验点，好像减掉了没面子似的。

台湾总经理认为他贯彻企业文化不力，也发现他修订企业制度时偏离了企业使命和价值观。有意无意跟他交谈，正式非正式跟他聊天，他一直认为那个台湾总经理总是爱拿出那个企业文化小本子，来跟他演绎一些虚无缥缈的故事。对总经理的做法他完全无感，不知道是为什么。

我只能说，他情商不够，特别是对企业价值观理解不透。在第二年春节前，被提前结束了合同期。

高学历低能力

湘西有个辰溪县，30 年前有个同学很有趣，说他们用的量词主要是颗和条。若他们家有五口人，你如果问他们家几个人，他会说 5 条人。来了三个客人，你问他总共准备多少碗筷，他会说 8 颗。辰溪山旮旯里走出来一个张总，在长沙河西的岳麓山下大学里读了工商管理研究生，在他老家的人群里显得学习能力非常强，在东莞厚街镇一家台资家具厂打工两年后，旁边虎门镇一个台湾顾问公司招聘顾问助理，他应聘在那里干了三个月，上级认为他知识不够扎实，实践经验也不够丰富，只好离职。

但是，他却凭借珠三角这两年多的经历，跑回湖南长沙的河西自动化企业直接干上了总监。只能嘴上忽悠，干了半年到底难以出成绩，因为他对于技术层级的判断只靠直觉。通常正确的直觉，来自海量的正确信息和丰富的行业实践经验。很明显，这两方面他都不足，所以，他的判断在做出决策发出指令之后，下属在执行实践过程中明显出现偏差。

混不下去了，跑去长沙市东边山区的机械厂在里面做水泵生产厂长，相当于生产运营总监。这个厂的历史原因品质系统也归厂长管，上次吃过亏，这一次技术判断，他请教了行业里三个专家，基本正确。研发作出修改之后生产工艺做了大调整。品质系统他只读过两本 ISO 书，他的质量意识只是说得很好听，实际作业要求还是"死后验尸"：产品质量检验合格就行。技术革新，生产工艺调整组合之后，管理流程也是要做对应大变化的，不是原来几个管理程序合并，是需要创建管理程序。他不具备创立管理程序的能力，结果引起相关联的四个部门工作都混乱。混乱发生一个半月后，没能力纠正，最后被革职。

虽然有工商管理研究生文凭，但不具备相应的能力，内心太飘了脑子就空了，没有扎实的企业实用管理功夫，坐不稳总监位置。他的生产与现场管理技术 5S 也很差，认为讲两个小时课，大家当面喊口号，保证做到就行了。还以为，这样就能把 ISO 的管理程序落实到位，没落实到位的他采取两个字：罚款。维护管理程序不力，落实管理程序要求到位的能力都不够。后来，竟然去做企业管理咨询总监，被人取笑几次，后来不敢再干了。

缺总监管理技能训练

江西的上饶鹰潭，一家汽车配件厂，产品研发与工艺技术先进，业务发展迅速。同时，带来的是各种大大小小不停歇的质量投诉。导致总经理董事长烦不胜烦，于是通过高管朋友圈介绍，从杭州湾引进一位品质系统高级经理，这位蒋经理有 TTT（Training the Trainer to Train，培训内部培训师）训练梯队人才方案。

于是，公司成立 TQM（Total Quality Management，全面质量管理）办公室，

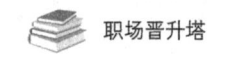

蒋经理被聘任为TQM总监。热热闹闹红红火火全面开展TQM，TTT训练在蒋总监来到半年以后也启动三个月了。除了前四个月铺天盖地的推广TQM时的各种质量投诉迅速减少，大半年后发现，减少的只是那些表面的肤浅问题，系统性的实质问题依然存在，照样投诉不断。

原来蒋总虽然懂得ISO质量管理体系，但对TQM知识储备不足，理解肤浅，当宿舍安排、食堂饭菜导致五分之一的职工不满意时，他完全不理会，认为那是行政后勤的事情。他的TTT训练，梯队人才也主要训练质量管理人员，问他为什么不与人力资源部合作，对公司所有职能的梯队人才进行培训。他说，只管自己责任范围内的事情，这也是没吃透TQM理念。TTT形式具备，交谈中却发现TTT本质规律等知识储备不足。

他真正的困难，来自没有受到总监级别的管理技能训练。领导能力不足以承担总监层级的管理职能。授权和教练技能很陌生，团队管理训练，他最中意的拓展还是团队建设的预备阶段，或者说那是业余形式。当然，他一来到就利用TQM办公室总监的身份，开始打了一个月鸡血，这也是以团队建设的名义，烧了新官上任的三把火。到后面要真正在全公司推进TQM，遇到各类人员的不理解，出现不合作甚至抵抗，他就缺乏处境管理的领导艺术了，这个公司之前的熟人文化、各种友好氛围下，小团队默契，使得公司有展宏图的势头，但在他的"全面质量管理ISO程序全面贯彻迅猛推进下"几乎瓦解。

大半年后，暴露出的深层次问题反而更多，董事长开始不信任他了，总经理认为再给他半年时间。他们在犹豫不决的过程中碰上了我，通过一周的访谈考察分析，判断他缺乏经理和总监层级的管理技能训练，当然不是他一个人欠缺，公司人力资源部反映中层管理干部都缺乏这些训练。

一般来说，缺乏对应技能训练的公司中层，也不会懂得职能配合。结果这类公司，每到半年就不得不出一个"背锅侠"承担责任，企业运营系统总是遭受振荡。

缺战略高度与实力

湘西的章仙良，对质量体系与质量管理技术非常熟练。从珠三角空降内地企业，但不到一年便铩羽而归。虽然懂得修订TQM制度，但不能深刻理解新入职企业文化，总是带着批判视角而不主动融入。多次劝说，不肯从战略绩效高度立目标旗杆，向全公司亮出品质目标，怕挑战缺推动力，实际上是投机取巧之徒。凭着长沙企业董事长面试时不如他专业，拿到高薪，但不为企业作出对应贡献，只想四两拨千斤。这种价值观，不可能坐稳规模企业的总监位置。

洞庭湖畔的黎爱花，小企业财务总监，参加四次总监短训班结识了数名大企业财务总监，认为学习、餐饮时平起平坐了，就认为自己财务管理水平也跟人家平齐了。参加政府举办的免费董秘培训班，成功跳槽到大企业做财务总监，结果傻眼了，不是一个实力层级的。四次总监级会议，都感觉后背发凉，生病了，熬不下去，只好辞职走人。

黎新华，新晋职研发总监。技术狂人，为了自编公司管理软件在办公室里10天没回家。对行业技术变化有洞察力，对行业技术趋势、企业技术层级能够作出准确判断，与高层技术沟通顺畅，但对高层管理战略意图总是无感觉，能带领三五个工程师没日没夜设计绘图。但是组不成团队，部门里96人，78人他不大理睬。他是工程师组长升任总监，未得到经理管理技能训练，总监管理技能未接触。对研发进度不懂得如何掌控，只分配工作，叫文员去问每组做得怎么样了。总体研发进度总是不如意，于是学会一句：研发创意说不清，谁知道啥时候出来什么。缺乏从战略高度理解研发要求的能力，三次让高层感觉浪费了时间，黯然辞职。

财务总监总是投诉，仓库实物与数据在抽查时对不上，仓储财产管理似乎不可信，每个季度董事会都接到投诉。年末，作出决定要采取组织措施解决这个问题，竟然是把仓储部归财务部管，大半年了，再也没有出现仓库实物与数据在抽查时对不上的投诉了。这竟然是一家自动化企业介绍的管理经验。他们不知道这是在掩盖问题，发现仓储数据不对，财务管理仓储，他们自己就可以修改，可能发生更严重的问题。仓储部不可以归财务部管，仓储归PMC计划部门管才合适，归生产部门、采购部门或行政部门管都可以，就是不能归财务部门管。

另外，因为财务总监能力出色，例如，在人力资源部绩效考核时总是问财务总监要各部门的绩效数据。似乎财务部门管理绩效考核数据更清晰，能力更

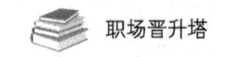

强，于是把人力资源部也归财务总监管。慢慢地发现，财务总监越来越能干，老板总经理越来越依靠财务总监指挥运营。实质是，错误的组织架构，让财务总监权大无边——人事权与财务权都归这个岗位管，他成了公司总监督，其他人还有敢不服从的吗？其实真正的问题只是人力资源部能力太弱，不少小微企业犯了这个错误，导致财务总监成了二当家——公司的隐形实际控制人。如果人事权与财务权都归一个岗位的话，那么这个岗位应该是董事长，或者是选定的接班人所在的岗位。

通过以上案例可以看出，应对行业环境变化，懂得修订企业管理制度、创造性贯彻企业文化，有新领域的管理程序创立能力；对行业技术趋势、企业技术层级作出判断，学习训练总监管理技能；结交职能精英人脉，与高层沟通顺畅，能带领团队成长，能做 TTT、NVA，业绩突出，才能做好规模企业总监。

第二节　中层总监
——导演团队竞争优势

在企业能够稳定中层经理，或带领几组工程师工作的高级工程师组长、职能首席工艺师等，持续工作至少一年半以上，且业绩优秀，有发展潜力者，学习训练总监的素质能力和层级突破，可以考虑预备晋职第五层总监级或首席工程师、总工程师等。让自己的职场个人品牌具有行业知名度。有些国企总工程师是副总级。

总监——Director 职能导演，需要为企业导演出职能团队在行业里的竞争优势。负责企业的该项职能，在行业竞争中有超出竞争对手的优势，至少不落后，那么，必须对行业、对竞争对手有较深刻的理解和持续跟进，需要有雄厚的知识储备，最好交几个博士级研究能力、理论水平的朋友。与高层对接工作时，需要有企业战略的理解力与贯彻执行力。

总监要能够带领一支持续提升竞争力的团队，可能需要与时俱进地修订部分制度，创造性贯彻企业文化。开拓新的领域，能够确定的部分就要设立规条

（rule）固化为小组执行力，新的领域比较稳定，即创立管理程序转变为职能团队执行力。这些是在对行业技术趋势、企业技术层级有正确判断的基础上进行的，自己负责的职能，要有正确的洞察行业发展趋势的判断力，需要职场精英人脉。带领团队肯定需要训练总监管理技能，TTT 是必不可少的，想让你的团队有执行力还能够长期有活力，NVA 也必须做。

一些优秀的经理做了总监以后反而迷茫了，高管战略思维无法接通，感到痛苦，有多个新晋职三四个月的总监告诉我，总感觉高管对他不友好、不告诉他真实的消息。经过交流后发现，是他们自己不懂得将高管的战略意图转化为具体的职能工作任务或目标指标。缺乏具象转化技能，所以，找不到精准的目标指标与具体任务，然后感觉是别人不友好，因为之前作为下属跟着总监，一直能够得到目标指标与具体任务。

又经过三四个月，学得了高管的战略思维，又把下面的经理、主管搞迷糊了。因为他们自己开始进入角色了，就把高管说的战略意图、行业感觉之类的高大上的语言，直接转述给经理和主管，还是不懂得转化出符合 SMART 的目标指标与具体任务，给下属经理、主管执行。

虽然不同时期、不同职能的重点不同，但是真正优秀的总监都会在以下几个方面发力。

懂得修订企业管理制度、创造性贯彻企业文化

不少总监的年度计划或项目方案执行不力，是因为受到现有管理制度和企业文化宣传贯彻方式的限制。因为根本就没有考虑到企业管理制度的某些规条，需要与时俱进地修订。对于管理制度的修订流程不熟悉，也不懂得修订企业的管理制度时，需要哪些知识、见识，需要与企业哪些部门的关键人物先进行沟通协商。除了广泛的见识，还需要雄厚的管理原理、规律等理论知识储备，有时需要通俗地讲清讲透，在大多数人理解后形成共识，才能修订某项管理制度。

有些总监特别困惑于企业文化的束缚，业绩不稳定却无处着力，满腹怨言导致可能公开发牢骚。无法突破又无可奈何的时间较长，就会压抑，甚至离职。需要创造性贯彻企业文化来执行年度计划，或者创造性解释企业文化为特别策

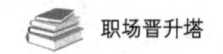

划方案的推行，作为助力，有时需要运用企业文化造势来破解无处着力、无可奈何的状态。

战略思维与高层沟通

战略思维与高层沟通是许多新晋总监的压力。因为是从基层一步一步升上来的，长期以来都是跟中层的上司打交道，得到的都是如何执行的具体指令，即具体干什么事、要干成什么样、达成什么样的目标。

而到了总监层，在与高层打交道的时候，可能没有得到具体的目标指标，只有战略意图。高层可能告诉你还有一些事情没做到，某件事情需要办；但是也可能高层告诉你的是：感觉这个计划、这个方案还有某些不足，感觉这件事还没有完全到位，感觉这件事还差一些火候，感觉这样做还干不过竞争对手……往往做总监第一年的某些工友、同事，告诉我的就是这些话，说感觉自己对"高层的感觉"无从下手，不知该怎么办？因为不习惯和高层交流的语言与思维方式，难以理解高层的战略意图。

实际上，缺乏的是把战略目的意图，转换成职能工作要达成的目标的能力。弄懂要实现的目的以后，也不一定知道如何支持这个目的实现，需要哪些目标指标。因为高管有时候只是说要实现这样或那样一个目的。很多时候，在说话过程中，目的、目标是混在一起交流的，某些高管也未必分得很清楚，因为，他们也不一定受到过良好的管理技能训练，思维和技能水平都不一定很高，甚至有少数高管缺乏这些思维能力和技能水平。与高层打交道，多数是口语交流，需要快速领悟。除非正式的会议，统一发布，否则，未必完全用文字正式说明其目的、目标。要做好准备，既要职能知识扎实，又要与时俱进更新，跟进前沿研究，洞察职能发展趋势，才能运用战略思维与高层顺畅沟通，迅速找到恰当的目标指标。

创立管理程序或规条

有创立管理程序或规条的能力，可以提升整个团队效能。让团队立即产生稳定的执行力，节省了时间精力，还显得高明。

新领域实践结果确认了成熟的工作方法，就一项项形成规条，团队成员再次遇到问题直接遵守规条，效率高、质量稳定，就是执行力强。确认了成熟的工作流程，就应该有能力创建出需要的新管理程序，让团队成员与关联部门讨论修改，同意后批准发布，立即学习训练，会很快形成稳定的执行力。

判断行业技术趋势、企业技术层级

把握职能的行业技术趋势方向，判断企业的本职能技术层级提升方法，这是总监岗位的重要职能，在此基础上，与高层沟通制订年度计划或者特别方案、创立管理程序或者规条和训练团队梯队人才。

一些在专业技术上弱势但管理沟通能力强的总监，需要珍惜与技术大咖的"偶遇"，有意识地"混技术圈子的人脉"。在收集技术前沿信息的同时，要相互学习，快速找到感觉，以分辨技术趋势核心信息、层级差别特征点，进行技术趋势与层级判断。

学术刊物要常查阅，可能会有启发。对于真正掌握趋势了解前沿信息的总监，学术研究结论是确认过去的判断而已。因为学术研究与发表论文，滞后于工商业的实践至少半年甚至三五年以上。

结交职能精英人脉

优秀总监要有能力预测行业变化，应对行业环境变化。

那必须保证行业信息来源正确、准确，洞察行业环境的可能变化，多方确认行业环境的变化原因、过程和对企业的影响，才有可能判断行业趋势发展。做到这些，需要结交职能精英人脉，进入某些精英圈，才能获取信息。多视角即多圈子的职能精英人脉，也需要具有互补性，交叉印证才能判断信息的正确性与准确有效。当然，结交和维护职能精英人脉不只是有想法就行，还需要"高人引路，贵人相助"，这些都需要时间、精力与多方面的恰当能力，还需要成本。

与顶尖职能精英——日月星辰般的人物，相伴交流，许多时候感觉在茶寮

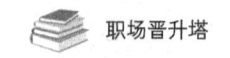

时，就已经周游世界，踏遍"江河湖海"。需要有雄厚知识储备，除了交友职场精英获取前沿信息，还需要结交博士教授朋友找出发展规律。

获得信息，筛选出正确信息，综合各方信息交叉验证，运用逻辑能力推断才有可能得出行业趋势判断。与高层交流报告之前，要能提出有效的应对方案。这些应对方案往往是烧脑的，因为一般都是创造性的策略，否则怎么可能在激烈的竞争中胜出？某个策划还可能是惊艳群雄的！不只是通过市场推广或营销手法的花样翻新战胜竞争对手，有时甚至需要构建新的商业模式或创造新技术点，形成新的核心竞争力。

当然总监在信息确认、创造性构建时，要与高管进行适当交流。

总监管理四项技能训练

总监除了不弱于副教授的充足理论知识、系统性思维能力，还必须具备一流的实操能力，带出优质团队，总监收入通常高于副教授。

总监的下属有三级管理层，即现场管理领班、主管和经理。队伍庞大的三级管理层中的人员，意愿、期望、主动性、信息收集和各个不同事项的熟练度，如此多的维度，在三个层级运行的各人员、各种管理动作表现上，也一定是千差万别的，总监工作一定需要管理艺术。

不少总监真的把自己理解为总监督，分配任务后就是加压力、不断监督、查看进度，催促完成。因为没有受到过教练和授权的管理技能训练，不懂得下属是绩效伙伴，需要自己作为教练，还需要授权，不断地给予其顾问式指导、培育。许多内容只有自己熟悉，隐性知识没有显性化——不懂做企业智力资产积累。一些总监经常发愁，任务难以完成，团队成员有各种不足，团队显得执行力弱、水平低，因为没有接受过正式"团队"管理训练，往往得到的是所谓"拓展"。这种引入级甚至是业余级的团队训练，又或者只是团队态度——打鸡血式的团队心态课程。未受到真正意义上的"团队"技能训练，不懂得团队各阶段的特征和应对方法。

关于团队，社会上常见的团队培训有三种方式：第一种是打鸡血的方式，通过各种小组比赛，使比赛对抗中输了的小组队长承受体罚，如300个俯卧撑。

因为团队队长被罚时的痛苦坚持，使得当场感受的队员们更难受，进而激发队员们齐心协力，下次做得更好，进而增强团队合作意识。第二种是拓展训练，也称预备建设团队方式，通过野外各项素质拓展训练，通过身体接触消减隔阂，来增强团队合作意识。第三种也是本书所指的真正意义上的"团队"技能训练，团队建设有五个阶段。

第一个阶段即形成阶段，大多数人员都彬彬有礼，很努力，但是工作效果差，当处于此阶段时，总监要学会此阶段特点，观察判断存在的问题，学会分析并采取针对性办法。第二个阶段即躁动阶段，带着期待和美好加入团队，但发现实际与理想差距巨大，产生一定落差，一些人最后离开，面对此阶段情形，总监需要掌握具体推进和应对方法，尽可能缩短此阶段。第三个阶段即稳定阶段，此阶段团队已经稳定，各成员之间也比较熟悉，且会因共同的兴趣爱好形成不同群体一起工作娱乐，开始拉帮结派，但此阶段依然会存在很多问题，需要总监学习训练处理和应对方法。第四个阶段即高产阶段，此阶段已训练出一些优秀团队成员，水平高、能力强，产出高，但仍然会面临问题，总监需要学习训练推进和应对方法。第五个阶段即衰退阶段。每个阶段都具备各自的特点和问题，需要训练针对性方法，预防方法。

关于授权与教练。作为中层总监，需要带领团队，一定要做授权和教练，授权和教练都有相应的原则、方法和技能，中层总监一定是导演、是教练，而不是所谓的总监督。在一些中小规模的企业中，常常存在头衔是总监或副总，但实际上只是一个资深主管的现象。而无论是主管、经理还是总监，作为上司都需要帮助员工进步和成长。

关于企业智力资产积累，企业智力资产管理是企业强大的秘诀之一，要做智力资产管理，就需要做积累，否则知识管理就无从谈起。智力资产积累是知识管理的基础，是将隐性知识显性化并运用于实际工作中。中层总监，则需"导演"智力资产的积累方案，让主管、经理、工程师、工艺师们"演出"隐性知识显性化，成为硬数据保留，这样可以避免"隐性知识要挟"。世界上许多一流的顶级跨国公司，都重视企业智力资产积累。

关于领导艺术，社会上很多企业都在研究和运用皇家御人秘诀，但这些秘诀大多数是跑偏了的，最后变成了整蛊，而不是帮助下属进步和共同达成绩效

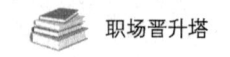

管理目标。此外还存在一种现象，即中层管理不依次学习中层主管和中层经理对应相关技能，而直接从总监的管理领导艺术开始学，本末倒置，就学成了整蛊或御人术。一些高校的教授、学者也在讲授和传播领导艺术，但更多是传播概念知识，企业管理领导艺术不是他们擅长的领域。本文所说的领导艺术，是不同情景或处境，能运用合适的管理促进方式。

第三、四、五层是主管、经理（部长）、总监，是决定企业执行力的中层，各四项共十二项管理技能是高绩效管理执行力训练项目。许多企业的总监，主管级的管理技能都没有得到训练。不少企业的全部管理人员，从来没听说过这些管理技能，所以，他们的管理来自老家的祖传秘方、跟着师傅走或者跟着感觉走。

当然，比较大规模的企业会安排训练。但是如果你是经理，并没有被选为晋职总监的预备队员，那就得自我安排去UBA学园训练，去争取晋职总监的机会。

能带领团队成长

独行侠师傅不是总监，也就是说总监必须能带团队。竞争对手在不断进步，那么总监带领的团队也必须不断成长。团队进步的速度，不能低于竞争对手进步的速度，一般要求在某些优势点上必须比竞争对手进步更快，这样才能持续保持优势。总监管理技能必须有团队技能训练，懂得团队形成期、骚乱期、稳定期、高产期与哀痛期的不同特点和应对方法。团队人才互补性强，年龄、智能水平等应该动态地保持橄榄形，团队的工作效率和执行力才能持续保持较佳状态。总监的"非人"和"非财"技能需要比经理层级更加熟练，才能把握到梯队人才的成长方向与重点，以及使成长速度达成目标情况。

与高层对接完全理解战略意图，创立管理程序或规条，总监管理四项技能，TTT训练梯队人才，这些是总监执行力的核心内容，都能关注到并每季度有两三项突出，那么部门业绩才可能较突出。

懂得做TTT、NVA。在总监岗位，这两项必须懂得什么时候需要做；要做到什么程度即实现什么目的、达成什么目标。难度大不能完全把握，自己承担能做的那一部分，不大会做的那部分，在企业里找不到合适的人做，还可以外包给专业人士或专业机构做。

TTT 是培训经理、主管或工程师们成为培训师，通过培训别的工友，会使他们自己的执行力在培训过程中增强。各级管理者要培育各下属的各自单项突出优势，强过自己和行业竞争对手，总监培育团队竞争优势需要这样系统性规划并执行。职能总监要了解行业所有竞争者的该职能优势，找准位序，差异化独创优势点，再培育团队突出该独创差异化优势。

NVA 每年至少检讨一次，丰富的部门管理经验还不足以干成这件事，需要了解商业模式的最新趋势、工作技术流程和最新管理技术运用状况。提高效率和降低成本的方法不同，但目的相同。

图 3-5 中层总监胜任与稳固模型是图 3-2 企业管理中层三级胜任与稳固模型的内圈。照此总监六角模型准备充足者，能够实现总监级层级突破，可能晋职中层总监或首席工程师等，且可以坐稳。有些企业把总监级称呼为次高管，中小型企业可能叫作副总。

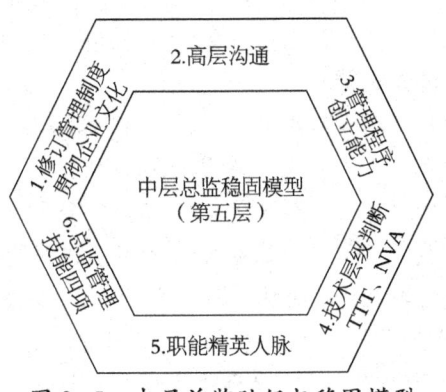

图 3-5　中层总监胜任与稳固模型

有些大型企业主管经理总监设有助理、高级或资深级别，属于同层级的细微差别。例如，助理主管、高级主管、资深主管，都是主管层级；助理经理、高级经理、资深经理，都是经理层级；助理总监、高级总监、资深总监，都是总监层级。

一些偏艺术行业的企业，规模不大，要求某些职能人才能独当一面。某些企业习惯性叫作偏高头衔，只带一个文员的部门主管叫作总监。在外一律称呼为某总，从水平表现和待遇上可以觉察到其实际层级。

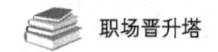

现代职场与传统文化

2014年6月16日，我家三代人去陕西岐山周原的周公庙，参观结束后，发现左边最外一间房里有关于孔子的介绍，可能是赞赏孔子致力恢复周礼、宣扬周易优良传统文化的功劳吧。

孔子说："学易可以减少过失。"古老而依然充满活力的中华传统文化《周易》，也叫《易经》，每卦有六爻（yáo），各爻的变化透过爻辞来预言利或不利、结果的凶与吉，依据事物具体情况而变迁，产生"爱而相合"或者"恶而相敌"。吉凶随我们的七情六欲而产生，情绪发生喜爱或憎恶的变化，吉凶便随之出现。现代职场的七层级框架模型有六个方面特征，各特征核心内容的预备充足与否，对应未来晋职加薪机会的利与不利。

依据企业与行业的各职能具体情况而变化，喜爱你的岗位工作，产生"爱而相合"，保持强烈的心想事成意志，不断学习训练层级突破的素质能力，就较容易抓住未来的晋职加薪机会，大吉。

攀登晋升塔圆儿时梦

人人都希望自己的生活变得更容易，想"变易"。古圣先贤积累宝贵人生经验的《易经》中的易，有"变易"也有"不易"的意思，变易是量变到质变的飞跃——层级突破。"不易"是常则，必须遵守的法则。不同层级的要求、规范与法则等有所不同，越能精确定位，就越易领风骚——职场层级突破成功，职位再上一层并稳固！

"万金难买早知道"，早懂事三年，一辈子就大不一样。常听人说，早知道就不会浪费这么多时间精力；早知道有今天当初就会做出那样的选择！早年不明事理，难以趋吉避凶。选择大于努力，方向如果选择不对，多年职场努力就可能白费。

谋事在人成事在天，尽人事听天命。这就是说人力不能决定的部分归于天意，人力所能及的事情自己必须负责。天意无言，只好猜测，经常猜准了的大家就认为很"神"。积极上进的职场人内心里希望一两年实现层级突破，得到晋升，但是迷茫找不着方向，更不知道具体要素特征，因为没有现代职场层级框架可供参照，只能凭个人经验估计，类似猜。有六角七层模型参照，肯定估计得更准确，层级突破、晋职加薪的效率会更高。年轻人在一个层级稳固一两年，按高一层模型内容扎实学习训练，由量变积累到质变，登上职场晋升塔的更高一层，升上去后持续学习训练并稳固。如此，徐徐图之，则儿时登天梦必有实现之日。当然，各人成长环境、禀赋差异，期望与努力不一样，各人攀登职场晋升塔的层级也不同，并不是所有人都能到达总监或常务副总的位置。

少数年轻人奋斗努力，动力竟然是因为想要斗过谁。《周易》八卦相乘，化为六十四卦，代表生生不息，基本原则是"致中和"，君子和而不同。合作共赢，斗则两伤，共同遵循的法则就是和，现代职场，彼此的贡献都应该尊重，互相观摩切磋。但是，小人同而不和，望文生义不求甚解而又自以为是，缺乏学习训练那就"不易"实至名归，很可能产生浪费时间精力的不良后果。

软实力成就硬头衔

您所在的区域、行业、企业肯定会发生变化。以不变应万变的主要控制力量在于自己内心，要抓住经纬纲纪即基本规则：我们的六角七层模型是梯职路重要规则之一，不只是有趣的巧思。心想事成的先决条件在于遵循规律、遵顺规律，你不断地观察学习训练对应层级的六个方面，海量的信息资料积累和精深思考习惯，可能会引发你的第六感，让你感觉并把握所在区域或行业的职场未来变化。若感应良好，则易趋吉避凶，洞察到变化，找出对应的新力量。这是依规律寻找现代职场发展难题的化解之道，也是运用梯职路六角七层模型的目的所在。诚心诚意地学习交流，吸收众多智慧，第六感就会来临，有人说像是心灵感应，容易懂得并获得职场晋升塔系统性的指引。透过不断训练并反省，逐渐增强软实力，攀登职场晋升塔最为有效，由量变到质变将实至名归。你的软实力，会体现在梦寐以求的职场位置的硬头衔上。因为你的精彩和贡献，这是你应得的。

不要小看你自己，重庆的钟表妹，汉中的蔡先生，去珠三角的头两年，以为做到主管、工程师就实现了人生最美好的愿望，根本没有想到后来会成为总监、常务副总及跨国公司CEO。现代职场分工越来越细致和复杂，知识爆炸、全球化、信息化、元宇宙、AI时代，你具备切换赛道的能力吗？在纷繁复杂的世界里，厘清思绪，你能明确下一阶段的更高职业发展目标吗？有了更高层级的六角模型参考，做到心中有数，激烈竞争也不慌。不断增强软实力，确立新梦想、新目标，参照模型训练成长，有承担"风险"的基本功，不断训练，定能攀登晋升塔的更高一层。AI技术快速变迁，进入大模型系统，如果你功底扎实，或许不可替代。按部就班的职场节奏规划晋职，也能逐渐实现职场人生使命。传统文化《周易》智慧解释，天高明而无所不覆，地博厚而无所不载，人必须德智兼备，工作时间专注工作目标，业余时间按计划学习训练层级模型知识与技能，积累层级突破软实力，一层一层往上攻坚，才能开心攀登职场晋升塔。

年度开讲大咖，用独特视角梳理往年变化脉络，意在预测未来变化。即使测得不是那么准确，还是很想测，这是人之常情，毕竟多一种参考，就多一种选择，对于每个人来说皆是利大于弊的。我们的六角七层模型不只是预测，还有五篇学术论文的严谨推理，和13个省的调查数据的建模实证分析，邀同道学者用心努力，花数年学术工夫，就是为了让模型更精准，参考价值更高。二十多年单独辅导使八百多人薪资倍增，应用效果良好，不是来自神通，是多方交流、实践经验总结与学术研究带来的成功。

积累到吉祥临界点

职场上原本没有恶，多半是某些不喜欢或某时没用心，丢失机会而悔恨或遗憾，就是中华传统文化《周易》里说的悔吝。悔与吝，是小过失，善于补救便可无咎，即不产生祸害就不必多虑。过失之后心中要补过向善，悔字从心。口头说补过，心里诚意不够，还找理由在同事上司面前掩饰或推诿，就是吝，吝字从口。通常，悔后趋吉，吝常趋凶。未诚心改过，工作小过失可能变为大过错，岂能职场不凶？不向善致遇凶，不忏悔改过，反怪罪他人，若为非作歹可致毁灭。

爻的当位又称正位或得位，现代职场上是得到想要的或应得的职位，正位就当作职位稳固；爻的不当位又称为失位或非其位，是胜任力不足，可能职位不保。六十四卦中六爻都当位的是"既济"卦，卦辞指出事业有成或职位已得，接着勉励必须保持守正，以防危乱。六爻都不当位的是"未济"卦，卦辞提醒必须勉励促成，理解为学习训练对应层级的六角模型，可辅助当位——职位稳固，或可得亨通即层级突破成功，预示冲上想得到的更高职位。

《周易·系辞》上传里说"自天佑之，吉无不利"，上天所佑之人，必定顺应天道，所以吉祥而无所不利，在现代职场中，头上的天就是保护提携我的上司们。我们现在把吉利连在一起，中华传统文化认为吉是吉、利是利。吉无不利，但是有些利带来吉祥，有些利导致不吉而带来凶。同样的道理，凶必然害，而害不一定凶。有时候看起来是害——花了钱、时间与精力，结果却带来吉祥。花钱、时间与精力参加实效的工商管理 UBA 学习训练，结果却带来职场发展所需的三重资本积累，不断积累，到达层级突破临界点，吉祥如意的事情将可能发生。职场上，上司就是你的天，顺应上司辅助上司得力，职场无所不利。从上司那里给你带来的利益，安心收到，其他不正常渠道得来的利益，则可能埋下定时炸弹。

源远流长生生不息的中华优秀传统文化，可以为乡村进入现代职场的进城工提供源源不断的动力。刚进城做基层工，却可能是全家的希望和未来。职业发展的决心要坚定到虔诚，在 UBA 每次主题知识学习后，"结对"相互督导、切磋技能，使工作难点"变易"，使自己更快到达吉祥临界点，实现层级突破。

因应不同结果迥异

同样的时和位，为什么因应不同？是因为"应"的力量不同，嘴上动、心不动、手脚也不行动，想学习，想想而已。你恰当的学习训练因应方式也完全符合天助己助者，一切成就得靠自己努力。相应而得，无应而失。职场竞争对手花时间、精力与金钱参加 UBA 学习训练，扎扎实实进步，你躺平，结果自然大不相同。

圣贤伟人与顶级精英们，都是从平凡中表现才华，并没有什么超能力的神奇力量。《系辞》上传"二人同心，其利断金"，小组部门同心协力，力量似乎无穷。"天下无难事，只怕有心人"，再难的事，一定有容易的部分。把容易的部分做了，那些不容易的部分，再拆分出容易的来做，也就不那么难了。所以，不用怕，勇敢向前，逐步化解职场中的难事，职场将逐步成功。

职场六角七层模型是参考框架，不是硬性给谁立规矩。把这个模型当作参照规则学习训练，进步更快，层级突破更有希望。职场新人，有六角七层模型当作参考框架学习训练，信心大增。职场自我定位会随着逐步成功而逐步升高，如何向更高一层迈进？须懂得预备什么、如何预备，才会具备职场晋升塔更高一层的胜任力。思考了，参照需要的那一层六角模型学习训练到位了，自然就会通达，通达了才能够持久做稳。

有些人喜欢走谄媚、拍马屁、送礼等旁门左道，都不好使。要想自己有职场福运，正道最管用。正道就是在懂得职业发展基本规律的基础上，再努力学习训练突破对应层级的素质能力，达到更高一层的胜任力。更有能力帮助同事、上司和下属，持续努力的福报之一是晋职加薪。职业发展基本规律在《梯职路72福运》有详述，科普书在手，福运全拥有。别神往小说里孙悟空的72变，别以为到道教的36洞天72福地躺过、磕了头，福运就来了，那些中华传统文化仪式表达出了你想要现代职场福运的意愿。真要职场走福运，读《我在这里干什么》，弄懂"我是谁""我在哪里""在干什么""为什么没干成功"，然后通读《梯职路72福运》并与会员交流。只要开启你的福运之旅，最多半年，周围工友就可能开始羡慕你的福运了。当然，你可以邀请或引领他们共同走向现代职场福运。成人达己，成己达人。佛语：自觉了再觉他，让别人、让众生觉悟，那是做到罗汉，再成菩萨了！佛语禅心，句句智慧。助你参透职场人生。从优良传统文化中可以汲取向上的无穷力量。

心想事成，并不是说你心里一想，马上事情就成了。而是说，只要有心，清楚奋斗目标的框架内容，事情能自己掌握。眼睛总是向外长，总看别人的表面风光，不懂向内求，即看不见自己内心深处的智慧——层级突破知识技能学习训练成长。外因通过内因，才起作用。知其然而不知其所以然的职场词汇，弄来当学问装门面，其中蕴含的道理和真正的本意并不清楚，哪天用错可能带来祸害，是趋凶。学问是因人需要才发展出来的，现代职场人要关注上司和工作关联同事即内部客户的需要，尽力辅助他们。

心志相通团队成功

《周易》说，成就天下的一切事务，先决条件是通晓天下人心志。天下人心志相通，实在是不容易。那么做好微领袖，与团队人员心志相通吧，有较好的道德基础，职场知识、技能与智慧就是力量。不算旧账，要往前看，多思考未来怎么办。过去的就成为历史，别当作包袱，当作教训的镜子，照出未来职业发展好前景。

中华传统文化中把阴阳谓之天道，天底下有看得见的显秩序，也有看不见的隐秩序。在古代，人为造作少、自然景象多，人们习惯于自然的隐秩序，显秩序反而不明显。科技发展迅速，法律规范越来越明显，公司制度显规则越来越多。隐秩序与显秩序，在现代职场上可以展现为隐性壁垒和显性壁垒。而某些工友欣欣然理解为，不让竞争对手知道"悄悄地努力，然后惊艳所有人"。真有趣！但有些管理弱的企业，潜规则盛行。而所在行业的行规——起作用的潜规则，更需要花时间下功夫，去了解并理解。

《系辞》上传说："知变化之道者，其知神之所为乎！"懂变化规律，就像知晓神明的所作所为。变化不可测定的事态，叫作"神妙"，若有人能够洞察、判断、预计未来即掌握未来的变化，摸清楚神妙的事态，那当然像神明。梯职路六角七层模型，又叫作神明之作，它只是把变化不定的现代职场发展路径列明为七层级框架，把各层级主要影响因素特征整合成模型，帮你更易记住，学习训练后有人体会深刻且进步快速，就说是"神妙"框架。这是来自北上广深、湘渝川桂的高管与管理咨询同行朋友们，海量实践经验的总结，还邀集学者研究，严谨推理并实证分析而建立的理论，才创建出六角七层知识模型。职场晋升的道理千千万、深奥又复杂，把它整理成为七个层级、各层级拟定成为具体的简明形态，实在不是容易的事。从1999年开始讨论、研究，2021年才正式确定并申请著作权证书。2022年至今继续学术研究和写作专著。

用七个六角模型，就将数亿打工人梦寐以求的职业发展各层级要素特征，展现出来了。当然，没有简便的八卦符号那么犀利，把主宰一切变化的隐秩序，前无古人地彰显出来，成为人类当年建立显秩序的第一道曙光。你现有职位对应的六角模型理解与训练，可以帮你更加稳固；得到更高层级的职场晋升模型，能够为你原来以为再也没有希望到达的高层级带来一道曙光！

二十多年来，我的理论帮助许多工友解决了岗位胜任力与职位稳固，实现了晋职加薪梦想。用六角七层模型帮助迷茫的职场亲友们，告诉大家清晰的职场参考框架，这是在积累德行。帮助新人了解模型时自己会理解更深刻，实现内心真正的层级突破，晋职加薪机会更易抓住。在帮助他人的过程中，自己的职场学习队伍也会壮大。

阴阳象数理，成功属于您

六角模型参考框架的道理是真实的，不是凭空想象出来的。按《周易》的说法，是依据"象"和"数"推理出来的，称为"象、数、理的连锁作用"，是推理而不是神明。能帮你迅速把握整个层级全部要素特征，觉得够神妙那就说明你至少懂得一半了，另一半就是实践运用——让自己实现层级突破，让自己晋职加薪的美梦成真吧。周文王整理的六十四卦，阐明"数"和"理"，理在象、数之中，由象、数以

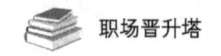

推理，是我们经常"观察有关现象，寻找相关数据，研究改变道理"的依据。

趋吉避凶的关键是自己的道德人格，大家都询问"知不知道"？就是随时"求道""修道""明道""悟道"。上天是公正而无法公平的，给我们同样的机会，但不保证我们有同样的结果。这就像通常说的师傅领进门，修行在个人。人的道德人格，"继之者善也"，"继"就是保持方向。也就是保持合乎正道向善的方向。方向不对，努力白费。六角规整，七层发展路径，是职场清晰而坚定的方向。个人的职场结果，在于自己学习训练、深度思考、刻意精深练习与悟性的程度。往往一两人很难长期努力精深刻意练习，需要与志同道合的一群人相互督查，在积极上进的氛围里，思想碰撞，解决实际问题，共同进步，所以需要 UBA 学园。

构建六角七层模型的胜任力框架，是学术上的艰辛工作。读者诸君只要弄懂知识模型后运用在自己的行业、企业、部门与岗位上，就能增强自己的胜任力。有人瞄准更高一层的六角模型，开玩笑说这就是自己当前的信仰。那是他们已经知道，这个六角模型对自己有巨大的提升作用——方向指引再加上具体方法。他们说自己迷信它了，其实是说出了攀登职场晋升塔更高一层的执着。

多数人只是看一看，当作一种心理上的安慰，事过境迁就抛之脑后，所以大多数人很难成功。要想在职场取得成功，微领袖道德人格是基础。但道德人格不保证成功，因为竞争激烈，要懂得现代职场晋升路径，还需要学习训练出对应的技能，表现恰当的业绩才能成功。个人职场奋斗态度与家风有关，有限的生命，可以借由家训精神无限延伸，而不断提高价值。家和万事兴，说起来似乎很容易，实际上牵扯的因素很多。情侣、夫妻双方最好一同培养更高层次的共同目标与兴趣，避免各自忙碌、相互冷漠而导致情变、婚变，不只是自己积极努力向上。招聘人才的时候，给人晋职加薪的时候，不要看错了人，要避开不愿意升的人、升了会后悔的人，还有可能堵在您心里的人，因为那几类人，请神容易送神难。

三观不合的敬而远之，保持合理的安全距离。

懂得这些阴阳象数理，职场成功当然属于您。

第四篇

高管梦圆

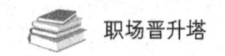

一些高级经理、总监很想拥有高管的权势与收益，可是奋斗多年也不得其门而入，因为不知道正确的参照模型。

很多高管觉得自己尽了全力、自己表现很优秀，还认为企业大部分收入是他们带领职员们赚回来的。可企业家、企业领袖认为他们不大称职，但他们知道公司许多数据资料等，可能泄密也有可能被要挟，一时没有更好的人选，不会动他们。

企业之间的高管职权与高管在企业的财富创造能力差别大，有些简直是天壤之别。收入也相去甚远，一些高管20万元年薪还差一点，一些高管年入百万元，极少数年入千万元甚至上亿元，所以我们选中等规模的企业来讨论这件事。这里说的是规模企业，还是前述的400—2000人或8000万—10亿元年收入。

一些200人以下的低技术小微企业，那些高管一般是规模企业的资深主管或者经理水平；初创企业的十个人里面可能有五六个叫作高管，也不在本篇的讨论范围内。

做到规模企业的高管，是许多青年人、中年人的职业人生梦想。真正的高水平企业高管，是万里挑一的现代职场成功人士。伟大企业的伟大董事会，便是由这些人组成的。

企业高管和企业家老板们，是整个工商业财富创造的核心骨干。整个社会绝大部分财富创造就来自工商业，除非资源禀赋异常，一个社会若想生活富裕，就必须工商业发达，企业家是民族的宝贵财富，企业高管是紧跟企业家创造财富的宝贵高级精英人群。工商业的财富创造，企业家和高管们的功劳可能占一半，这句话说了十来年，北上广深、中部、西部的管理咨询师、企业高管和一些企业家老板，基本上都赞成。

有不少高级经理、总监，机缘巧合做到了高管，然而未实现层级突破，思维没有多少升华，技能没有多少进步。有些会跟我说，高管谈来谈去，没有清晰的定论，显得虚空。

大学的商学院尤其是 MBA 最喜欢谈的是领导力。高大上，气势如虹，厚阔宽猛。可是马云戏说，企业管理层读完 MBA 以后，终于把企业做垮了。那些高管胜任力的研究，会说 20 个要素再加多少个维度，如自我形象、态度与价值观、职能领域知识、认知行为、技能、品质、动机等，说得全面美好且抽象，但是，指引了很多个方向，完全没有具体内容，实际操作还得靠自己悟性。

看来如何做成高管，只有宏大语词和抽象领导力，还是不能解决全部实际问题的。

一家企业做得好，最主要的功劳是企业家和高管们，一家企业做得不好，最主要的问题也一定是企业家和高管。我做企业管理专家顾问二十多年，大多数企业在确定签约前，我都会用各种当时比较合适的语言方式确认，看看老板与高管们承不承认：企业的基层是可爱的，中层是有希望的，主要的障碍或者说问题的根源一般还是在企业家和高管身上。如果他们不肯承认，一般我不签。问题的根源在他们，他们万般抵赖绝不认账，别的人是改变不了他们的。我也帮不了他们。长期做不起来的企业，水平低，耍赖皮，费脑筋也没效力，就不去浪费双方的时间和精力。

许多企业管理专家咨询师认为，高管们不合作甚至内斗是性格的原因、利益的原因。做企业管理专家二十多年，经历过 52 个细分行业的企业。四家半年，其余每个企业至少一年的顾问，12 个月每月一次至三次每月 3—9 天，深入交流的高管超过 600 名，我获得的经验是，各种业绩偏差、合作不良，甚至使公司到达生死边缘，最主要的原因是他们作为高管的素质能力认知还不足够，高管头衔者是积极心态甚至 99% 愿意尽职尽责，但是绝大多数高管并不明白，作为高管的素质能力应该到达什么程度？需要哪些技能？多数高管是有意愿，缺技能。一些高管时常感觉自己可能坐不稳，有时怀疑是别人在搞鬼。工商社会，一直欠缺严谨实用，可训练高管达成胜任与稳固的模型。

二十多年企业管理顾问，主要工作是做没有指挥权的常务副总角色，运用专家能力，劝导、辅导所有职能梯队人才应该怎么做好岗位工作，并尽量让部分技术管理人员实现一个层级突破。

本篇试图给出副总、常务副总经理或副总裁的胜任与稳固模型，可以参照培育，对照优化。

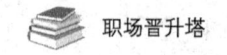

要实现晋职高管，需要内生、外生壁垒突破后的高层级壁垒突破，还需要机会。从总监级开始，高级人才就会有高贡献、高收入，全家高质量生活，高管更不用说。

企业领袖总经理、董事长，主要靠自己的强烈企图心成长，不是由他人培育的。而一个伟大的企业，一定有一个伟大的董事会，董事会大部分成员是可以培育的。小微企业做强做大的最佳方法，可能是加入私董会，有人说，如果小微企业主去读EMBA可能自黑到惨烈。小微企业做强做大，要正确运用股权激励留住核心骨干。

第八章

高管高效胜任力

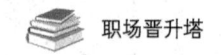

绝大多数规模企业的绝大多数部门是由副总负责，少数是总监或经理负责。一些企业副总只负责一个职能部门，如研发副总、营销副总、财务副总。大规模企业，副总会有几个总监下属。一般小微企业有副总的就没有总监，实质上这些小企业的副总也就是个总监，还很可能是规模企业的经理级水平，少数甚至是资深主管水平。但是他们直接向老板报告。多数大中型企业里面的副总会负责两三个职能部门。

真正合格的高管都是久经商场，经验丰富见识广，反应敏捷效率高，软实力强，硬实力也强且有能力带来职场荣光。无论是在行业还是在企业里，相对来说，是具备高管胜任力的，能够跟随企业家或者本身就是企业家，站得高看得远，具备战略眼光。

能将公司的经营战略，通过"非财"技能，完全正确地转化为战略绩效指标的副总不多。有些甚至摸不着头脑，因为他们只是老板的某方面助理，只会跑腿传达指令并跟进，老板因为他们忠实——整日里跟在身边而给予其副总头衔。例如湖南某药业公司，老板实设 5 个特别助理，每个助理跟进两三个部门经理。

第一节　副总里外两头急

在现实中，绝大多数中小企业的高管，恨不得有双翼能在空中飞，因为他们"两头急"。一头是见总经理见老板，看起来只是在说笑甚至谈笑风生，实际上内心在着急地要说困难说麻烦，并不是急于辩解，是急于让企业领袖明白自己想要说什么，因为急于等意见、指令。转过头去见到自己的下属，又在急急忙忙地安排工作，急忙查看情况，急忙为下属想办法解决问题。

广东佛山的云总，急忙外出跑去客户或供应商那里，又急忙跑回公司开会。大家赠他外号"云上飞"，几乎成了空中飞人，平均每个月要飞30次。云总期待着佛山江门交界处的枢纽机场早日建成，不用去白云机场那么远。

广西柳州的黄总，近年学习劲头足，有时会议一结束，见他急忙跑出去听课学习。他说课堂上很激动，回来就想整改，叫上几个人真正来干的时候，发现听课学习回来的东西几乎动不了。记录的笔记，回来也不怎么讲得清楚。

江西南昌的钟总，除了常参加学习，有时还急忙开车去车站码头接客人接朋友。我去许多企业做顾问时，很多次是副总开车接送。有时是副总经理或副总裁两三位一起接送的，车上可以有些时间再与我说说他们的苦闷或压力。

湖南长沙，中秋节前两天的晚饭餐桌上，总装车间曾主任一脸凝重地报告，下午仓库找不到生产材料，夜班要停产了。晚饭后，管生产的常务副总（他们叫执行总裁）亲自带6个人各拿一把卡尺到仓库里找材料。告诉我：他们总是说30种材料都找不到，我带上6个人在仓库里用两个半小时，就找到18种。他们就是对仓库不熟悉嘛、对材料认不准嘛。我与他打趣说，七剑下天山的武侠，在您这里练成了7把卡尺进仓库。问题是，还有12种没找到啊，夜班在下半夜还是停产了。明显地，没有运营管理系统。仓库管理，也没有运用好现场管理基础技术五常法5S。

为什么经理、主管们不会像副总那么急？因为他们听从高管指令，按照工作技术流程按部就班办事。高管办事是没有人给他们固定流程的，高管要跟企业领袖共同创造企业运营管理的环境，确立事情的目的，思考事情办成什么程度，才能吻合公司的使命、愿景以及年度经营目标，才能符合客户的需求、超越竞争对手。称职的高管，应该是扩充所管理服务职能的资源，不断提升各职能团队的梯队人才能力，逐步提高他们的执行力水平。

在长沙市麓谷工业园，与三位副总，分别是来自湖南洞庭湖西边益阳的周总、北京密云的何总、安徽芜湖的余总交流，他们都认同：高管在参加公司经营管理决策会议时，是高层决策者。在会议之外要落实经营管理会议的决策时，就是执行团队的带头人，如果高管自己不高效，或者没有察觉到需要提出高效要求之处，其管辖所有职能部门都可能效率不高。

在中基层人员眼里，高管代表位高权重，能力强水平高，很能干，威严又潇洒。这是艰苦思虑完成之后的外在短暂表现，实际上，许多高管自己拿不定主意，犹豫不决、踌躇不前，因为不知道是不是弄明白了战略目的，思来想去，晕头转向，好几天甚至几个月。有时似乎弄清楚了战略目的，却不知道该用什么样的目标指标把战略意图体现出来，总有一些内容无法找到指标或者无法表达，还总有一些指标感觉不准确，因此不敢亮出来，因为知识与见识不足以支撑新技术。多数副总"非财"技能弱，将企业经营的财务指标转化为各职能季度月度考评指标的技能不熟练，还认为只是人力资源部门的事情，当然有完全不懂的还认为是财务部门的事，这就闹笑话了。在加工企业，他们的常务副总一般叫厂长。我遇到了30起以上，厂长与另外两三个副总商量了几天，也拿不定主意。零散"非财"的知识和见识远不够用，他们琐碎地考虑到"非人"因素后，情况变得更复杂，也更迷糊了。因为并没有带好梯队人才，人力资源部门实质上只是办个人事手续。

产品技术路线是模仿的，企业品牌特色在产品技术上面没有优势，往往引以为傲的只是产品技术的某几点工艺改进。因为缺乏多种技术路线的信息，无从比较，产品技术路线决策，降阶为经验模仿的步骤与细节确定。

多数企业副总，自己负责职能部分的管理机制，也是从行业里有人脉关系的几个企业那里模仿拼凑起来的，四不像是经常出现的现象。一些企业经常想改变，但嘴巴上说了三年，还没开始进行文本改动，有三条规则需要优化说了三个月，都没有确定要不要形成文本，就只好听副总口头指挥。自然，看见的是副总忙个不停，听见的是他们抱怨太累，但是明显可以感受到，他们内心里权威感十足。而有些企业三个月就改三回，改来改去，总结时竟然把不停地改变，当作不停地进步，根本就没有所谓的机制，唯一的"机制"就是"改来改去"。只看见表面现象，没有能力分析出基础机制、底层逻辑。还说不是他改得快，是这个世界变得太快。耍嘴皮子，开个玩笑可以，如果真是管理心理，就不好了。

这些累，来自本身的素质能力不够强，另外就是行业精英人脉不足，交流来交流去，就是那八个十个人，大家水平都在同样的层级，甚至经验和思维都是同质性的，难以有所突破。更可怕的是，职场人脉就自我限定在那八个十个人的圈子里，大家都赞同的事情或方法，就以为自己是高水平了，可是没有意识到，全是井底之蛙，看见的天是同一个井口的大小。更缺乏的是多职能精英人脉，虽然多数的时候判断准确，但在自己不熟悉的领域还是有可能"瞎指挥"，企业的损失就大了。而为了维护自己"瞎指挥"时的面子，再次用荒唐的行为去补救。就像一句谎言要用无数句谎言来掩盖一样，这时候副总的行为，已经是祸害了。

武汉光谷的杨总埋怨说，常务副总就是常尴尬。忙了一个季度，财务部门核对经营指标时，尴尬了。尴尬来自结果差距大，大多数情况下，并不是高管不去安排具体要做的事情。讨论发现，差距大的根本原因是季度目标指标，定在下属的工作任务上，而工作任务的计划，并没有瞄准从企业战略延伸出来的战略绩效目标，下属干得越多，成本越高，就有可能偏离战略越远，因为缺乏战略绩效的能力。然后，杨总又是两头急，急于向企业领袖解释谁的什么事情没做好，急于安排下属再做别的事情补救。可下个季度，又有另外的指标令人尴尬。因为没有意识到战略绩效的本质，实质上杨总就是缺乏能力，无法弄懂战略绩效，自然没有贯彻战略绩效。

在杭州、江西与一些副总交流，他们说：不是我不明白，是根本就没有听说过。表明这些副总，知识和见识不够。见识的差别，是第一等的差别，其余的差别都是次等差别。企业职能管理者，不可能运用从来没见到过的知识来确定思考方向，运用从来没见到过的技能来提高效率。

信息不够，逻辑推断能力不够，无法清晰判断时，就只凭感觉作出决策，缺乏风险管理思维，可能有点小赌博的心态。这也源于缺乏高管战略认知，不知道自己的决策会给公司带来多大的风险，因而不够慎重。

老家一位姓邓的高管，小我6岁，我还没有退休他却已经退休6年了，因为逻辑推断能力太弱。三个因素影响的事物，他的决策基本上是准确的。他是个异常勤奋的好人，对上司很谦虚，对下属很友好。但是，他的逻辑理性能力弱，形成概念的能力不强。如果有五个因素影响的计件工资事情，他开多次座谈会、恳谈会，讨论交流三个月，最后拿出来的决策方案是三个月能把这个问题解决。四个月以后发现，因为他的决策给公司带来了更大的麻烦，他被降职了。

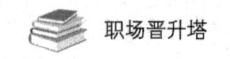

股权稀释后，他还是个拥有 1% 股权的创始股东，但他对企业的忠诚和勤奋，几乎是与生俱来的优良传统，两年以后再升上来了。

干两年高管又被降下去，决策的事务不同——这次是采购供应链问题，同样因为逻辑能力不足。又干了三年生产总监，还负责外发厂。当公司新产品复杂程度陡增，他心理实在承受不了了，上班急，回家还是急，老婆说他有躁狂症，几乎到了神经质，又开始眼光迷离，不得已提前退休。

当年我去他们企业做管理顾问的前三个月，发现有四位无比努力勤奋的高管与两位中层同事，眼光迷离，什么事情脑子里都装着详细的信息，但是决策思维却不清晰。谈话时，眼神不能集中于一处 10 秒钟，只好请来精神卫生专业的留美博士副教授，为他们减压四次，第四次用到轻度催眠才让他们放松下来，恢复眼神稳定，才能精神集中，思维清晰。

第二节　副总胜任与稳固模型

中层总监或首席工程师工作稳定一两年，带领的团队保持竞争优势，业绩突出，能够持续学习，有风险管理思维者，可以预备进入第六层高层副总（CTO 首席技术官、总工程师等）高级管理者。

怎么预备达成高层胜任力？升上了如何做稳呢？

多方研讨论证后，我认为应该从以下几个方面考虑。

主动结交行业多职能精英人脉

总监可能只有一个职能，但副总往往不止一个职能，这就需要了解企业外部政治、经济、文化、技术与商业模式等环境变化，才能把握行业多个职能的发展趋势。CTO 首席技术官、总工程师、副总等高层人员作出的决策，基本上就是该企业该职能最高决策，出现偏差就会产生额外的成本，稍大偏差就是高额成本。而这种高层的决策工作牵涉面是很宽的，往往不止一两个职能知识与见识，所以一定要有多种职能的精英人脉。

定期或不定期，跟各职能精英做正式的实为非正式群体交流，个体非正式的实为正式交流，才能真正了解到行业趋势发展，才能让自己所做决策尽量少产生偏差。经理、总监解决下属提出的问题，通常就需要微创新才能解决。作为副总，代表公司掌管一个或几个职能，承担的责任是使得所管理的职能，必须相对于竞争对手有优势，所以必须有创新能力。创新能力除了个人看书学习思考，还要有多个职能的不同精英人脉圈，与精英人士各种交流中的当场表面触发，或深刻思考后的启发，知识、见识就会充足得多。交流多了，也能提升思维敏捷、创新能力。

行业变化快速时，要具备快速创新与正确决策能力。这时段，可能职能精英朋友圈聚会更频密。当然，还要注意不能泄露公司机密。

懂得战略绩效管理

一些同事交流，喜欢说高管思维，主要就是企业经营管理的战略思维，风险意识与资源整合，构建竞争效能。

运用非财务经理的财务管理，做多个职能工作目标分解，把企业年度经营目标指标，如合同额、回款额、毛利率、纯利率、市场占有率、新产品开发与品牌知名度、忠诚度等，把这些转化成各职能的年度、季度与月度考核指标。这些职能包括但不限于研发与技术、市场与营销、采购与外协、项目与计划、仓储与物流、人力资源管理、行政与后勤等。

在许多公司，见到过月度考核目标指标与年度经营目标不挂钩。发生这种莫名其妙的管理现象，就是因为副总层不懂战略绩效管理。还在四个企业碰到过外聘的专业总监懂得与年度经营目标挂钩，却被不懂得挂钩的"洋八路"副总上司扰乱了。财务部门核对季度经营指标时，结果差距大，尴尬了。"洋八路"是他们给这类副总的玩笑调侃：满嘴说的是洋词，实际功夫却还是数十年前的"土八路"作风。有些是有意愿没能力，也有可能只是嘴上应付，不想下功夫干出来。

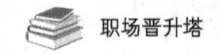

职能机制管理改革

运用适合于企业的职能机制管理改革，才能适应经济形势的较大变化，尤其是激烈竞争的行业。要适应行业竞争重大变化，通常会有职能机制层面的管理改革，小打小闹修修补补可能不起作用。当然有些公司喜欢把它叫作"革命"，还召开动员大会，那是为了推行改革成功，因为任何一项机制层面的改革难度都是很大的，可能是有风险的。那为什么叫改革？是因为我们这些改变还是要遵循企业自己的历史文化，以及原有管理机制的大部分内容，要考虑职能机制发展历程、现有人才梯队的管理习性。不可能一切推倒重来，只是改变某一部分，所以还是叫改革。

先得弄清管理机制。它不是管理程序管理流程，当然，有可能在管理程序管理流程中体现某一部分。叫机制通常是用在公司治理的顶层设计，还有利益分配机制，这一般是企业经营管理中基础核心部分，各要素的结构关系和运行方式，是企业基本运行原理规律的性质，绝不是某个技巧或者小花招，更不是某个金句。

运用适合于企业的职能机制管理改革，是说发现行业里边有大改变，发现竞争对手企业可能有大改变时，要弄懂他们改变的原因、改变的方法和原理。借鉴而不可以完全模仿、抄袭。一些小微企业总是模仿某个部分，甚至完全抄袭某些模块。因为没有系统性地理解、借鉴，结果把自己弄得面目全非，没有进步还伤害了自己。就是这些所谓的高管没有弄清楚机制管理，听风就是雨，虽然在高管位置上多年却还是没有足够的高管战略认知，不具备高管需要的知识、见识和思维能力。这些企业长不大，也就不要觉得奇怪，当然他们的企业领袖也可能是主要限制之一。任何机制管理改革，必须得到企业领袖的首肯。

熟练非人力资源经理的人力资源管理

在透彻理解企业的使命、愿景与价值观基础上，企业发展战略框架确定之后，在执行的过程中，企业发展方向、盈利能力、市场竞争优势取得，就体现在企业领袖的思路上，这是中小企业领袖的信息枢纽作用的体现。

又能准确理解企业战略的目的并恰当表达出来，是一些不大合格的企业副总的明显弱点，某些表达是不大符合企业文化的，复杂事情表达不清晰，一开始就可能把自己所管辖的区域带偏了。表达不清的多数人可能是语言表达水平不够，少数人也可能是有其他小心思。

理解企业战略目的后，如何选择、确定实现战略目的的各职能目标指标，季度月度如何变化内容或权重才能有足够的促进与引导作用，可能是许多企业副总都有过的困惑。这项能力，就是将公司的战略通过"非财"技能，转换成各职能的绩效目标指标。

通过制订计划来达成目标，副总经理或副总裁们选择空间是比较大的，如果不强调价值观、确保企业文化贯彻，制订的计划可能会偏向。一个副总管理的职能发生偏向，工作关联的副总相应的目标和计划也可能偏向，连锁反应很可怕，因为纠偏将导致成本很高。甚至有些不可短时纠偏，只能继续偏向地走下去，经过很长时间拐大弯，才能回到企业文化正道上。可能使企业大伤元气，因此强调价值观、确保企业文化贯彻重要性，可见一斑。

计划制订后的实施过程中，还需要查看是否有偏离企业文化的现象，这是副总和总监要关注的事情。

许多企业不懂得企业文化贯彻的重要性。有些企业高管，把企业文化贯彻误以为是听老板的话，领悟老板话语的背后意思，在那里搜肠刮肚地想老板的潜台词。这种蜕变只可意会不可言传半秘密默认，至少是不懂得贯彻企业文化，未达到高管战略认知。

在紧跟企业领袖战略思路，确保企业文化贯彻基础上，经理、总监们带领自己的团队完成已经确定的工作。要懂得"非人"：非人力资源经理的人力资源管理。至少不与人力资源部门对抗，运用人力资源部门发布的公司制度、政策和流程完成部门工作。还要让人力资源部门帮助所辖职能的梯队人才成长。

作为高管的副总要熟练"非人"技能，总监和经理做得不足之处或者有偏颇的时候，才能够为他们提供帮助或纠偏。如果自己不熟练，就不懂得运用人力资源部门的资源，来帮助所管辖职能更顺畅地完成工作任务。熟练"非

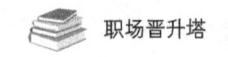

人"技能,帮助自己的经理、总监们继续进步,才会让执行力团队人才成长更快——这是副总的职责。不称职的高管,可能阻碍执行力团队的成长,会扰乱优秀下属的成长,甚至带出职业道德不良的团队。

能够对复杂的技术路线决策

这里不一定是指工艺技术,有可能是指商业模式中的工作技术流程等。除非董事长、总经理创业就是这方面起家的,或者他们的专长就是这方面,他们会迅速决策。否则,技术路线决策,都应该在职能副总这个层级完成,虽然还是要报告总经理、董事长。

完成复杂的技术路线决策工作,纵向来看应该要有深厚的技术积累,实际上副总不一定是自己负责的每一个职能的技术高手、技术达人,但是关键技术点的判断能力必须有。而要正确判断,除了纵向思考,还应该要有横向比较,那么这个职能范围里的职场精英人脉必不可少,与他们的聚会交流是职业工作。参加行业技术交流会议、营销展会也可以获得重要的、较全面的前沿技术信息。

现代技术决策已经发展出许多决策方法,作为企业的高管,必须对需要的每种方法的知识概念和本质规律有全面了解。矩阵汇总、决策树,所谓的"软、硬、韧"技术决策法,即定性、定量与弹性,动态方法、对策论等,要收集这方面的资料,组织学习训练。当然,要懂得本企业本行业运用的决策方法发展历程,本企业本行业的决策方法发展趋势,要季度性跟进。

除此之外,还必须关注跨界。因为互联网时代,打垮你的,不一定是行业内的竞争对手"老怪",也可能是跨界来的"小仙"。

设立新领域的管理机制

要尽快学会判断新领域的要素,积累一段时间就要设立管理机制,因为跨界能带来产生新盈利领域的机会。通常某些高管年龄偏大,学习能力降低,还有可能躺在成功的功劳簿上,对于跨界新领域反应不敏捷。如果竞争对手领会在前、学会在先，把跨界的新机会凝聚成为他们的竞争优势，说明你就没有抓住新的机会，愧对岗位、愧对公司、愧对你的团队。你所管辖的职能部分，就无法成为公司的优势了，作为高管，没有抓住属于公司的机会是失职。没有尽到注意和勤勉的义务，高管年度评价会失分很多。

判断新领域的出现，需要保持对行业变化的跟进，精英聚会、行业展会是不错的渠道，行业研究信息发布的载体，必须保持准时得到。新领域的管理机制，部分变化也可能全变，要组织研究讨论，新领域一定有新知识，需要尽快学会，不落后于竞争对手。

不能做到了高管，圆了自己的梦想，就放松休息了，不前进了。高管面对的不确定性更多，影响因素也更多，责任更大、权力更大，正面负面影响也更大，使高管保持敏锐的学习力、理解力需要不断增强。有足够的高管战略认知，与时俱进，能够带领多职能团队人才成长，维持竞争优势，稳定业绩，高管位置才能够坐稳。

CTO首席技术官、总工程师等，与副总的管理技能类似。

工作摸鱼、认真工作、认真思考，是三个不同层级。高层的摸鱼，有一种低级勤奋的特别现象，就是没有能力把自己的本职工作干出色，却爱干下属的工作，常天亮忙到天黑。竟然还以此来显得自己很重要，因为一直忙不赢嘛。不称职的高层副总经常在干下属的工作，自己岗位的工作却干得少，那么总经理就得帮他干。总经理给他分配任务后他才完成任务，完成了就以为自己在"认真工作"了。似乎不懂在高层副总的位置上，该怎么"认真思考"。许多小微企业，就是这种资深主管级别的伪高管副总们在掌控，所以只能长期是小微企业，无法做强做大。

照此高层副总胜任与稳固模型（见图4-1）努力，扎扎实实学习训练企业高管层级突破的素质能力，有机会时可能会晋职高层副总或CTO首席技术官、总工程师等，还可能被授权单个科目的条件付款签字权。持续学习，与时俱进，地位就可能较长期稳固。

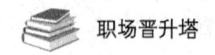

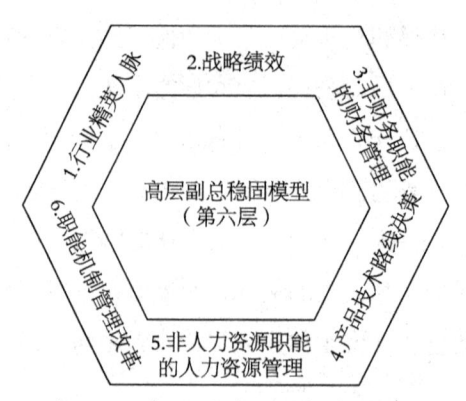

```
        2.战略绩效
 1.行业精英人脉      3.非财务职能
              的财务管理
   高层副总稳固模型
      （第六层）
 6.职能的职能管理    4.产品技术路线决策
    5.非人力资源职能
     的人力资源管理
```

图 4-1　高层副总胜任与稳固模型

第九章

常务副总素质要全面

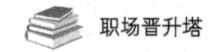

首先说明，这里说的常务副总经理或副总裁不是一个资历符号，也不是一个给待遇的符号，而是企业内部全面负责运营管理的岗位或负责人。不少企业把常务这个岗位名称，只是当作一个资历、待遇、地位的符号。有些企业把这个头衔给营销副总经理，给到人力资源部或者财务副总。还有一些给行政部，理由是他们要去跟政府对接，这个职务显得更高，显得更被重视。这些是排政治座次的官本位思想企业，如果不用恰当的方式适当破解，官本位会不会成为向现代企业转型的障碍之一呢？

资深副总也不是这里说的常务副总。小工厂老板做总经理常去外面跑业务，老板娘管全部内务，所以她是常务副总——她笑称常管家务，但这不是我们要讨论的常务副总，因为他们是作坊式的管家而已。

在二十多年的企业管理专家顾问职业生涯中，所签合同内容，绝大部分是在为这个企业做没有签字权的常务副总工作，因为这些企业全部缺一个真正能干的常务副总经理或副总裁，所以，作为企业领袖的董事长和总裁或总经理忙到飞起，往往效果还不大好。在组织架构基本成型的企业中，访谈一结束，与董事长、总经理讨论确定了企业的双年度经营目标之后，就应写出该企业双年度管理提升规划，与每一个职能部门讨论设立年度目标指标，再制订达成目标的计划。然后辅导培训梯队人才每周、每月达成，季度或半年述职。

大多数中等规模企业，除业务、财务之外，由常务副总经理或者副总裁管全部运营。也就是说，常务副总经理或者副总裁，这个岗位要管理计划部、IT部、人力资源、行政后勤、生产、工艺技术、品质、研发、采购、外发、仓储物流、动力与安全消防等。这些部门里的任何一项问题处理不好，都有可能影响产出，还可能影响企业效益，影响企业品牌或产品品牌。职能专业分工越来越细，全面发展，难度极大，因而优秀的常务副总极难得。许多中小企业难以得到合适的常务副总。

管理这么多职能部门的常务副总，很多时候被戏称全管副总：全部都管、全面都管。确实如此，常务副总的素质能力需要很全面，才能够应付得了各种问题。按照《中华人民共和国安全生产法》第五条，安全生产委员会主任即第一负责人是董事长/法人，但是，常务副总通常是安全生产委员会执行主任，第二责任人是日常实质负责人。

经济学术语"企业的边界"不是指企业的围墙，指的是企业内部交易成本等于外部交易成本时的规模。一流的常务副总能够大大降低内部交易成本，从而扩大企业的边界——使得企业的规模更大、盈利能力更强，因为能干的常务副总能够良好地开展工作，使内部各部门运行损耗降低、利润率提升，即企业内功——软实力逐步增强。

第一节　解放两顶层

解放两顶层，这里说的企业两个顶层，是指的董事长、总裁或总经理。

缺能干的常务副总的企业是常见的，那么常务副总的工作谁在干？多半是总经理在干，许多企业的总经理实际上就是个常务副总。有些企业，是董事长和总经理都在干常务副总的工作。如果发现一些中小企业的董事长、总裁/总经理总是风风火火，忙不赢，主要就是这个原因。企业领袖直接指挥，使得他们的中基层人员会讲许多领袖语言，系统性执行力却堪忧。

培育合格的优秀的常务副总裁/副总经理，是当务之急！因为没有忠诚又能干的常务副总，浪费了董事长和总裁/总经理的大量时间与精力。他们在公司内部事务耗费的时间与精力太多，外出交流的时间与精力就不足，进而导致自己岗位该干的企业领袖活没时间干。而作为企业领袖的他们，主要工作应该是在企业外部，寻找整合资源、联络人脉、获取信息，为企业扩展空间，发现商业机会。

企业领袖拓展资源的发散性思维，与常务副总的执行收敛性思维，如果放在同一人身上，时常会发生冲突。董事长和总经理是企业领袖，去指挥督导已经确定了制度、工作规范和流程的细致烦琐的日常工作，领袖角色发散性思维不一定能马上转到常务副总角色的收敛思维上面来，对中层甚至基层发出的指令可能导致理解不到位，还可能出现紊乱。因为企业领袖干错位了，指挥系统可能乱，导致作业系统紊乱不要觉得奇怪。当听到班组长中层主管都在说企业领袖语言时，不只是有这种嫌疑，进一步了解发现90%以上真是如此。湖南长沙暮云工业园的一家机械企业，班组长不只是说领袖语言，有几个还直接找老板讨论发展战略。

企业领袖拓展资源、获取外部资源不够，会导致竞争力弱，企业发展前景可能受限。

大股东总经理管外——拓展资源和业务。二股东常务副总经理管内——早晚开锁关锁、检查安全与防火，与政府部门对接、客户或供应商来了陪吃陪喝。许多客人由他自己开车接送，公司内部似乎永远有处理不完的各种大大小小的问题。我问他们的感觉？通常是摇头叹息，那神情告诉我：无可奈何。

某些常务副总，每天都很活跃，在公司里风度翩翩，穿梭于顶层和中层之间，稍加留意你会发现：他们一会儿微笑，一会儿严肃，在不同地方跟不同的人交流谈笑风生。但是，你从来没有听到过他自己的思想，哪怕归纳总结形成概念的事情，也基本上没发生过。他们似乎总是在热情地告诉你：对方说了啥。这些常务副总，只是在部门长与总经理之间做传话筒，上传下达很忙碌，很认真的样子。实际上他们在常务副总的高位上，只做相当于总经理秘书助理收集信息的事儿。但是，不等于他们不添加私货而弄权，不等于他们不告密不泄密。当然，也有聪明过头的中层利用他们传递有用、无用甚至是无中生有的信息。总经理就得主动接触中层，不可长期滋养这种人。

有一个准备上市的药业公司，董事长兼总经理忙得脚不点地。他获取公司内部信息的方法是设立5个特别助理，5个特别助理分别联系16个部门总监或副总。这5个特别助理实际上是在干副总经理的部分工作，但是他们没有批准签字权，他们也不用直接承担管理目标未达成的责任。总经理的痛苦是太多人找他签字批准日常琐事，因为他缺一个常务副总。组织架构重新梳理后，助理减少，副总权责清晰，培育常务副总，企业成功上市。

规模企业的常务副总，需要处理高层、中层甚至基层管理的事情，还包括许多突发事件。看起来像是琐碎小事，但如果处理不好，可能全部会变成公司的大事。二十多年52个细分行业的企业管理专家顾问，我遇到太多让企业似乎过不去的大事，实际上都是一些琐碎小事没有处理好引起的。琐碎小事涉及的面，确实非常宽。

一些人因为数年扎扎实实的表现获得信任，成为公司的常务副总。常务副总处于企业内外信息交汇的枢纽位置。可是，在这个位置上不到两年，因为掌握了超过十个部门的全部梯队人才的指挥权和资料数据的批准发布权，因此，掌握的信息比总经理、董事长更详细。知道信息不对称，有了人才管理和信息管理的巨大权力，就开始搞小动作，牟私利。这就是不忠诚。高薪和高额奖励下依然贪污受贿，被揭发以后，还认为自己劳苦功高，不如营销总监营销副总收入高而受委屈。还有的大言不惭说，总经理、董事长怕他功高震主。从古戏文中、街头评书里学了这么一句话，能保护自己被弹劾的面子吗？结果，在这个细分行业里，近20年奋斗努力树立起来的职场个人品牌，全部坍塌。

有些老资格的常务副总，学习意愿不强，学习力不强。所管辖的十几个职能部门，信息化时代变化快，对多数新职能技术，或者职能的新技术判断力不足，就偏爱自己熟悉的职能。对其他职能人才漠不关心，就算是他们的强烈诉求，也不理会，因为没有能力不敢去讨论处理，还总是说这些部门的人刁钻，不听话。他们离职走掉不奇怪——有时候是整个团队一起走掉，公司的这些职能模块就变成弱势或者消失了。不听话的走了，常务副总的话，在公司内部更有威望了，但是，公司在行业里威不起来了，遇上激烈竞争，原有的威望被打脸了。

公司业绩下降，行业地位就会下降，梯队人才的待遇也会下降。连锁反应，梯队人才就会用脚投票离开公司。这个时候一些常务副总就出来封官许愿，因为眼看自己可能干不下去了。这时许愿不会被梯队人才中的核心人员认可，颓败无可挽回。董事长、总经理又不得不出面，来干常务副总的工作。

有些常务副总是董事会成员，甚至是排位靠前的较大股东。前一天晚上，他在董事会上接受了常务副总裁的任命。也是在这个会议上，决定接下来这一年年度出货任务为5亿元，可是，第二天下午他到车间里跟中层骨干开会说：兄弟们好好干，今年努力干到出货4亿元，过年我请你们全家一起过。我刚好路过听见。不到一天就打8折，5亿元变4亿元，我问他为什么？他说打8折

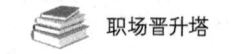

能够完成任务就阿弥陀佛了。会议上不提出意见，执行时，根本不相信能够完成董事会上的决定，因为他真不懂得常务副总裁该怎么做。

经过查询，公司多年来，确实大多没有完成八成的年度任务。所以那一年的辅导任务干得艰苦，最终完成五亿零六十万元。

用通常眼光看，他是非常勤快的人。天一亮爬起床先跑到车间里转一圈，看看夜班同事工作完成状况。一日三餐，都跟不同车间的基层、中层干部共同进餐，都在边吃边谈工作。他每天都忙到飞起，眉毛胡子一把抓，可是效果不佳。是因为他并不懂得常务副总需要抓的最核心内容，是基础管理加进度督查，基础就是管理制度、管理程序与流程、针对各层级的执行力训练。进度督查就是查看计划，可按照组织架构图上的责任人询问情况。大多数副总，并没有受到过针对性的中层执行力系统性训练，也不明白各层级的管理技能内容。

常务副总经理或副总裁管辖十几个甚至三十几个职能部门，各种琐碎小事不知道处理方法，又不能说出去，怕泄露秘密，更怕出丑。有人半年急白了头。组织架构图，是一个敏感有效的促成年度计划达成的管理工具。在多数企业里，说得好听点，组织架构图是大学教授教本科生的水平，直接说就是一个无效的草图，因为不知道怎么做组织架构图，没有人名，没有职位，没有人数，没有制图人，也没有批准人签名。许多企业拿出来的草图，跟他们实际的各职能指挥链，总是有不相符的地方，有些甚至大部分与实际运行不符。说明实权管理者的头脑里是混乱的。

计划是经典管理职能的第一个，也几乎是企业管理中最难的一件事情，绝大多数企业是不懂设立双年度目标，不大会制订年度计划来达成的，没有能力做出有效的双年度计划、季度计划、月度计划，所以见到有些企业第一天下午出第二天的生产计划，或者早上上班一个小时前才发出当天的生产计划，都不要太惊讶。因为他们说，一直就是这样"乱搞乱发财"的。这就不可能有进度督查了，只能是催命：催促式命令。每天都是，走到哪山唱哪山的歌。年度业绩如何，企业还有没有明年，都得看运气。

没有像样的组织架构图和系统性计划的企业，管理基础的制度与流程功夫，一般都很弱。管理基础弱，常务副总就是救火打乱仗的，但谁也救不了他。

一位常务副总肖先生，明白了这些道理以后，紧跟我在他们企业内的每一次执行力训练课程，并查看所有参训人的实际问题解决方案与结果。班组长、主管、经理、总监，了解到训练主题，以及运用相关知识解决某些问题的方法后，提出自己面对的各种问题。培训时，加入课程中在训练现场启动解决。开讲前，他讲话，休息时了解学习情况后，在开讲前又督导讲话，训练效果好，他自己跟着学习训练。我去六个分/子公司讲同一课程，他都跟着从头听到尾。我分别用各分/子公司自己的现场案例分析、讲解，回答疑问，再让他们用报告训练后准备的改进方法——公开承诺。从领班到总监，四个层级的执行力训练效果都很好。

见到好几个常务副总，他们都明白，要对管辖的全公司内部系统各职能的工作效率负责。他们在总经理分配工作任务之后，就不停地去检查各个部门，去催促、督导、施加压力。他们顶多就是一个稽查员，所谓的督导各部门应办事项是去查对进度。他的常务副总职位很高，发现了质量问题或进度落后的，可以训斥人，可以说一通大道理，把责任人训一通。但是他们并不具备最基本的管理认知：做人家上司是要帮助人家进步的，不只是有权力可以施加压力，更要提升下属能力，而且要先为下属提供动力。不是别人在你的部门讨饭吃，就要看你的脸色，被你压制并管制。桌子拍得砰砰响，是威胁式发问了。这些所谓的常务副总只是监工而已，所以，曾经有个企业的经理在夜宵吃喝碰杯时，搞笑地指着他们的常务副总说：你是打手吗？玩笑也有三分真。优秀的企业里，下属是绩效伙伴，成就卓越的企业里，不少高管把下属当作客户对待。

处理异常突发事件能力，必须是常务副总的一项突出能力，否则，压力大到睡不着，因为管理不规范，企业规模大，这类事情每天都有。现场管理者即班组长、小店店长、领班，应该有现场异常事件的应急处理能力。常务副总，要面对公司内部所有的异常突发事件，因为所有这些事都会报告到他面前。所以，有些公司的所谓常务副总就是一个老资格的中层——有些还自称老油条，因为他见过所有的发生过的大大小小琐碎的事情。实际上他不具备领导能力，只是拥有处理这些琐碎事情的过往处理经验，没有能力逐步减少或杜绝这些事情发生。

所以，他们做到这个位置后，就非常乐意做千年老二，忠心耿耿地做督察员。有些公司就只设个管理部长，权力与待遇低些，专职检查、处罚，这个总是走到哪罚到哪的人，遭人恨，干不长。一位巫姓管理部长，背后的外号被叫作"老巫婆"，她感觉很难做下去。有针对性、系统性训练各层级管理技能的企业，是不需要这个职位的。

一些企业，例如，机电一体化自动化设备制造，加工制造工艺流程长，离散型，管理非常复杂，经常难以按照合同期交货，压力大。由管内部生产制造的常务副总，副总裁们轮流做，谁做谁挨骂！反正谁做都不能准时出货。每天晚上调度会，也不会起作用，实际上是基础功夫差，每晚会议结束都没有记录，说完了就完事了，记录都不会做，自然没行动。不懂得将隐性知识显性化，不会将熟练的事情写成规条，后续行动者照系统性的规定条款行事，即可大大提高效率。

有些自己不懂技术的，把下属分成两三组，提出让他们比拼，这只是耍小聪明？这是给公司挖坑，让下属成为两三个帮派，搞内斗。最终会成为自己的坑，不到两年，被免职了。

有些常务副总，自己兄弟姐妹多，父母的兄弟姐妹也多，家庭家族亲友数量可能显得庞大。他们就有一项义务，要照顾家庭家族家乡的一些人来公司工作。虽然他每月几乎都请他们吃饭，饭桌上交代：不能因为他在常务副总经理或副总裁位置上，你们就工作不努力。但是，他未料到他的家庭家族家乡人，每日在工作中比他更威风，他的一个小表妹刚满18岁，竟然被其他工友尊称为老陈，告诉我时，他苦笑着说"失察老陈"。所以，许多公司规定，不可以有亲属在一起工作，尤其是在同一部门工作，避嫌。

一个常务副总老黄，喜欢说黄段子减压，被新来不久的异性下属误以为骚扰，不依不饶，最后只好以名声不雅提前退休。

一些人到了副总、常务副总位置上，与身边的人一比较有些明显优势，就开始摆架子了。甘肃庆阳黄雄海，与下属一起学习认为没面子，顶层要求去学习不能不去，于是坐在后面角落里看杂志，玩手机，不用心学习训练。六次学习训练后，尴尬了，不懂下属讲出的最近学来的道理，被一群下属起哄。没有时间也没有机会再倒过去学前面六次的内容，产生了恐惧，一年快结束的时候，竟然见到培训老师就肩膀发抖。坚持了半年以后再也做不下去了，离职。假装学习、抗拒学习，最后淘汰了自己。

公司里不设立不重要的部门，不重要的部门就取消或者合并。有些升到常务副总经理的位置上，都不知道公司里是应该平等对待各部门。各部门之间的合作是平等的，各部门的价值在合作时才能体现。不是说面对客户的前线部门最重要，支持部门就不重要。公司里设立的部门都有重要的职能，同等重要，分工不同，最重要的是合作顺畅，把合作方当作内部客户。

忠诚是对于公司而言，首先就是要忠诚于公司的使命、愿景、价值观。当发展战略确定之后，就要忠实执行确定的战略。常务副总的忠诚体现在一定会急董事长、总经理之所急，即使困难重重，竭尽全力也从不退缩，管理目标必须达成！而且要记住，目标不只是用来达成的，而是用来超越的。虽然大权在握，管理公司大部分人员，但过程中廉洁自律，勤政慎独。

湖北江汉平原的农民工业务主管，她学习进步的速度很快。但去酒店接客户吃早餐时，竟然当着我的面，跟客户说：经过半年的培训，我们厂的问题越来越多了。在座的常务副总也点头，两名客户会心一笑，转头看我。这个常务副总情商不高，不能直接面对客户。我补充：是大家发现问题的能力更强了。常务副总才眼睛一亮，点了点头。只有发现了问题，才会改进问题，一旦搞清楚了问题是什么，能够分析出问题发生的根本原因，人们就会找到不止一个办法来迅速解决问题。

一般来说，人们最大的问题是不知道自己的问题是什么，只知道结果不太好。广东惠州博罗山下一个染色厂的厂长，在那年的秋天愁眉苦脸，因为产品质量不稳定，客户投诉还索赔，连续三周利润为零。这是很惨的结果。用两天为他分析出三个问题，然后分析出三个问题的根本原因。找到了根本原因，他两个小时就解决了那三个问题。好开心呀！除了向总经理报喜，还立即打电话，要他在苏州的小舅子从阳澄湖买大闸蟹送到广东惠州来庆祝和表示感谢。他小舅子说实在忙不开啊，跑广东来回得两天，没时间。他告诉小舅子，乘飞机送到广州白云机场，他去机场接，然后小舅子自己立即再飞回去，一天就可以搞定。这是我收到的一次隆重的致谢礼。

十几年的国企与跨国公司的工作经验，和这二十多年的企业管理专家顾问与民营企业工作经验，碰到的花样繁多、表现形式差别巨大的问题，最近几年的深度思考、归纳总结后发现，常务副总经理或副总裁涉及的所有事情，可以

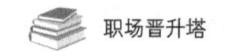

全部归为"三双"缺乏功力。"三双"指的是"双技""双非"与"双力"。下一节简述。

"三双"包含六个方面，如果任何一个方面不懂，又缺乏职场精英人脉的经验交流，过不了这个门槛。这时，公司内外就会有人让你难堪。

第二节　常务副总
——"三双"凭信任

本节界定的常务副总，是除营销、财务之外的企业运营管理全面负责人。所管辖各职能的充足知识储备，是做好运营管理的基础。

业务、财务之外得全面负责，十几个部门有些甚至超过三十个部门，常务副总经理或副总裁是大权在握的真正实权人物。常被企业高管问起：如果要晋升到常务副总经理或副总裁，具体该具备哪些能力？什么样的三头六臂，才能使得那么多职能部门都达成经营管理目标？如何在公司治理与运营管理双圈层都能做到如鱼得水，还能够让所有团队成员能力逐步提升？

没有能干的常务副总时，董事长、总经理常被常务副总该干的活拖住，不能脱身。培育合格的常务副总经理或副总裁是当务之急！该如何培育？什么素质能力才是合格的常务副总？一些研究高管胜任力的论文，通常列出二三十个宏大词汇作为胜任力的要素。既然抓不住重点，就说些正确的废话，实践中也就当作什么也没说。

在第六层副总或CTO首席技术官、总工程师等职位上平稳地工作，常在企业领袖身边，如果忠诚也获得信任，有持续学习力，可以考虑争取第七层常务副总或企业首席科学家、首席架构师等职位。

常务副总一般有部分现金签批权，需要强调对企业忠诚，这是获得信任的首要条件。信任风险可能导致企业危机。良性互动信任关系的制度构建与组织实施，常务副总的忠诚行为倾向与管理目标达成努力，这些涉及制度化信任、心理契约信任及社会信任等，可以通过较系统性的训练而习得和运用。

常务副总无论是管理十数个还是数十个职能部门，基本工具无非是组织架构图、员工手册、管理程序，年度目标与计划，季度或月度目标用于绩效考核。当然，不能缺少梯队人才执行力训练。常务副总要全面知晓，所辖各个职能的业内优势，然后察看所有副总、总监们想创立的差异化优势方向的正确性，还要察看执行力足够程度，不够的话如何运用绩效考评引导，如何引导、促进各部门追求卓越，需要的知识和信息还得依靠社交能力和理解力。

职业经理人要像股东一样关心公司的财产与财产增值，这就是忠诚的重要表现之一，每一次我表达这个概念说完这句话的时候，在场的经理、总监、副总、常务副总都点头同意。但是，口头说一说就做到了吗？每一次流程审批、制度审核、稽查等工作进行的时候，每一次工作计划的审定，讨论每一笔现金，哪怕只是10元的签字放行，当时是按照这个理念去做的吗？在企业顾问服务时，通常利用各种机会不厌其烦地提醒15次，希望他们将此理念根植于心，固化入脑。

常务副总若是股东，必须忠诚公司治理机制。通常，常务副总掌握除财务完整信息以外的公司全部信息，大量企业运营管理的数据资料机密。有常务副总因为排除虚假信息不力，导致公司采购设备损失88万元，他被董事会处罚，然后他说工资太低了，原来他被董事会处罚五个月工资，说他这回没钱吃饭，身为公司常务副总经理或副总裁，不检讨原因却拿结果来卖惨。他是股东，我只能回他一个惨笑。听其言观其行，忠诚不只是表决心，而是一直支持长期行为表现背后的关心公司发展前途的态度和立场。

业务复杂且规模较大的企业，常务副总涉及的职能比较全面，可能是二三十个部门。经过二十多年的实践经验归纳总结，必须"三双"齐上，才可能承担全部责任，而且大部分要熟练，才能在常务副总经理或副总裁的岗位上做得顺畅。

"三双"指的是"双技""双非"与"双力"。简介如下。

第一是"双技"能力，即管理技能与技术判断。

技术层级与技术路线的判断，决定企业的产品质量与产出效率。不少常务副总也只是参考见识过的行业内有限的几家，愿意让看几眼的那些企业的说法。不少常务副总并不懂得，要设立技术管理决策机制，并贯彻执行。

小微企业的常务副总大多数没有完整接受过中层三级、高层领导力的管理技能训练。他们运用的管理方法有许多是模仿帝王御人术，钟爱的是《三国演义》里边的智谋，这种公司可能某些时候会充满算计，厚道的人不容易轻松工作。无论是客户还是供应商表面客气和蔼，但都会在心里紧张防备这类人。更要命的是，公司内部的基层、中层、高层的技术与管理人员都可能会相互防备，哪怕去外面聚餐一边热热闹闹地嗨着，一边心里也会提防着。小部分的基层、中层、高层管理人员，津津乐道的是赚到了什么，实际上，就是用了一个什么小计谋诓骗了工友、同伴或者是供应商。这来自数千年的小农意识，深厚酽浓，不是一两代人可以完全销蚀得了的。

常务副总经理或副总裁，微领袖素质需要全面再提升，学习新职能的技术，同样可以运用五级十步法。

第二是"双非"能力，即"双非"＝非人＋非财，非人力资源职能的人力资源管理，非财务职能的财务管理。

常务副总需要懂人力资源专业管理技能判断，更需要懂得非人力资源职能的人力资源管理，因为人力资源只是其中一个部门，而管辖的其他数十个部门都不是人力资源部门。管理多个职能队伍的常务副总，需要熟练运用这项"非人"技能，否则，驾驭不了，自信心就弱。见到过十几个常务副总，不是去"恭维"能力强水平高的强势下属，怕他们不买账；就是因为不懂"非人""非财"技能，而弄些歪门邪道，想征服"强势下属"。实际上，应该是向他们提供政策和资源与持续提升服务，让他们表现更好，成为自己所辖职能的优势。

若想团队人才工商文明素质训练有素，必须有计划地为企业基层、中层、高层不断开展针对性和系统性的素质能力与管理技能训练。不断训练增强执行力，会不断提升运营管理的核心竞争力。常务副总经理或副总裁应该跟进全过程，在培训策划、实施和评价过程中，发现优秀分子、优秀团队和先进经验加以发扬再增强；发现漏洞、弱点与不足，分析思考产生的根本原因，及时采取补救与预防措施。在跟进过程中，常务副总经理或副总裁的管理技能也会得到锤炼，其后的语言文字思想表达更加洗练，从而促进运营管理水平再提高。

没有财务管理知识的常务副总是冒牌货，财务部门通常不会归常务副总管，但是，常务副总管理的每一个职能重点，都应该瞄准公司经营的财务指标。所以，不懂"非财"的常务副总有时心里发虚，有8位常务副总在交谈过程中直接说，自己有时候想起来感觉到后背发凉。非财务职能的财务管理，不是指各种采购付款、出差的报销要遵守财务制度，这里简单地说，是把企业年度经营财务指标，转化成各职能梯队人才的季度与月度管理目标与考核指标。或者反过来思考，所辖各职能的目标指标，该如何设立，才能支撑公司的年度经营目的。考核指标是最强有力的人才培育指挥棒，培育梯队人才最有效的方式是绩效管理。绩效管理最核心的是考核指标，抓住了考核指标和权重，就抓住了执行力梯队人才培育的重点。当然绩效管理是一项管理技能，许多企业的绩效管理只是一个管制工具，一个分奖金的说法，与培养人才梯队似乎关系不大。

在"双技""双非"运用熟练的基础上，才可能看出运营的系统性问题。察看后发现问题，才会用心去挖掘产生问题的根本原因，只有找到了产生问题的根本原因，对症下药，才能根除。去除了系统性问题，就会让整个运营管理系统执行力明显提升。运行顺畅，运营成本降低，利润提升，可能扩大企业的边界。

去除运营系统性问题，构建企业这部分核心竞争力，是常务副总经理或副总裁能够立大功的地方。商业模式盈利模式确定，营销团队打开局面，将品牌和产品推广到客户那里以后，公司能够持续卖出产品的核心竞争力，保证平稳交付，就主要依靠企业的运营管理能力了。

时代在进步，竞争对手在不断提升，"双技""双非"运用熟练还要不断提升，就需要"双力"。

第三是"双力"能力，即学习理解力与社会交际力。

作为掌管10—30个职能的常务副总经理或副总裁，以前的工作经历一般都没有经历过所管辖的每一个职能。要给每一个职能提供好的管理服务，能够发现并避免每一个职能的致命弱点，培育和发挥每一个职能的几点优势，将每一个职能带上更高一个技术管理层级，这是常务副总的职责。常务副总的最低要求是，必须学习判断每一个职能的技术流程关键点，了解技术管理前沿。

这个时候丰富的技术管理经验，带来的理解能力非常高效，因为年龄偏大的人，新技术学习效率偏低，但是理解能力更强。不只是理解下属技术关键点作为判断，还必须引导，使他们走到行业的技术管理前沿。那么一定需要职场精英朋友圈来助力，因此要强调常务副总的社会交际能力。常务副总往往还要联络政府和其他专业协会等，从中获取企业所需的资源、信息等。社会交际力绝对不可以太弱，否则，对某些职能部分可能就难以提供恰当的管理服务，还有可能导致企业的该项职能不能保持优势。如果因为年龄太大，学习理解力不能适应新技术、新管理技能的需要，不能适应社会交际的新形式新方法的变化，建议可以组织年轻人学习小组，也可以分权或者离开岗位，否则，不仅起不到促进提升的作用，还会成为运营管理持续进步的障碍。

"三双"能力包含六个方面，有任何一个方面搞不懂，又缺乏职场精英人脉的经验，就可能碰上难堪。过不了"三双"的任何一个门槛，公司内、外可能就会有人让你难堪。因此，许多人不愿干常务副总，或者干不久。

近10个甚至超过30个职能部门的管理，需要极其广泛的行业知识和见识，大多数的常务副总并没有真正地意识到，这件事情对企业核心竞争力、利润率的重要性。见识的差别是第一等的差别，常务副总在这数十个职能部门管理的见识差别，几乎就决定了这个企业运营管理能力的差别。知识积累管理，内部人士大部分会去努力。见识，必须靠常务副总的社会交际力和多职能学习理解力。高明的方法是可以组织不同的小分队扩展交际圈，但是信息枢纽一定是常务副总经理或副总裁。常务副总见识的高度与宽度，就是这个企业社会交际力和多职能学习理解力的思维高度与宽度，这里包含谦虚的态度。

近年来，政策支持"小巨人""专精特新"企业。"小巨人"企业是小企业，一般业绩好、可能发展潜力巨大，通过价值培育、管理提升，使其较快速成长为行业或地区的小巨人。"专精特新"企业的条件是必须独立法人运营两年以上，属于专业化、精细化、特色化、新颖化特征的<u>工业中小型企业</u>，也叫"专精特新"为"小巨人"企业。

许多"小巨人"或者"专精特新"企业，在与他们频繁接触超过半年以后，我内心里的感觉是他们某些人曾经的成功经验，成为继续前进的包袱。在企业领袖每一次炫耀因曾经的一点成功爽快兴奋时，也就是又多了一点自负的时候，许多人竟然走不出原来的成功模式。在超过20个企业顶层人士的交流中，抓住他们客气谦虚的那一瞬间，与董事长、总经理说过：您谦虚一分，你们的企业就大一圈。某些人会突然停顿，看着我三五秒，然后，会心一笑。三五个月后，就会真的有些改变。经验丰富的常务副总也一样，谦虚一分，运营管理就可能进一大步。

常务副总对企业内部的各种琐碎小事的丰富经验，很多时候让他们更自负，认为能够处理全天下的这类事情。外出与高手交流的机会，董事长、总经理获得较多，忙于内部事务的常务副总要少得多，越有经验、越少外出的常务副总的自负程度越高。自负程度越高的常务副总越爱说，这个公司没能做强、没能做大，是老板限制了他的发展空间。实际上是他的自负帮助老板限制了他们自己，大多数情况是他们惺惺相惜，互相吹捧、互相束缚。虽然在职场，他们都是行业现状里很不错的人才甚至精英。

所以，常务副总经理或副总裁拓宽思维高度与宽度，极其重要。半数以上的老板不能自我解套，因为不敢放手，那么，解套的期望就可能在常务副总这里。

其重要性会立即体现在战略绩效管理。对战略绩效的推进，在某些职能的某个阶段需要创造性开拓新局面能力，而绝大多数的常务副总，基本上就是一个维持副总。维持现有的系统能够磕磕绊绊走下去，能够完成任务，就阿弥陀佛了。只要完成任务他就大功告成了，因为他们说：已经快累瘫了。缺乏创造性开拓局面的想法，因为"三双"都比较弱。往往他们很累，但又确实是好人，不忍心给他们当场指出来，因为会立即伤害他们强烈的自尊心，影响已经困乏的身体。徘徊不前，这可能是竞争对手希望的。长期如此，企业可能会有较大风险！

贯彻企业文化，要坚定不移，要对企业领袖的意志与思路领略透彻，才能穿透所管辖的数十个职能的梯队人才岗位工作上去，才能让整个内部运营系统跟上企业领袖思路，去应对行业的新竞争，去满足客户的新需求。企业领袖思路的变化，是因为他洞察、判断和预见到了行业竞争态势和客户需求的变化。企业领袖意志的坚定，是知道自己的企业外力内功有所欠缺，但是要生存要竞争取胜，必须意志坚定地咬紧牙关打怪、冲关，坚定实现预期目标的信念。这个时候困难非常多，大大小小的麻烦都会出现在常务副总的面前。高度不够、技能不强、"三双"能力偏弱的一些常务副总，当面应付，背后埋怨，本来应该是强力支援的他们，竟然成了企业领袖打怪、通关时，要打的怪物和要冲破的关卡。

企业领袖能够换将吗？没得换。因为就是做成这样的常务副总，也是好不容易才有这么一个。于是熄火，不通关了，只能够继续忍受竞争怪兽的凌辱。所以，培育合格的常务副总经理或副总裁是当务之急！一流的常务副总经理或副总裁，是企业领袖的运营管理梦想伙伴。

一流的常务副总，应懂得质量经营出卓越绩效。数十年的模仿式高速发展，精益管理的兴起，国家和民族都需要高质量发展，质量经营的时代已经到来。

卓越绩效管理是国家质量奖的管理模式，是全世界顶级跨国公司最优秀管理方式的集合。起源于美国国家质量奖的这个"集优"，是地球上最高的运营管理标杆。但是，每一项条款中的那个"如何"是需要常务副总去思考怎么恰当运用质量管理技术，怎么恰当地与管理技能结合，确定改进方案，并要带领执行团队干出来的。80%以上的总监、副总、常务副总在面对这个"如何"时，感到头疼，因为自身能力偏弱，或者基本上不明白是怎么回事。于是，胡乱猜测地运用千年农业智慧的宏大词汇去指挥下属行动。运营管理成本怎能不高？利润怎么可能高起来？

中小企业里质量口号运用甚多，但对于质量管理技术知之甚少，用来提高效率和质量，促进运营管理提升的就更少。就算是耳熟能详的QC七手法，通常只运用了三四个，也不一定用得非常全面熟练。至于QC新的七手法，不少企业没人听说过，这些资料在网上已经免费，但是要运用熟练，可能得持续花多年工夫。常务副总就带领这些人整日地忙碌着"乱搞乱发财"，不干成作坊企业才奇怪。18项质量管理技术，是规模企业应该有计划训练落实，成为企业运营管理核心竞争力的一个极其重要的部分。营销团队向外展示的很大一部分企业竞争力，来自内部运营管理能力。

企业首席科学家、首席架构师等职位的主要工作，也是做技术管理的创新，带队伍构建优势，工作性质与常务副总是一致的，只不过他们所管辖的职能更偏重于技术创新。同常务副总一样，可能涉及的技术分组也有十余个甚至几十个。

在"双技""双非"运用熟练的基础上，需要广泛的社会交际力和多职能学习理解力；对战略绩效的推进，需要创造性开拓新局面能力，贯彻企业文化坚定不移，对企业领袖意志与思路领略透彻，质量经营出卓越绩效；一直表现忠诚，还具备"三双"且都比较熟练，一般能够获得信任被授予计划内日常付款审批签字权，获得对企业运营管理责任重大，也大权在握的常务副总经理或副总裁、企业首席科学家、首席架构师等职位，假以时日，在行业中甚至工商界将享有名望。工商业职场精英，是世人敬佩的财富创造的中坚力量！（见图4-2）

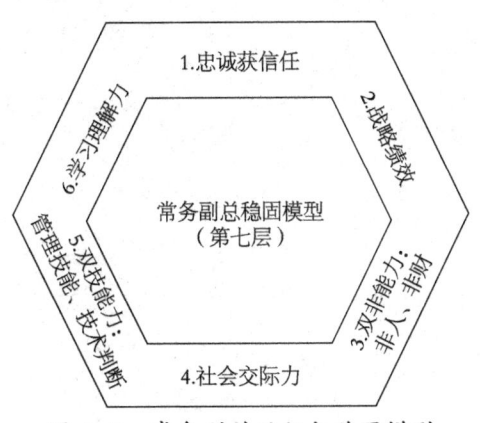

图4-2 常务副总胜任与稳固模型

（六边形模型各顶点标注：1.忠诚获信任 2.战略绩效 3.双非能力：非人、非财 4.社会交际力 5.双技能力：管理技能、技术判断 6.职业正志向；中心：常务副总稳固模型（第七层））

第六、七层为高层。

再往上的企业领袖总经理，主要靠自己的强烈企图心成长。

参考文献

[1] 胡军. 论知识创新 [M]. 成都：四川人民出版社，2019.

[2] 周化明. 中国农民工职业发展问题研究 [M]. 北京：中国农业出版社，2013.

[3] 白靖平. 影响乡村振兴的七大问题亟待破解 [J]. 中国乡村发现，2018（6）:78-84.

[4] https://ishare.ifeng.com/c/s/7wZKGkD1UoA 致良知四合院：5.18 我立志：立志深远，开启无限光明的未来.

[5] 周生仁. 朴素神奇马头堡 [M]. 澳门：中国艺术出版社，2022.

[6] 范晔. 后汉书 [M]. 北京：中华书局，2007.

[7] https://www.maigoo.com/citiao/272760.html 洛阳市明堂天堂.

[8] https://baike.so.com/doc/25675285-26753591.html 天梯：蔡国强的艺术.

[9] R.H 科斯. 社会成本问题 [J]. 法律与经济学，1960，3卷.

[10] 梯职路六角七层模型作品登记证书登记号：黔作登字 -2021-A-00374371.

[11] 周化明，王金武，王远干，等. 大学毕业生初期职业稳定及其影响因素分析——一个根植性六角模型分析框架 [J]. 赢未来，2023 年 9 月.

[12] 叶佳欣，周化明，李金梅，等. 大学毕业生初次晋职隐性壁垒分析 [J]. 合作经济与科技，2023（21）：82-85.

[13] 克莱顿·克里斯坦森，詹姆斯·奥沃斯，凯伦·迪伦. 你要如何衡量你的人生 [M]. 北京：北京联合出版公司，2018.

[14] 朱恒源，杨斌. 战略节奏 [M]. 北京：机械工业出版社，2018.

[15] 王鲁湘. 风雨赋潇湘 [M]. 深圳：海天出版社，2017.

[16] 金明善. 经济学家茶座合订本第 1—4 辑 [M]. 济南：山东人民出版社，2003.

[17] 周其仁. 改革的逻辑 [M]. 北京：中信出版社，2017.

[18] 谢春霖. 如何才能成为顶级人才 https://www.sohu.com/a/290165814_661905.

[19] 周岭. 认知觉醒：开启自我改变的原动力 [M]. 北京：人民邮电出版社，2020.

[20] https://www.163.com/dy/article/HKFLC3RS0553I25A.html 刘润《底层逻辑》：人生商业模式是什么？

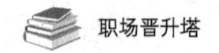

[21] https://www.toutiao.com/article/6790712633084346892/?&source=m_redirect 惊人的三大成功定律！

[22] https://k.sina.com.cn/article_2918559854_adf5b06e001018q12.html 如何做才能发挥"一万小时定律"的效果？

[23] 施隆光. 个人品牌塑造 [M]. 北京：对外经济贸易大学出版社，2009.

[24] 章哲. 高绩效的中层管理 [M]. 北京：中国环境科学出版社，2002.

[25] 曾仕强，刘君政. 易经真的很容易 [M]. 西安：陕西师范大学出版社，2009.

[26] 艾·里斯，杰克·特劳特. 定位 [M]. 北京：机械工业出版社，2017.

[27] 林志斌，张立新. 打工者参与式行动研究 [M]. 北京：社会科学文献出版社，2008.

附　录　人生顶层设计表

理解层次	思考内容	我的答案要点	备注/附表
精神/使命	我的人生使命是什么？		
	世界因为我会变得有什么不同？		
身份	要实现这个使命，五年后我会成为一个怎样的人？（描述得越具体越好。）		
BVR	一套怎么样的信念价值观能帮助我到达这个身份？		
	什么是最重要的？		
	我应该坚持什么？		
	我应该放弃什么？		
	我应该相信一些什么原则和规律？		
能力	为了到达这个身份和体现这套BVR，我应该去学习些什么知识或技能？		
	需要掌握什么方法和套路？		
	什么可以做？		
	什么不可以做？		
行为	具体怎么做？		
	第一步是什么？		
	今明两年要实现的目标？		
	季度与月度要达成的目标？		
	该怎么制订达成目标的计划？		

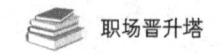

续表

理解层次	思考内容	我的答案要点	备注/附表
环境	哪些人和资源可以帮助我达成目标？		
	我如何去运用身边的资源？		

必须真实、正式填写。Believe：信念，Value：价值观，Rule：规条。每年查看一次，看需要修改哪些内容。

后 记

2022年的国庆假期，疫情封控，北部湾大学也要求不可外出，9月29日开始，确定目录后，用19天完成初稿11万字。

其间，有本科生教学7天、硕导培训两个半天、指导本科与研究生毕业论文19人次、学生互联网大数据比赛指导、经济管理学院全体教职工会议、教研室会议、教师之间论文交流讨论等事项。疫情期间家人保健问候、大学毕业生、企业学员假期第一次见岳父母和公婆要给建议，刚毕业学生参加企业辩论赛要反复指导，转正时改签合同要答疑。

能够坐下来时，就把脑子里积压的思绪转换成话语，喷向电脑转换成文字。

我坚信这本书，对数亿打工人都很重要，层级突破的素质能力训练，对进城工依靠晋职加薪改善家庭生活很有意义，可能有直接帮助，所以，必须写出来，不写出来会"千般恨不消"。这19天就是在睡梦中都是书中内容在乱云飞渡，似乎张牙舞爪又栩栩如生。有些刺激太强烈，犹如昨天刚发生。有既吃不下饭又睡不着觉的两天两晚，好久才调整过来。但要给大学生讲课，表面仍从容，可身体只能承受这么久的折腾。

在二十多年企业管理顾问的碰撞中，有许多搞笑也有不少苦痛，似乎成竹在胸，但是，对着电脑"下笔时"却感觉一时词穷。不得不站在阳台上看看100米处的水面，随着海水吞吐是潮涨还是潮落，过往多少情节、情绪被唤醒，直到汹涌澎湃奔驰而来进入脑海。几次都是记忆与情绪齐飞，事实与问题交织在一起。

虽然保密期已过，但涌上脑海的很多情节还是不可以直接写出来，或者写

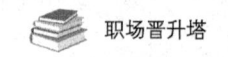

出来太过啰唆。那就删除，某处又"省略了1万字"，也就用一个词、一句话替代了。我想诸君应可以体谅。

吐完，心里轻松。可是，尾椎骨很酸痛，因为坐在电脑前每天约11小时，最多时一天14小时。

毕竟完成了，感觉好爽。但与写之前的感觉不同了，犹如苏东坡人生最后那首诗，写给他儿子的：庐山烟雨浙江潮，未至千般恨不消。到得还来别无事，庐山烟雨浙江潮。最后一句与第一句文字完全一样，感觉却完全不一样。当然，你看到这里时，我已经安静地"明月清风我……风月平分破"。

打印出来，看着纸面思考修改四天，电子档调整补充修改三天，然后，再请求各方提修改建议。感谢张渊涛、殷徐明、杨小姣、李东辉、饶超群、李金梅的各种建议，特别感谢夫人傅美华的全面通读并提出修改意见。初稿写完后，用一年修改补充3万多字，删除案例故事近2万字，故事放太多，怕诸君嫌啰唆。

有人说，哪有那么多晋职加薪，要鼓励长期扎根基层。进城工在基层徘徊，全家怎么在城里长期稳定生活？企业缺乏能干的中层更缺高层级人才，所以，鼓励学习成长层级突破获得晋职加薪。

经历过二十多年52个细分行业的企业运营管理顾问，应该有万余次学习交流、辩论、总结归纳等，最后能定下来的，都写在这里了。来自前人知识的积累，来自企业基层普工到高管精英，从打工人到老板企业领袖，文盲工友到大学生、研究生、博士、教授，尤其是管理咨询专家们，他们在北上广深、中部、西部，还有国外的工友同行，远超过一万人，都因为这些问题访谈过、调查过、讨教过，因此都为此书作出过贡献，在这里一并致谢。

专注于层级突破素质能力的核心要素，也不能用老子的"信言不美、美言不信"打掩护，只能诚实地说我的文笔欠缺，不能妙笔生花，未能让您的阅读酣畅淋漓，还请看官您多包涵。